嵌入学校的家庭教育三部曲

TANXUN
JIAOYUDEHELI

探寻教育的合力
——如何有效家访？

蒋葵林 / 主编

顾　　问：邓玉华　翟秀刚　鲁劲松
主　　编：蒋葵林
副 主 编：李德强　李满堂　马明贵　徐　鸣
执行主编：周　敏
编 写 者：秦　慧　郑红山　汪宏军　周春华
　　　　　付　蓉　谭国发　袁　芳　曹曼琳
　　　　　郑晓燕　肖　琛

華中科技大學出版社
http://press.hust.edu.cn
中国·武汉

图书在版编目（CIP）数据

探寻教育的合力：如何有效家访？/蒋葵林主编. —武汉：华中科技大学出版社，2023.6
（嵌入学校的家庭教育三部曲）
ISBN 978-7-5680-9463-4

Ⅰ.①探… Ⅱ.①蒋… Ⅲ.①家长工作（教育） Ⅳ.①G459

中国国家版本馆 CIP 数据核字（2023）第 112947 号

探寻教育的合力：如何有效家访？ 蒋葵林 主编

Tanxun Jiaoyu de Heli：Ruhe Youxiao Jiafang?

策划编辑：张利琰
责任编辑：董文君
封面设计：廖亚萍
责任监印：曾 婷
出版发行：华中科技大学出版社（中国·武汉） 电话：（027）81321913
武汉市东湖新技术开发区华工科技园 邮编：430223
录 排：华中科技大学出版社美编室
印 刷：武汉市洪林印务有限公司
开 本：787mm×1092mm 1/16
印 张：15
字 数：302 千字
版 次：2023 年 6 月第 1 版第 1 次印刷
定 价：48.00 元

序　言

PREFACE

家访，在互动中增进亲师信任，增强教育信心

收到宜昌市教育科学研究院周敏老师的邀约，让我为他们编写的一本有关家访的研究成果作序。但一来我日常事务繁杂，二来因为家访工作的日常性与普遍性，不知道从何种角度入手，因此迟迟未能动笔。在阅读了书稿后，我有了不少有价值的启发，感叹宜昌的教育同人们把家访这一教育管理中平常得不能再平常的工作做得如此专业和深入，又如此温暖与高远。

近些年来，家访工作得到了教育管理部门的关注，在出台的一系列法律法规、政策文件中，家访被多次提及，有时候还说得很具体。如 2015 年 10 月发布的《教育部关于加强家庭教育工作的指导意见》中指出“中小学幼儿园要建立健全家庭教育工作机制，统筹家长委员会、家长学校、家长会、家访、家长开放日、家长接待日等各种家校沟通渠道”；2023 年 1 月 13 日，教育部等十三部门发布的《关于健全学校家庭社会协同育人机制的意见》中要求“学校充分发挥协同育人主导作用”，“要认真落实家访制度，学校领导要带头开展家访，班主任每学年对每名学生至少开展 1 次家访，鼓励科任教师有针对性开展家访”，以及时了解学生情况。

加强家访工作，既是时代发展的必然趋势，也是教育科学化的专业要求；既是出于现实压力，也是对教育理想的不懈追求。

一、家访，让教师更了解学生

对家访工作的重视，缘于社会生活方式的转型与变迁带来了家长和教师时空上的疏远与隔离，导致家长和教师在合作上存在“双盲”现象。

生产生活方式的改变，凸显了家访工作的重要性。传统社会，学校大多在自然村或厂矿企业的周边社区中，那时不仅学生们之间相互认识，一起玩耍，家长们也共同生活和生产，彼此熟识，教师通常也生活在同一社区或者相邻社区，家长们和教师大多也是熟悉的。这种生产和生活方式让学生、家长和教师紧密相联，自然就满足了“教育好孩子首先要了解孩子”这一基本条件。

进入市场经济时代，人们的流动性增加，传统的社区和乡居模式逐渐解体，生活在同一空间的人们变成了“熟悉的陌生人”。再加上许多乡村学校（教学点）的“撤点并校”，教师对学生、学生家庭背景、家庭教育方式等的了解越来越少，处于茫然的状态。这就导致教师很难通过以往的日常生活与自然交往等方式了解学生，教育矛盾也会因此增加。如因为教师不了解学生的家庭结构，“写写我的爸爸/妈妈”这样的作文题就可能给不少单亲家庭的学生造成困扰，甚至在日常教学与管理中无意间伤害学生幼小的心灵。

因此，现在的教育工作者需要有意识地、系统规范地、主动地，甚至有组织地了解学生，了解他们的家庭背景、家庭结构和家庭教育方式，才能更好地提升学校的教学与管理质量，让教学更科学，管理更规范。

二、家访，让家长更了解学校

以前，孩子的学校就在家门口，琅琅的读书声穿过学校的围墙飘到劳作着的家长的耳畔，站在讲台上的教师就是和家长一起在河边洗衣服的同村人或下班就能在菜场相遇的熟面孔。家长知道教师怎么教孩子，家长也了解每个教他们孩子的老师的秉性，他们相互理解也相互支持。

相关调查发现，现在的家长对学校最好奇的就是“孩子在学校是怎么学习的”。在教育上与学校、教师产生分歧时，家长往往容易想到网络上报道的那些极少数的“无良的教师”，大脑中的教师形象常常是想象出的。教育需要学生对学校充满信任，而学生对学校和教师的信任，由家长对教师的信任支撑。人与人之间，信任的基础是交往，只有充分的交流、交往才能让彼此放下戒心，相互信任。

家访，让家长更了解学校。通过家访，教师把学校教育的信息带到家庭，补充家长会或者“给家长的一封信”等方式未能传达给家长们的信息。在家访时，家长还可以询问或者质疑，教师进行耐心、全面、细致、专业的讲解，让家长不仅“知其然”，还能“知其所以然”。这样的家访，能够及时解答家长心中的疑惑，避免误解发酵。通过家访，家长进一步了解孩子在学校的生活细节，有利于家庭教育的进一步配合与协同。

家访，让家长更信任教师。教育过程是鲜活的生命对话与互动，家长平时很容易把教师形象“概念化”，而忽视了教师是具体的个人，没能把教师看成一个个活生生的、有血有肉、有个性特点的人。通过家访的面对面交流，家长能从教师的言行举止中，从其对孩子的分析指导中更真切地了解教师。如一位和班主任沟通较多的家长在听到孩子对班主任的“抱怨”后，好奇地询问孩子：“你们班主任那么有耐心，你们是怎么把她‘点燃’的?”这种程度的了解与信任，能有效打破家长对教师群体的刻板印象。

三、家访，增强了亲师双方的教育信心

2023年，李强总理在中外记者会上说道：“坐在办公室碰到的都是问题，深入基层看到的全是办法。”这句话在各行各业都是至理名言，用在学校教育和班级管理中更是贴切。

当一位学生有一些让教师不解的行为时，若只是就问题谈问题，就现象分析现象，可能会陷入重重迷雾。但是，如果教师能够走入学生家庭，走进学生生活的空间，便能通过观察家庭环境、与家庭成员沟通，了解家庭状态，感受家庭氛围，从而找到学生思想认识和行为举止的根源。这为教师分析学生问题，找到解决学生问题的方法提供了新思路，打开了新视角，也增强了教师的教育信心。

同时，通过家访，家长能够在了解学校教育的同时，了解自身家庭教育的问题以及进一步优化的方向。家长的教育焦虑来自对孩子问题的“看不懂”和“无良方”，家访能够帮助家长学会分析问题，让家长看见孩子、看懂孩子。同时，在教师的专业指导下，家长能够获得更多的家庭教育的科学方法，从而增强育儿信心。

以上，是我学习宜昌市教育科学研究院这本家访工作研究著作的一点体会。本书涉及的内容十分丰富，既说明了新时代为什么要加强传统形式的家访工作，又分析了各学段应如何做好家访工作，其中所记录的学生、家长和教师在家访工作中的收获与情感体验，更是温暖又具有力量。相信本书的出版能够给广大教师的班级管理工作，学校、家庭和社会协同育人机制的构建带来启发，能够为高质量的教育体系的构建贡献一份专业的智慧。

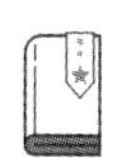

是为序。敬请各位作者以及广大读者批评指正！

博士、南京师范大学副教授
中国家庭教育学会常务理事
江苏省家庭教育研究会副会长
南京师范大学家庭教育研究院副院长
南京师范大学心理学院院长助理
殷　飞

目　录

CONTENTS

/第一章　我们为何要家访/

/第二章　我们如何家访/

幼教篇

小学篇

初中篇

高中篇

/第三章　我们怎样看家访/

学生谈家访

家长谈家访

教师谈家访

第一章

我们为何要家访

论新时期家访的重要性

周　敏

家访即家庭访问，传统意义的家访是教师进入学生家中与家长进行面对面交流，了解学生家庭基本情况以及家庭教育情况，进行个别家庭教育指导，解决学生个别教育问题的一种教育手段，教师起主导作用。随着《家庭教育促进法》的颁布，新时期的家访更注重家校合作，是学校和家庭以沟通为基础、互相配合、合力育人、使学生受到良好教育的重要途径。党的二十大报告明确指出“要加强家庭家教家风建设”，习近平总书记多次强调，要把家庭教育纳入学校教育中，指出：“我们要重视家庭文明建设，努力使千千万万个家庭成为国家发展、民族进步、社会和谐的重要基点，成为人们梦想启航的地方。”为此，本文拟就新时期家访的重要性进行探讨。

一、家访是家校协同育人的重要途径

《中共中央关于制定国民经济和社会发展第十四个五年规划和二〇三五年远景目标的建议》明确提出“健全学校家庭社会协同育人机制”。学生的成长和发展是教师、家庭、社会共同作用的结果，家访是联系学校、社会、家庭的桥梁。首先，家访是学校教育的延伸、家庭教育的补充。学校教育的场所是学校，教育者是教师，家访活动将教育场所延伸到学生家庭中，让家长也加入教育者行列，因此说家访是学校教育的延伸。通过家访，让教师全面了解学生的家庭环境和背景，把握学生的个性特征和学习动态，这是教育成功的关键。家庭教育的场所在家庭，教育者是家长，家访给了家长向学校教师“取经”的机会，来丰富、完善自己的家庭教育，因此说家访是家庭教育的补充。通过家访，宣传党的教育方针、学校规章制度和正确的教育思想，引导家长积极参与和支持学校教育教学改革，形成学校、家庭、社会“共建、共管、共育”教育模式。其次，家访是加强家庭教育指导、形成教育共识的有效途径。目前家

庭教育在教育目的、内容、途径、手段上缺乏科学性，许多家长没有接受过专门的教育培训，而家访可以弥补家长家庭教育的不足，为家庭教育提供一定的指导。教师是经过专门训练的，有一定的教育学和心理学知识储备，相较于大多数家长而言实施教育的专业性更强。家访是教师和家长甚至包含学生的双向、多向的互动活动，在这个过程中，教师能够对家长的家庭教育给予合理有效的指导和评价，及时制止、调整错误的家庭教育方式，形成教育共识。再次，家访促进家校互动，有利于避免和解决家校冲突。通过家访，征求家长对学校及教育部门的意见和建议，争取家长们的配合，与学校一同为学生的健康成长出力，促进家庭和学校的互动。同时各个家庭的教育观念和方式可能与学校教育存在差异，如果差异过大可能会引起家校冲突。家访可以通过商量、协调等方式让教师和家长的教育观念和方式尽可能达成一致，避免或解决家校冲突。总之，家访是沟通家庭教育和学校教育的重要桥梁，只有不断根据实际需要，充分发挥积极作用，才能真正实现家庭教育与学校教育相结合，达到成功教育的目的。

二、家访是增强家校教育互信的主要渠道

只有家长信任教师、教师相信家长，教育才能够办好。家访可以增强教师与家长的教育互信。首先，家访增强了教师与家长的交流沟通。目前，教师与家长面对面交流沟通，主要是通过家长会、家长来访和教师家访三种形式。由于家长会召开的时间有限，又要面向全体学生家长，教师介绍的情况是表面的、笼统的，无法做到全面、具体。家长来访，由于学校办公环境和教学课时安排等的限制，家长和教师的谈话往往是匆忙的，一般只能就事论事，做不到深层次地交流。而教师家访，是在一种时间宽松、氛围和谐的环境中进行的，教师的身份也发生了变化，成了学生和家长的朋友，因此家访可以达到心与心交流的目的，收到交流沟通事半功倍的效果。其次，家访可维系教师和家长的情感。随着现代信息技术的发展，手机、网络等的广泛应用，教师与家长间的交流更多是利用电话、聊天软件等，也有的教师建立“QQ群”、班级家长“微信群”等来沟通。但教育是一个需要倾注爱与关怀的事业，有的问题只通过一两个电话是不能彻底解决的，只有家长和教师坐在一起沟通交流才能化解矛盾，将学生的问题消除在萌芽状态，找到促进学生健康成长的好办法，从而使学生感受到被爱的幸福。走进家庭，其实就是走进一个个心灵，本质是情感交流。再次，家访促进教师和家长的相互理解、认可。教师家访的过程，是学校教育教学成果的展示过程，能使家长深入全面地了解、认可学校。要家长能够对学校正确评价、客观看待，需要教师及时展示学校教育教学成果、发展变化以及教学成绩等，及时表现学校和教师对学生的关注和关心，让家长融入学校和家庭教育的氛围中。教师

和家长聚在一起，面对面地交流学生的情况，提出各自的意见和建议，共同商量解决问题的办法，交流双方的教育理念，能直接增强教师与家长的教育互信、理解认可。

三、家访是改善师生关系和亲子关系的重要方式

互联网影响下的家校沟通，容易忽略家庭的特殊性和学生的个性，从而降低家校沟通的有效性和针对性。因为缺少面对面的沟通，不论是家长与孩子之间，还是教师与学生之间，容易产生一些不必要的矛盾，加大彼此之间的隔阂，此时家访就显得尤为重要。首先，家访能拉近教师和学生的心灵距离。在家访中，教师和学生、家长面对面地沟通，会让学生发自内心地觉得温暖，与在办公室那种严肃环境下生硬的关心不同，平日里严厉的老师此刻成了良师益友。教师的关注和重视，对学生是一种激励，对家长也是一个触动。教师、家长和学生在温暖的家庭环境中拉近了彼此的心理距离，学生会把自己内心的真实想法说出来，家长也会吐出肺腑之言。这样可使教师与家长拧成一股绳，在教育学生的态度、方式、方法上求得一致，取得最佳教育效果。其次，家访能协调学生和家长之间的矛盾冲突。家庭教育问题出在教育方式上，体现在亲子关系上。家访活动可以加强家长对孩子教育的重视程度，促进家长关注孩子在校的表现、孩子的身心发展情况和自己的教育方式是否科学合理，这样也使孩子感受到家长对自己的关心，密切了亲子关系。家访中，教师结合学生生活、学习的环境，给家长提供切实可靠的教育策略和对策，帮助家长改进自身的教育理念和教育方式，以提升亲子关系。再次，家访能增强教师对学生的影响力。教师亲自上门家访，能让学生从心里感受到“荣耀”，尤其是学习差的学生，平时一般得不到老师和同学的肯定，存在自卑心理。家访时，学生能把老师迎进家门，视之为“荣耀”，而这种“荣耀”心理能有效地激发学生潜在的学习兴趣。“兴趣是最好的老师，也就是最好的学习动力”，尤其是小学生，学习动力往往取决于对教师的情感。一旦喜欢某个老师，该老师所教授的课程对学生来说就有无限的吸引力，这样，就能形成良性循环，让学生逐渐自信起来。家访就是打开学生心灵的那把“金钥匙”，教师的影响力可以通过家访真正发挥作用。

四、家访是促进学生健康成长的重要手段

家庭对学生的成长有着举足轻重的作用，家访便于教师在教育教学中因材施教，有助于家长找到更好的教育方法，促进学生健康成长。首先，家访有助于学生心理问题的解决。家访能让教师全面具体地了解学生心理问题形成的原因，从而对症下

药。家访能教给家长正确的心理教育方法，及时地避免学生心理问题的产生。学生许多的心理问题，往往是由于家长不懂得教育孩子的方式方法、不充分了解和理解学生产生的。通过家访，教师教会家长一些方式方法，有理有据地转变家长的教育观念，对学生的心理健康教育能起到事半功倍之效。其次，家访有助于帮扶特殊困难学生。家访有助于教师全面具体地了解特殊家庭学生（贫困生、单亲家庭生、农民工子女、留守学生等）的情况，有针对性地采取帮扶、辅导（含心理辅导和学习辅导）和其他助学措施，帮助学生克服困难，鼓励学生积极上进、健康成长。如对于家长都在外工作的学生，可以多了解学生的心理，给予学生更多的关怀，让学生体会到老师的关爱，有利于学生树立自信心，让学生知道父母的艰辛，从而增强学习动力；对于家庭有困难的学生，可以进行力所能及的帮助，让学生感受老师的关心和爱护，从阴影中走出来，积极地投入到学习中；对于单亲家庭学生，可以引导学生正确认识和处理家庭情况，防止心理问题的产生，以健康积极的心态学习和生活。再次，家访有助于“行为偏差生”问题的解决。在学生出现行为偏差时，家访有助于教师及时地了解学生的家庭教育情况，让学生知道家长和老师的关注，让学生真正认识到自己的错误；促进教师以发展的眼光看待学生，多站在家长的角度思考问题，多与家长倾心交流，与家长一起研究教育的最好方法；有效防止家长“棍棒教育”的发生，促进教师与家长交流学生在校、在家情况，肯定优点，指出缺点，提出建议或要求，鼓励、支持或劝导家长关爱学生，从情感上去爱护学生，做到以情动人、以理服人，帮助学生尽早解决问题，走向健康成长之路。

总之，家访是家校协同育人的重要途径，能最大程度地增强教师和家长的教育互信，密切师生关系和亲子关系，促进学生健康成长。随着信息时代的发展，家访的形式虽然在一定程度上发生了变化，但其重要的精神内核是未变的。

新时代，我们还需要家访吗？

邓　君
付小君

20 世纪 50 年代，家访是学校的一项常规工作，是教师的基本职责之一[①]。至 20 世纪 70 年代，家访成为一种普遍的教育现象，是家校联系的主要方式[②]。1997 年国家教委全国教育工会颁发的《中小学教师职业道德规范》第六条规定："尊重家长。主动与学生家长联系，认真听取意见和建议，取得支持与配合。"并在实施细则中进一步规定：主动与家长联系，要采取普遍家访与个别家访相结合，也可以用书面形式与家长联系。2000 年 12 月，中共中央办公厅、国务院办公厅印发了《关于适应新形势进一步加强和改进中小学德育工作的意见》，明确提出"学校要对班主任、任课教师的学生家访提出具体要求"。2013 年教育部印发的《义务教育学校校长专业标准》"专业要求"第 59 条规定"建立教师家访制度"。"落实中小学教师家访制度，将家校联系情况纳入教师考核"，已列入 2020 年教育部工作要点。[③]

随着现代信息技术的高速发展，教师与家长的沟通更为方便快捷。渠道上，短信、语音、视频通话、面谈、书面沟通等方式一应俱全；时间上，根据具体交流内容可短可长；空间上，双方无须见面，能实现异地交流；发起主体上，既可以是教师向家长发起邀请，也可以是家长主动联系教师。新时代教师与家长的沟通，客观条件的影响几乎可以忽略不计，特别是在当前教师的工作负担、精神压力相对较重，难以有充裕的时间和精力走出去的情况下，通过现代化通信手段家访渐渐成为教师们习惯的做法，于是传统的家访有从家校联系的阵地上走远的趋势，在个别学校甚至已经消失。那么在这样便捷的新时代，家访还是必需的吗？

① 陈如平. 互联网时代仍需用好传统式家访 [J]. 人民教育，2020 (19)：40.
② 谭虎. 教师要走进学生家庭——《教师家访札记》序 [J]. 江西教育科研，2002 (10)：45.
③ 陈如平. 互联网时代仍需用好传统式家访 [J]. 人民教育，2020 (19)：40.

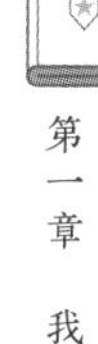

一、家访的独特意义

家访是教育工作的一项重要内容，它是教师代表学校对学生家庭所进行的具有教育性质的访问，是密切联系学校同家庭的重要途径。

家访能更直观地了解学生情况及其家庭状况。书面交流、电话等形式确实能更快捷地了解学生的基本情况，但这些不能取代家访，因为通过家访可以更直观、更具体、更全面地观察了解学生的生活环境及其家庭氛围。

家访能指导家庭教育。教师与家长可以在家访时面对面交流、分享学生在校、在家的情况，及时共同商讨有关学生教育的问题。家访时，教师向家长宣传家庭教育的理念及方法，能帮助家长学习更为科学的教育子女的方法，同时更有利于促成家庭教育与学校教育的密切配合，使双方在教育目的、要求、原则、过程、方法以及行动措施等各方面达成一致，从而产生家校共育的合力，促进学生健康成长。

家访能增强教师与学生、家长间的情感联结，促进家长与教师的良性沟通。教师利用业余时间走访学生家庭，与家长交流学生在校、在家情况，共同探讨教育学生的方法；为学生送温暖、献爱心；调解学生与家长的矛盾；征求家长对学校教育教学工作的意见等，教师的责任心和爱心定然会赢得家长的理解与支持。特别是在影响学生的重大事件发生时，教师及时的家访，更能在师生间建立牢固的情感联结。

家访是教师实现专业化成长的重要途径。在家访过程中，与家长形成良好关系，提升自己的家校沟通能力，是教师专业成长的重要目标。教师可以在家访过程中及时发现教育教学中的不足并更正，促进自身的专业成长。

二、家校共育中亟须解决的问题

近几年我市在家校共育方面进行了多维度的探索，为教师、家长提供了多样化的家校共育渠道及平台。但就相关调查结果（附文后）来看，家校共育还存在一些亟待解决的问题。

（一）家校沟通中家长缺乏主动性

随着先进通信技术的应用，班主任通过“QQ”群、“微信”群、“钉钉”群等方式与家长进行线上联络，家长与教师的沟通渠道畅通，家长可以随时与教师取得联系并进行沟通。调查显示97.7％的家长认为家庭和学校之间的沟通合作“很有必要”，但仅有39.4％的家长“经常主动找教师沟通”，超过一半的家长“很少，出现了问题再沟通”，更有超过一成家长“从来不找教师沟通”。

家长为什么知其理却未见于行呢？“影响家长与教师沟通的因素”的调查结果显示：63.2%的家长“怕影响教师工作”；52.8%的家长“不知如何与教师沟通”；34.6%的家长因为“自身工作太繁忙”。

不难看到，超过半数的家长因沟通技巧欠缺“不知如何与教师沟通”，超三成家长因太忙无暇与教师沟通。更值得注意的是，超六成家长是因为“怕影响教师工作”而放弃了与教师主动沟通。这是因为家长主观上认为教师很忙，所以不愿意打扰，还是家长在以往沟通中得到了教师忙碌的反馈而觉得自己的主动沟通是一种干扰呢？如果想知道答案，就需要教师对家长进行分类：哪些家长是主动联系过一次后就再也没有联系了的，哪些是一次都没主动联系过的。针对前者，教师要回忆是否存在因手头有工作而草率结束沟通的情况，这可能会给家长留下一种“教师很忙”的印象，家长怕影响教师工作，放弃了主动联系；而后者可能就是主观上认为教师很忙，怕影响教师工作。

（二）家校共育中家长渴求专业指导

《宜昌市家庭教育质量监测报告》的数据显示，宜昌市家庭教育取得了显著成绩，同时也应看到，家长对家庭教育的需求在不断增长，要求也在不断提高，他们渴求更有针对性、系统性的家长培训。

调查显示，70.1%的家长表示面对孩子的教育问题，最大的困难是“缺乏专业的教育知识”，家长希望家校共育中能够提供的指导有“孩子所处年龄阶段易发问题的处理与应对”（20.3%）及“组织学习家庭教育系统知识和方法的培训”（13.8%）等。然而，现阶段家校共育活动的形式比较单一，仍是以家长开放日、学校组织的社会实践活动等形式的家校共育活动为主，面向家长的系统性、针对性培训不足，致使家长缺乏有效的家庭教育策略。有40.9%的家长采用“给孩子讲道理”的方式来教育孩子。令人欣喜的是，有41.6%的家长以“注重自己的言行，为孩子树立榜样”为主要策略来教育孩子，这是十分值得鼓励和提倡的。

在有关家庭教育困惑的调查中，29.1%的家长认为自己在家庭教育中最大的困惑是“很想帮助孩子解决一些成长中的问题，但不知道用什么方法”，22%的家长苦恼于“孩子的学习成绩不理想，不知道如何帮他提高”，14.8%的家长则认为“孩子不听话，越来越不好管了”。家长面对这些具体问题时，需要得到具有针对性的指导。尽管家长可以通过阅读相关书籍寻求帮助，或者听家庭教育专家来学校开展的讲座等，但这都只能探讨大多数学生的共性问题，无法解决所有学生的问题。因此，面向每个个体，经过深入分析而制订恰当的家校共育策略是最为合适的，家访在此时显得尤为必要。

（三）家校合作中家长知行合一有困难

家长的教育理念正在发生积极的转变，但从行为上看还无法做到知行合一，需要教师深入家庭了解情况并进行引导。据调查，85.7％的家长认为孩子的教育应该由“家校共同协作”，说明以往的那种认为孩子的教育应由学校全盘负责的观点已越来越没有市场；91.7％的家长认为家庭教育最重要的任务是“培养孩子良好的习惯和品行，传承优良家风”，这说明家长越来越明确地意识到自己在子女教育中的责任；家长认为自己在孩子成长过程中较为关注的是“行为习惯和做事方法”（35.6％）、“身体健康”（29％）、“心理健康”（25.5％），仅 9.2％的家长认为自己最关注的是孩子的“学习成绩”，这说明大部分家长已经意识到孩子的学习成绩并不是最重要的。但是仍有 54.6％的家长与教师交流的主要内容是“孩子的学习成绩”；对教师的调查结果显示，65.2％的教师认为现在的家长最关注孩子的“学习成绩”，说明部分家长在理念和行为上没有做到统一，这就需要教师对家长进行引导。诚然，家长会可以在一定程度上帮助家长树立正确的观念以及行为范式，但由于不同的家庭之间存在较大的差异，所以这就迫切需要教师进行一对一的问诊、把脉，针对不同情况制订不同的引导策略，并进行深入的家访。

三、家访的独特价值

从家访的发展历史来看，它从一项常规工作逐步成为一种制度，并被国家教育行政部门明确为工作要点，说明它在我国教育的发展过程中起到了非常关键的作用。尽管家访在教育功利化倾向的浪潮中一度被忽视，但由于其自身独特的价值与不可替代性，在快速变化的新时代，家访作为家校社协同育人机制中的重要一环，被重新提上了日程。

家访一是能够面对面宣传党的教育方针和有关教育法律法规及学校各项规章制度，宣传正确的教育理念和教育思想；二是能够直接深入引导家长以亲情关心感化孩子，有利于学校、家庭在教育时空上的紧密衔接，达到信息互通、交流互助的目的；三是能够全面了解学生的家庭状况、生活环境、个性特点，更有的放矢、事半功倍地实施学校教育，同时也有利于发挥学校和家庭各自优势，促进学生身心健康成长[①]。

---

① 陈如平．互联网时代仍需用好传统式家访［J］．人民教育，2020（19）：40.

教师是家长最信任的指导者。一项全国性的调查研究发现，学校是家长最希望接受家庭教育指导服务的最主要的渠道[①]。受过教育专业培训的教师群体，在家长心目中具有影响力，也是最具权威性和距离最近的指导者。也可以说，教师群体是最直接、最广泛、最巨大的家庭教育指导力量[②]。

家访是最具针对性的指导方式，是共建、畅通家校沟通之路的有力工具。对不善于沟通的家长，教师在家访时可以在轻松和谐的氛围中平等地开展对话，真诚地告诉家长，家访是为了利用家校协作的力量帮助学生更好地成长，教师和家长有一个共同的目标：为了孩子更好地成长。教师和家长是与孩子交往最多的人，也应该是最了解孩子和孩子最信任的人，所以只要教师和家长齐心协力、帮助孩子，家校共育的效果肯定会更为显著。诸多成功的家访案例就是最好的例证，不然家访也不会成为班主任教师的“制胜法宝”之一。

教师家访以一种温暖体贴的姿态成为维系教师、家长、学生的纽带和沟通学校、家庭、社会的桥梁，在“三全”育人过程中发挥着不可替代的作用[③]。教师要用好家访这个法宝，就要从每个家庭入手，要通过对家庭教育现状进行分析，客观地了解学生家庭教育的问题和不足，有针对性地帮助家长填补自身能力的缺口，找到家庭教育的落脚点。家访能帮助建立更为和谐的家校生态，为学生健康成长营造良好家校氛围，为学生全面发展打造广阔平台，为学生个性展露提供有包容性的通道；家访也为家长全面认识孩子提供多维视角，为家长更新教育理念和行为创造更多机会，为家长更好地成长为专业家长给予专业支撑；家访为教师开展日常工作赢得更多理解和支持，为教师走进学生内心打开一扇门，为教师专业成长积累经验。

综上，无论是在国家的政策理念上，还是在家校共育的实际问题上，都迫切需要家访制度常态化，需要家访深入化开展、个性化定制。尤其是在信息化的高速发展的新时代，沟通渠道的丰富为家长和教师提供了便利，同时也带来了各种新的问题，这更加需要学校、教师从专业的角度为家长指引正确的方向、提供切实可行的办法、拉近彼此的距离，共同为家校协作打好坚实的基础，为家庭教育提供专业的服务支撑。

① 边玉芳，袁柯曼，张馨宇．我国学校家庭教育指导服务体系的现状、挑战与对策分析——基于我国9个省（市）的调查结果［J］．中国教育学刊，2021（12）：22.

② 孙云晓．家校合作造就“1＋1＞2”的教育效应［J］．中华家教，2020（7-8）：13.

③ 陈如平．互联网时代仍需用好传统式家访［J］．人民教育，2020（19）：40.

附　录

表1：家校沟通必要性调查（家长视角）

您认为家庭和学校之间的沟通和合作有必要吗？	占比
A. 很有必要	97.7%
B. 没有必要	0.9%
C. 无所谓（有或没有都行）	1.4%

表2：家长沟通主动性情况调查（家长视角）

您是否主动找教师面谈，了解或反映孩子的情况？	占比
A. 一般都是教师联系我	7.8%
B. 很少，出现了问题再沟通	51.3%
C. 经常主动找教师沟通	39.4%
D. 从来不找教师沟通	1.5%

表3：影响家长与教师沟通的因素调查（家长视角）（多选）

影响您与教师主动沟通的因素有哪些？	占比
A. 怕影响教师工作	63.2%
B. 不知如何与教师沟通	52.8%
C. 自身工作太繁忙	34.6%
D. 自身教育意识淡薄	17.1%
E. 害怕教师批评	5.2%
F. 对教师不太信任	1.7%

表4：家长在孩子教育问题上的困难调查（家长视角）（多选）

面对孩子的教育问题，您最大的困难是什么？	占比
A. 缺乏专业的教育知识	70.1%
B. 外界的教育理念太多，不知如何抉择	34.1%
C. 因为工作原因没有时间教育孩子	33.4%
C. 家庭成员间教育理念不一致	17.2%

表5：家长对教育专业知识的需求情况调查（家长视角）

您希望家校共育提供哪些方面的指导？	占比
A. 及时反馈学校活动动态及孩子在校情况	49.7%
B. 邀请专家学者或优秀家长进行分享	4.2%

续表

您希望家校共育提供哪些方面的指导？	占比
C. 组织学习家庭教育系统知识和方法的培训	13.8%
D. 孩子所处年龄阶段易发问题的处理与应对	20.3%
E. 如何与学校、教师协作和沟通	9.0%
F. 特殊家庭（离异、单亲、重组家庭）孩子的培养问题	3.0%

表 6：家长教育孩子的方法调查（家长视角）

您在家里通常采用什么方法教育孩子？	占比
A. 给孩子讲道理	40.9%
B. 拿孩子和他（她）的同伴或同学比	4.0%
C. 注重自己的言行，为孩子树立榜样	41.6%
D. 制定一些规定，按规定执行	10.7%
F. 其他	2.8%

表 7：家长在家庭教育中的困惑调查（家长视角）

您在家庭教育中的最大困惑是什么？	占比
A. 孩子不听话，越来越不好管了	14.8%
B. 和孩子之间的共同语言很少，很少沟通	10%
C. 孩子生活自理能力、解决问题的能力太差	12.1%
D. 孩子太自私，什么事都以自我为中心，不关心他人	2.0%
E. 很想帮助孩子解决一些成长中的问题，但不知道用什么方法	29.1%
F. 孩子的学习成绩不理想，不知道如何帮他（她）提高	22.0%
G. 没有什么困惑	10.0%

表 8：家长对教育责任的认定情况调查（家长视角）

您认为孩子的教育应该是谁的责任？	占比
A. 学校的事情，家长不需要管	1.7%
B. 学校管学习，家长管生活	12.6%
C. 家校共同协作	85.7%

表 9：家庭教育最重要的任务调查（家长视角）

您认为家庭教育最重要的任务是什么？	占比
A. 辅导孩子的课余学习	5.7%
B. 培养孩子良好的习惯和品行，传承优良家风	91.7%

续表

您认为家庭教育最重要的任务是什么？	占比
C. 送孩子上各种补习班，不让孩子输在起跑线上	1.5%
D. 其他	1.1%

表 10：家长最关注孩子情况调查（家长视角）

在孩子成长过程中您最关注的是孩子的哪些方面？	占比
A. 身体健康	29.0%
B. 学习成绩	9.2%
C. 心理健康	25.5%
D. 行为习惯和做事方法	35.6%
E. 其他	0.7%

表 11：家长与教师交流的主要内容调查（家长视角）

您一般与教师交流的主要内容是什么？	占比
A. 孩子的学习成绩	54.6%
B. 孩子的思想道德	7.2%
C. 孩子在校是否守纪	11.1%
D. 孩子的人际交往	1.6%
E. 孩子的身心健康	17.5%
F. 孩子的成长经历	3.8%
G. 孩子的兴趣爱好	0.9%
H. 其他	3.3%

表 12：教师认为家长最关注孩子的哪些情况调查（教师视角）

您认为现在的家长最关注孩子的哪些方面？	占比
A. 学习成绩	65.2%
B. 行为表现	8.8%
C. 人生规划	1.6%
D. 心理状况	5.5%
E. 人际交往	0.2%
F. 道德品质	5.1%
G. 兴趣爱好	1.2%
H. 人身安全	11.5%
I. 体育健康	0.9%

现代家访的含义、类型及基本原则

汪宏军

《教育部关于加强家庭教育工作的指导意见》强调，要充分发挥学校在家庭教育中的重要作用，建立健全家庭教育工作机制，统筹家长委员会、家长学校、家长会、家访、家长开放日、家长接待日等各种家校沟通渠道，及时了解、沟通和反馈学生思想状况和行为表现，营造良好家校关系和共同育人氛围。

学校、家庭、社会共同担负着教育学生健康成长的责任。家访是沟通教师、家长、学生的桥梁，是学校与家长达成教育共识，协调教育目标，实现教育同步，共同促进学生身心健康发展的重要途径。良好的家校沟通能使学校教育与家庭教育更有实效性、针对性和一致性，能更好地促进青少年学生的健康成长和良好习惯的培养，促进学校和家庭之间的信息交流。

一、家访的含义

家访是家庭访问的简称，是进行个别家庭教育指导的一种常用的有效形式，主要是解决儿童、青少年的个别家庭教育问题，也叫家庭采访、家庭拜访。家访是“到家的因材施教”，解决的是“家庭教育问题”，家庭教育的实施者是学生家长，家访是为了学生的成长，因而既要“访学生”，更要“访家长”。

二、家访的类型

家访按时间可分为期初家访、期中家访、期末家访；按内容可分为了解性家访、育人策略家访、沟通性家访和教育政策宣传家访。家访的类型不同，家访的方式亦不同。随着时代的发展，现在的家访需整合传统家访与现代家访的形式，灵活运用

邀访、书面家访、线上家访、随访、小干部家访、结伴家访、座谈会等多种家访形式，才能各展其能、各尽其用。

三、家访的基本原则

当前，经济社会快速发展的新形势，新兴媒体裂变式发展的新态势，社会、家庭环境复杂多变的新情况，对现代家访提出了新的要求。因此，在开展现代家访时，学校与教师要遵循以下原则，有序开展。

1. 育人为本，全面发展

坚持以立德树人为根本任务，以促进学生的身心健康发展和能力全面提升为基本目标，以教育性、整体性、激励性、客观性为评价准则，实事求是地反馈学生信息，全面了解学生在家情况，与家长共商育人对策，助推学生身心健康发展，引领学生健康成长。

2. 面向全体，关注个体

树立服务学生和家长的工作理念，做到“因人而访”。家访范围要覆盖全体学生，开展全员普访，对学生在校的表现要全面地、实事求是地向家长反映，有目的地交流教育信息、传递理论、商讨方法。对不同类型的学生和家庭进行专访，对父母离异的单亲家庭学生、生活困难的学生、病残学生、行为偏差学生、思想或学业上有重大变化的学生、留守学生、心理异常学生等特殊群体和个别学生要重点访问，全面深入了解学生家庭情况、成长环境，做到“一人一案”，深入细致地开展家访工作，切实增进家校沟通。

3. 全员参与，科学谋划

建立学校领导带头、中层干部作表率、年级和班级负责人为主体、全体学科教师共同参与的家访工作队伍。科学做好家访的策划、组织和实施等工作，做到“有备而访”，不能随心所欲贸然前往，而要有计划、有目的，做好准备。在学期初，教师就应为每一名学生建立成长记录档案，把他们的在校学习状况、生活情况、思想动态以及在各种活动中的表现等记录下来，还要通过多种渠道，充分了解家长的文化水平、职业特点、对家庭教育的认识、采用的家教方法和策略等。选择恰当的时间，如每学期可以按期初、期中、期末三个阶段分批次进行家访，在去家访前与家长预约，让家长有心理准备，这样既能把自己的职业素养、工作作风和真诚展现给家长，又能获得家长的积极配合。合理地控制家访时间，根据具体的沟通情况适当调节，一般以半小时左右为宜。

4. 平等协商，及时反馈

平等地与学生及家长交流，尊重所有的家长和学生；要有礼有节，避免“告状式”家访，教师要多表扬学生的进步，多提学生的优点，多鼓励学生；讲学生缺点时要注意语气，以建议的方式表达，在教师、学生、家长之间建立起平等合作关系。在家校合作共育过程中，力争求同存异，不埋怨、不指责，要与家长共同探讨、协商教育对策和教育方法，最大程度地促进学校教育和家庭教育协调一致。家访结束后，教师要继续关注学生的变化，与家长保持联系，并且及时反馈有关的信息，在必要时进行第二次家访。当学生在学习生活上有了进步和改变时，教师要及时给家长打电话报喜，这不仅是教师给予学生的鼓励，也是给予家长的莫大鼓舞。

5. 创新形式，注重实效

遵循教育规律和学生成长规律，坚持正确育人导向，传播科学教育理念，灵活地开展家访工作，切实解决学生成长、家庭教育和家校合作中的实际问题，真正发挥家校育人合力。在家访之前，教师要做好充分准备，明确家访的内容和目标。对于需要与家长沟通、配合的事情，教师要列出提纲，做到心中有数。在传统家访的基础上，创新方式方法，灵活运用邀访、书面家访、线上家访、随访、小干部家访、结伴家访等形式，还可以开展家长会、学校开放日、座谈会等线下家校交流活动，真正做到以解决问题、取得成效为导向，形成策划、准备、访问、反思、改进等环节不断循环以至完备的家访流程，保障家访实效。

6. 结合实际，着眼长远

因地制宜，制订特色家访工作方案；重视一线学生工作，科学统筹、安排家访工作；加强督导检查，建立和完善家访工作长效推进机制、监督机制和考评机制，真正激发和调动广大教师的积极性、主动性，实现家访工作制度化、科学化、常态化。学生的成才是一个漫长的过程，不可能因一次家访就立竿见影，马上生效，需要做大量的工作。教师要努力使首次家访成为与家长联系的纽带，再通过之后的多次家访来增进感情。家访的次数多了，与家长熟悉了，就能更全面地了解学生家庭，谈话自然会得心应手。而家长也通过家访认识了教师，了解了孩子，家庭教育也就能更好地与学校教育配合。到这个时候，家访才算真正取得了成功。

7. 廉洁自律，保障安全

要做到廉洁家访，家访过程中遵守家访纪律，坚决杜绝家访中的不正之风，做到不接受学生家长的宴请和赠礼，不托请家长办事，不发表有损学校或其他教师形象的言论。要做到安全家访，家访过程中，注意人身和财物安全，尽量结伴开展家访活动，不安排下班后和晚上家访；注意交通安全，不乘坐“三无”车辆，特别是对居住地比较偏远的学生进行家访时，更要做好安全防范措施；注意家访信息安全，家访所获得的信息若涉及学生和家长隐私，要注意做好保密工作。

参考文献

张润林．学校家庭教育指导工作手册［M］．上海：华东师范大学出版社，2020.

新时期中小学家访的现实困境与突破策略

郑红山
张姝君

随着时代发展，今日之儿童所处的成长环境与之前的儿童已有天壤之别，他们处于物质极丰富的时代，却也同时处于精神相对贫乏的时代；他们面对的诱惑越来越多，对自主的要求越来越高，与家长的管控欲的冲突也愈演愈烈。在这种时代背景下，家庭与学校必须更加紧密地沟通与协作，才能形成更强大的教育合力。

作为家校沟通重要方式之一的家访，在新的时代与技术背景下，遇到了一些现实困境，导致教师家访在部分地区、特定时段出现了边缘化的现象。但家访对了解学生成长环境、增进家校交流、指导家庭教育等均有不可替代的作用，所以，寻求新时期的家访突破策略正是为人师者之正道。

一、中小学家访的现实困境

资料显示，我国20世纪50年代时，家访是学校的一项常规工作，是教师的基本职责之一，班主任一学期至少要对每个学生做1—2次家访[①]。这一传统一直沿袭至今。然而，新时期的中小学教师家访工作却面临着如下困境。

1. 教师不愿意家访

教师的工作本就十分繁重，加之对家访工作的价值认识不足，认为平时已通过电话或“微信”与家长联系，再到学生家中家访是“形式大于内容”，内心深处对家访的认同度较低。如果没有学校指令和强制安排，很多教师不会主动家访。此外，大多数学校并未向教师提供家访交通补助，教师家访不仅要利用自己的休息时间，还要自掏腰包，不情愿亦是情有可原。

① 陈如平．互联网时代仍需用好传统式家访［J］．人民教育，2019（19）：40.

2. 家长不欢迎家访

其一，很多家长和教师一样，认为平时已和教师有了沟通，教师无须再到家中来做交流；其二，家长对家庭的隐私保护意识日趋增强，部分家长不愿意教师参与到自己家庭生活中来；其三，还有一些家长对家访的理解存在偏差，认为家访是教师变相上门索取“好处”(包括“吃请”、索取礼物等)，对家访有排斥心理。以上因素叠加，导致一些家长对家访持观望、漠视甚至抗拒态度。

3. 学生不渴望家访

由于相当一部分教师与家长沟通习惯是学生出现问题才与家长交流，很多学生也形成了这样的惯性思维：家访等于“告状”，访后就要挨批甚至挨打。这导致一些学生对家访没有期待，甚至有意无意为教师家访制造障碍。这与20世纪80—90年代时学生听说教师要家访即欢呼雀跃的情况形成了鲜明对比。

二、家访困境的原因分析

曾被家长、教师、学生三方欢迎的家访，如今却沦于三方皆不欢迎的尴尬处境，其背后有着深层次的与社会发展、教育理念落后相关的原因。

1. 家校关系发生巨变

曾经的家长对学校高度信任，甚至是将孩子“盲目交付”；曾经的教师对学生视若己出，真爱敢管。现在，随着社会发展与经济的转型，家校关系出现了巨大的变化。家长对学校，少了一些“托付”心态，多了一些“客户”心理；教师对家长，少了一些“不负托付”的责任感，多了一些“交付产品”的职业感。而在少部分媒体的推波助澜之下，曾经纯粹的家校关系变了味道：本是发生在少部分师德不良教师身上的案例，被媒体和家长放大，导致教师群体背上骂名。加之“有偿家教”“体罚学生”“变相索贿”等事件时有发生，家长看待教师的视角与心态不复往日，家校关系亦发生巨变。在这种背景下，家访原本的意义与价值也发生了很大变化。

2. 家校沟通方式多元

随着技术的不断发展，人与人之间的交流方式日益丰富多元，从电话、电子邮件发展到今天的“微信”“钉钉”等即时通信工具，从面对面对话发展到今天的视频会议、虚拟现实等交流场景，这些方式让人们的交流突破时空局限，变得更加便捷和容易。在现代信息技术的影响下，家访这种需要耗费更多时间与精力的沟通方式逐渐成为“非主流”。

3. 教育理念停滞不前

随着《义务教育课程方案和课程标准（2022年版）》的颁布，中国基础教育已进入核心素养时代，但有些家长与学校并未做好准备，突出地表现在其教育理念仍停留在“双基”时代。例如，家校双方重点关注的是孩子的文化学科学习情况，评价学生的标准仍很单一，仅以分数论英雄的做法并未消失，有的甚至愈演愈烈。在单一的评价标准与价值判断之下，只有少数人成为世俗意义上的成功者。在这样的教育理念的指导下，家校双方均难以看到学生学业以外的优势与特长，学生在家访中感受到的也更多的是学业要求与压力。

当然，还有另一种情况，即家校双方对学生的成长要求不一致。例如，“双减”时代，学校要求减轻学生过重的课业负担，但家长认为无论负担怎么减，决定孩子命运的仍是考试，对“双减”持反对态度，或明面配合、暗里加码。家长的理念不改变，家访效果亦堪忧。

此外，还有部分教师因自身师德不佳、水平有限，不善于与家长沟通，而造成家长反感教师家访。例如，有的教师家访时态度居高临下，对家长颐指气使、说三道四；有的教师内心深处并不热爱教育、热爱学生，视家访为负担，访前未准备，访中走马观花、草草了事，让家长觉得浪费时间；有的教师缺乏正面管教学生的能力，逮住家访机会大吐苦水、大告其状，甚至对学生颇多指责，把学生说得一无是处，这让学生和家长视家访为“批斗会”，感受很不好。如此行事，究其根本，还是由于这些教师缺乏先进的育人理念。

三、中小学家访的应然价值

中小学家访遭遇困境，并不代表家访这一优良传统已经过时。家访作为一种经无数事实印证的行之有效的家校沟通方式，在今天仍有其独特的价值。

1. 深度交流的价值不可替代

尽管家校交流方式很多，但家访仍然是极为重要的一种方式，这是由家访的特点所决定的。首先，家访用时较长，一般在30分钟以上，与家长利用大块的完整时间进行关于学生的专项交流，这与平时利用碎片时间借助“微信”“QQ”等即时沟通工具交流的效果不可同日而语。其次，家访是面对面的交流，更有温度，反馈也更及时和精准，有平时通过电话或“微信”交流难以获得的情感赋能。再次，好的家访

必定是有备而来，教师针对学生的长处与短板做好准备，有针对性地引导家长给予支持和配合，这样的交流更加聚焦和深入，对孩子的帮助更加有效和科学，这也是平时碎片式的交流所无法比拟的。可以说，家访最大的价值就在于深度交流，当然，能否达到深度交流取决于教师是否用心对待家访，但无论怎样，家访本身的价值是毋庸置疑的。

2. 场域观察的功能不可替代

有教师和专家认为新时期下可变“家访”为“校访”，即由教师到学生家中访问家长转变为家长到学校访问教师，此举对减轻教师工作负担有一定价值，但忽略了家访所特有的场域观察的功能。首先，家访有助于教师了解学生真实成长环境。家访，顾名思义是到学生家中参访，实地观察学生朝夕所处的家庭环境，可以发现很多平时难以知晓的细节，例如，学生不爱阅读，可能与家中藏书太少有关；学生作业质量差，可能与缺乏独立学习环境有关；家中是否整洁，也在一定程度上决定了学生收纳意识与自我管理能力的高低。其次，在学生家中交流，转换了交流场景，学校场景偏正式，难以让学生和家长放松，家是学生和家长的主场，有助于家长和学生放下心防，场景转换对提升沟通效果也有着重要价值。

3. 现场指导的效用不可替代

“父母是孩子的第一任老师”，这句话说明了父母对孩子成长的极端重要性。然而，现实中，这个“第一任老师”并非持证上岗，很多家长没有接受过系统的家庭教育培训与指导，只是根据父母教育自己的经验、身边亲友教育孩子的经验和从一些自媒体获得的育儿知识来养育孩子的，很多家长的教育理念还需要更新，育儿策略还需要升级。作为新时代义务教育工作的根本遵循和行动指南，2019 年印发的《中共中央 国务院关于深化教育教学改革全面提高义务教育质量的意见》明确提出“为家长提供公益性家庭教育指导服务职责”，要“充分发挥学校主导作用，密切家校联系”[①]。基于此，很多学校开设了系统的家长教育课程，取得了较好效果。家长教育课程是面向全体家长的，课程具有普适性，但每个家庭所面临的问题是个性化的，家访过程中，教师在宽松、温馨的氛围下，针对孩子成长过程中的个性化问题，和家长现场讨论育儿策略，并对家长进行顺势引导和相机指导，会收到家长课程无法实现的效果。

---

① 新华社．中共中央 国务院关于深化教育教学改革全面提高义务教育质量的意见［EB/OL］.(2019-07-08)［2022-03-15］www.gov.cn/zhengce/2019-07/08/content_5407361.htm.

四、中小学家访的突破策略

学校、家庭是中小学生学习和生活的主要场域，也是影响他们成长和发展的教育时空。不论家庭或学校，在教育目标上，即使有些许偏差，但其根本应该是一致的。而家校关系，也理应是合作共赢的合作伙伴关系。因为多数情况下，教师是中小学生除父母之外接触最多的“重要他人”，自身承担着向学校传达家长需求和向家长传达学生表现的任务[①]。因此，我们认为，无论处在什么时代，中小学教师家访的应然价值都不可磨灭，当下之所以出现诸多现实困境，除了社会与经济等外在因素影响外，学校及教师自身缺乏深度反思与有效突破策略也是重要原因。作为学校德育工作者，有责任与教师共同思考和梳理突破中小学教师家访困境的科学策略。

1. 建立家访机制，推动教师积极参与家访

绝大多数教师本性纯良，有益于学生的事，虽然辛苦，但并不会真的抗拒，教师反感的是瞎指挥式的随意安排，反对的是做没有意义的事。因此，学校应系统思考，把家访作为家校沟通的重要一环，纳入学校整体工作机制建设之中，将家访与师德建设、绩效考核、奖优评先、榜样激励等结合起来，切不可孤立看待和对待家访工作。

我们建议，学校应建立健全家访工作机制，以此推动教师积极参与家访。可从以下五个方面着手：

（1）家访工作规划：用于阐述家访的意义与价值，解读学校对家访工作的学年与学期安排，让教师清晰知道为什么做和怎样做，提前安排、心中有数。

（2）学生分类家访制度：针对新生（含新入校学生、新接手班级学生）的全员家访制度，针对老生的抽样或定点家访制度，针对异常学生的必访制度等。明确规定家访任务、时间、目标等，让教师建立家访工作的整体框架，同时减轻教师不必要的重复劳动。

（3）家访奖励制度：对家访工作中表现突出、助推学生成长效果明显的教师给予奖励和表彰，并与教师绩效考核关联，让教师进一步意识到家访的重要性以及家访在家校沟通工作版图中的重要位置。

（4）家访补贴制度：教师利用休息时间四处奔波开展家访，虽也是份内工作，但

① 边玉芳，田微微．对家长教育问题的思考与对策——基于《全国家庭教育状况调查报告（2018）》部分结果解读［J］．中国德育，2019（3）：41．

毕竟会产生交通费用，建议学校设立家访专项补贴，不一定实报实销，但有必要用这部分补贴来温暖教师的心。

（5）家访策略整理与分享制度：激发教师智慧，收集家访案例，整理家访策略库，定期组织分享会，把教师个人的经验转变为组织的工作智慧。

2. 优化家访过程，帮助教师科学安排家访

做实和优化家访过程，家访才有质量保障，高质量工作并不需要过度用力，关键在于科学施策、精准实施。从家访全过程来分析，要做好家访前、家访中、家访后的各项工作。

（1）家访前应做好的工作。

了解学生家庭住址，合理规划家访线路，与家长预约家访时间并以周为单位制定家访计划表。此环节须注意：提前两天左右与家长预约，方便家长安排时间；晚餐后再去家访，避免家长安排吃请。

收集和整理学生信息，尤其是学生亮点，便于家访时鼓励学生，在家长面前的鼓励会让学生更加欣喜。注意：要收集细节与故事，具体的肯定比泛泛的赞美更有力量。

准备家访记录本，把想通过家访解决的问题做好记录，以免遗忘。注意：针对学生成长中的问题，自己要思考并提出解决方案，还要具体说明家长需要支持和配合的事项。

自备水杯，如有可能可以给学生准备一份小礼物。注意：礼物切勿贵重，一个笔记本、一本书为佳，现场写上对学生的期望与祝福。

（2）家访中应做好的工作。

参观学生书房与卧室，适时表达肯定。此举旨在了解学生的主要成长环境，观察家庭阅读氛围。须注意：不要点评家中装修、陈设；家庭成员如有缺席，不宜追问，以免触碰隐私。

向家长介绍学生在校表现。注意：以肯定为主、建议为辅；不建议当着家长的面批评学生。

向家长了解学生在家时学习与生活的情况，了解家长对孩子教育的期待与要求。如家长有关于孩子教育的困惑，可一起讨论，适时相机对家长提出指导建议。此时须注意：多倾听、少表达、不插话；多引导、少越位、不指责。

围绕学生更好成长，向家长提出具体的要求与建议。注意：要求要具体，但不能拔高，以免家长做不到，反增压力。

简要记录与家长交谈的要点，其中对家长提出的要求要详细记录；如学校有要求，请家长填写学校统一印制的家访反馈表。

结束时，需对家长在百忙之中接受家访表示感谢。此时如家长赠送礼物，务必委婉但坚决拒绝，守住师德底线。

（3）家访后应做好的工作。

整理家访备忘录，包括家访资料、笔记、反思、反馈表等，尤其注重整理家访中发现的典型问题或细节，包括家长的性格、学生的真实表现等。

对家长提出的问题要做好跟进、处理与反馈，形成做事的闭环。

对家访中出现的典型案例进行整理，形成家访案例库与策略库。

学校组织家访工作总结与分享会。

3. 改进家访方式，促进教师学会深度家访

家访的重要价值之一就是家校间的深度交流，因此，家访时间不宜过短，短则无法深入，但也不能过长，以免增加教师负担。根据经验，一家停留时间以 40 分钟左右为宜。这 40 分钟必须充分利用，访出深度、访出效能、访出效果。我们建议从以下方面改进家访方式，促进深度家访。

针对每个学生的不同情况，拟定个性化的家访方案，这是深度家访的基础。方案里须包括：详细的学生在校情况汇报，需要了解的学生在家的具体情况，平时交流时了解、观察到的家长性格特点与育儿方式，期望家长在教育孩子方面所付出的努力和所期待的改变等。

根据不同情况确定不同家访策略。如是解决具体问题，则教师需提前整理发现问题的事件经过，并找准问题本质，同时还需提出自己的解决方案；要预设家长可能提出的解决方案，并做好多手准备。如是解决学生状态问题，则教师要清晰表述学生最近状态情况及具体表现，并尝试分析原因，同时与家长共同探讨症结所在。因人而异、因生施策，这是深度家访的关键。

提前做好相应教育理论与知识储备，对家长提出的困惑或问题给予专业解答，提出具体方案，切勿泛而化之，“越具体、越深刻”，具体且科学的方案能有效增强家长对教师和孩子的信心。结合学生生理年龄和实际发展情况，给出一些操作性强的建议，这也是凸显教师专业能力的地方。例如，小学低年级学生家访可重点强调习惯养成指导，教师可搜集习惯培养的好方法，推荐几本好的习惯培养类书籍，指导家长制定习惯养成表；中年级学生家访可重点强调学习方法指导，三四年级学生学习成绩会出现分水岭，此时既要给家长和学生信心，又要给出具体的方法和建议；高年级学生家访宜重点强调心理健康指导，要提醒家长关注孩子进入第一个叛逆期后的心理变化，给予有效的心理健康方面的指导和帮助。

综上所述，在这个不断变化与发展的时代，家访遭遇了前所未有的困境。面对

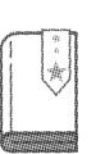

挑战，我们应主动作为，从学校层面和教师个人层面出发，建立有效的家访机制，优化家访的过程，改进家访的方式，以实现常态家访、有效家访和深度家访。我们有理由相信，只要我们认真研究和用心对待家访，家访在今天就仍然能焕发出独有的光彩。

做实全员家访　做细“两分”“两从”

——基于数据分析的家访实践探索

付　蓉

家访，作为教育工作中的重要模块，是维系教师、家长、学生关系的纽带和沟通学校、家庭、社会的桥梁，在学校教育中起着不可替代的作用。随着现代生活节奏的加快，电话、电子邮件、即时沟通软件等现代化通信方式的出现，使家访面临新形势和新挑战。相关问卷的调查结果显示，目前中学家访工作的确存在家访形式化、家访效率不高、家访效果不佳、家访制度不完善、家访形式不多元、家访流程不规范等问题。

随着《家庭教育促进法》的出台，家庭教育成了提高全民素养的重要抓手之一，家访作为教育教学活动不可或缺的一环，在新时代的背景下更需被重视并不断优化。为此，我们围绕“做实全员家访，做细‘两分’‘两从’”的主题，基于前期调研和数据分析，采用多元家访的思路，致力于提升家庭教育素养，重建家庭教育生态。

一、调研先行，主题导向，分层分类做好家访

为了解学校家访工作的现状及存在的问题，我们设计了针对教师和家长的两套问卷，了解教师和家长对家访工作的建议、意见，便于有针对性地分类分层地开展家访工作。教师问卷由学校各级领导、班主任及任课教师填写，家长问卷则由全校学生的父母或其主要监护人填写。

为了了解各类家访形式被接纳的程度，我们设计了关于家访形式的问题，调查结果如下图：

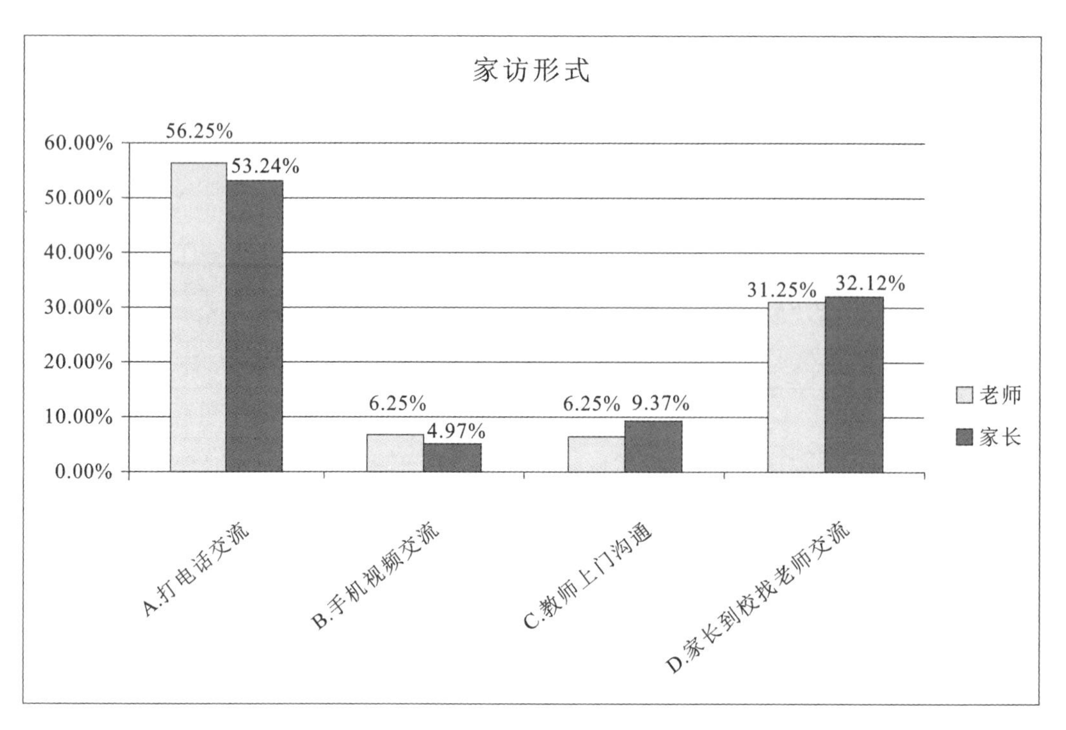

可以看出，绝大多数教师和家长选择了“打电话交流”这种方式。可见，随着信息技术的发展，现在教师与家长的沟通主要是通过电话、即时沟通软件等来进行的，家校合作的方式逐渐多元化，“云家访”开始流行起来。

为了了解开展登门家访的恰当时段，我们设计了关于家访时段的问题，调查结果如下图：

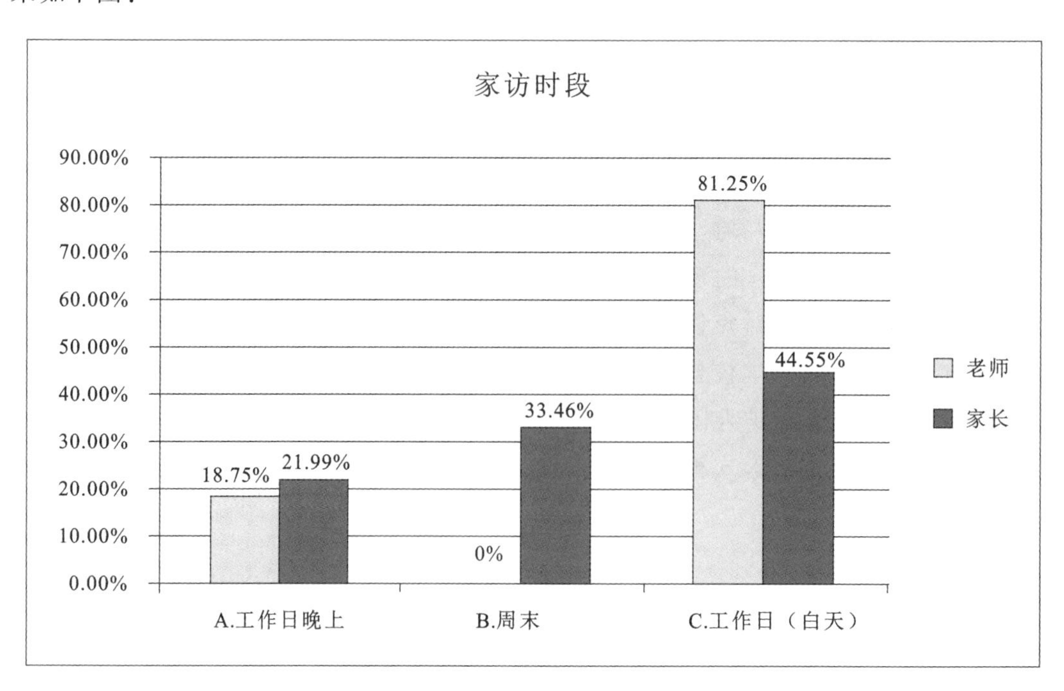

可以看出，在家访时段选择上，有81.25%的教师选择在“工作日（白天）”进行家访，而只有33.46%的家长选择了周末，要想家长和学生都在场，工作日家访就成了教师主要的选择。当然，不能把所有学生的家访都安排在工作日，可以根据家长是否工作、工作性质、工作时间等对家长进行分组，灵活地安排家访的地点、形式、频次。

为了解教师和家长对家访的主要需求，我们设计了关于家访内容的问题，调查结果如下图：

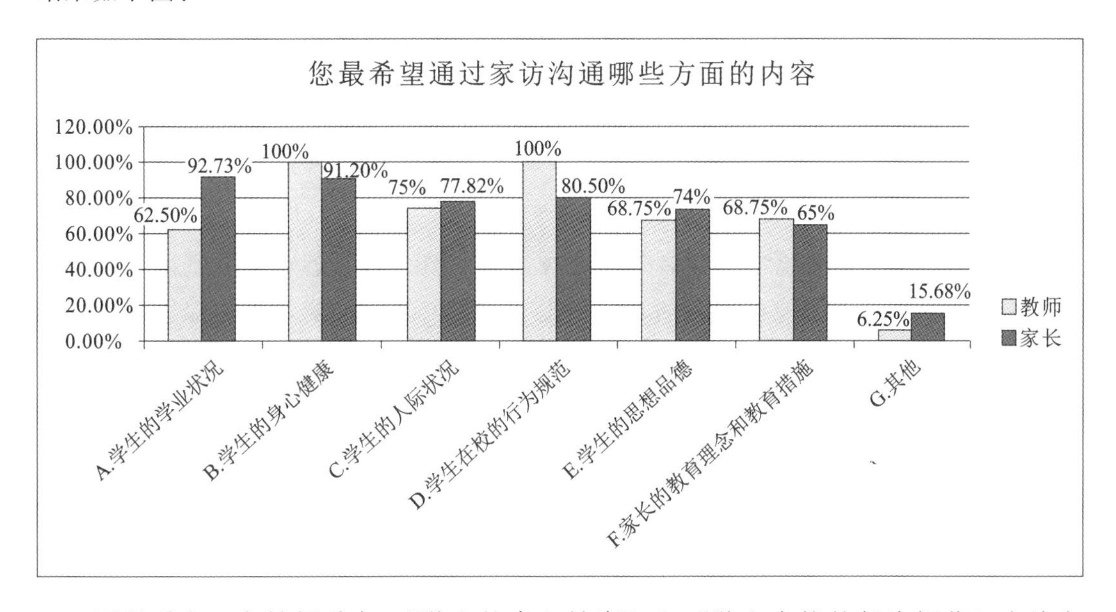

可以看出，在教师看来，“学生的身心健康”和“学生在校的行为规范”应放在家校沟通的首位；而在家长看来，“学生的学业状况”应放在家校沟通的首位。可见，教师和家长在这个问题上观念存在差异。为什么会出现这样的差异呢？

首先，在学业考试的压力下，家长最关心的是孩子的学业状况，看重的是学习结果，很容易忽视这些显性学习结果背后隐性的学习方式、学习态度、学习习惯等因素。而教师拥有丰富的教学实践经验，长时间的一线教学和面对面的师生互动让教师很清楚，学业结果跟学生的身心健康和行为规范有密切的关系，思想决定行动，行动导向结果。

其次，在“双减”新政的实施下，在学科素养的引领下，要落实立德树人的根本任务，要培养全面发展的人。学业状况固然重要，是智育的体现，但从长远发展的角度看，身心健康、行为规范才是学生成长成才的根本保障。所以教师着眼的是学生的长远发展，而部分家长着眼的是学生眼前的成绩。换句话说，家长和教师，对“教育”的理解、预期是存在差异的。针对这一认知上的差异，教师和家长需要首先在理念上达成一致，认识到家校是要共同育人，而不是互助“涨分”。

我们通过分析以上图表，认识到要调整家访的方式、时段，还要科学地制定家

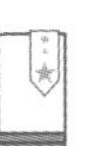

访主题。提醒教师改变传统的“送成绩单式”“告状式”家访，不仅要送爱心、送温暖、送喜报到家，更要送理念、送政策给家长。针对不同类型的学生，准备不同的家访内容。

（一）学生分层，让家访有的放矢

1. 走访优秀学生，收集培养经验

通过对优秀学生家庭的走访，收集、总结优秀学生家庭培养经验，研究良好家风对学生形成良好品格的影响，总结并推广优秀学生培养的可资借鉴的做法，引导更多家长做好家庭教育，培育出优秀学生。

2. 走访贫困学生，给予关心鼓励

贫困家庭学生在校园中通常表现得比较自强，但自卑心理在部分贫困学生中客观存在。通过家访了解他们家庭的真实情况和需求，通过交流，采用他们可以接受的方式给予他们关心和帮助，让他们感受到平等、尊重。

3. 走访“后进”学生，及时帮助纠偏

对于学业困难较大和违反校规校纪的“后进”学生，走访目的是避免问题积累，造成更大的遗憾。在家访时，教师要避开学生，和家长直面问题本身，探究问题根源，并一起想办法修正学生的不足，及时解决问题。

4. 走访特异学生，开展心理疏导

通过观察和分析，我们发现抑郁症学生和狂躁症学生的问题往往与家庭因素密切相关。只有深入其家庭，了解其成长环境，改变家长的育儿观念和方式方法，才能在教育工作中有效地对他们进行心理疏导。

5. 走访备考学生，形成备考合力

在普职分流的压力下，无论是想考高中的学生，还是想考中专的学生，都需要教师帮助分析学校选择、备考策略等方面的问题，给出行之有效的备考建议，帮助学生确立明确的奋斗目标，让学生、家长和教师共同朝着一个目标努力，形成合力。

（二）形式分类，让家访有声有色

1. 线上与线下相结合

随着时代的发展，家访形式也要与时俱进，现代新型家访可以很好地弥补传统家访受时间、地点、人员限制的问题。将线上访谈与线下访谈相结合，可以显著提高家访工作的效率。登门家访因各种因素的制约，能顾及的学生必然有限，而线上访谈可以随时随地开展，进行及时有效沟通。当然，线上家访也有其弊端，交流的深入程度、家访的效果可能都不如线下家访，在实际工作中，可以根据学生问题的类型、等级，来选择合适的家访形式。

2. 个体与群体相结合

无论是线上家访还是线下家访，我们都可以将个体家访与群体家访相结合。一个班级中，必然存在具有共性问题的学生，在进行家访时，我们可以以典型问题为导向，为学生分组，在指定地点进行群体家访，集中解决这部分同学的共性问题。而且在家长的交流中，还能互相启发、互相激励，集中群体的力量，一起解决问题。还可以将某方面存在问题的学生和这方面表现好的学生分为一组开展家访，让家长相互取经，介绍经验，这样更有助于问题的解决，也能提高家访的效率，让家访惠及更多的学生家庭。

3. 培训与交谈相结合

常规家访，交谈是主要方式。但根据现实情况，其结果往往不如人意。究其原因，很大程度上是因家长教育方法欠佳、教育能力不强，未经过系统的学习，所以要实现家校共育，须得培训先行。对家长进行必要的家庭教育培训，传授教育理论和方法，才能真正地提升家访的效果。因此，老师可以开展培训式家访，既可以自己培训家长，也可以调动其他力量。在自媒体高度发展的今天，有许多专业人士通过发布文章或视频的方式进行家庭教育的指导，但面对海量信息，家长不一定具备识别甄选的能力，也不一定能“对症下药”，教师可以靠自身的专业素养帮助家长筛选内容，将合适的内容发给家长学习。这何尝不是一种智慧的家访形式呢？

二、数据分析，实证导向，从心从理做好家访

家访中，教师通常用语言描述学生在学校的表现，容易给人一种大而化之、不够具体、缺乏说服力的感觉，为了增加家访的实效，我们可以引导家长透过客观数据洞察问题木质，进而寻找更好的改进方法。

为落实好“立德树人”的根本任务，学校、家庭、社会不能只关注学生的成绩、学生的当前情况，而是要把育人的眼光放得更全面、更深入、更长远。在众多家访对象中，存在心理问题的特殊学生，是教师重点关注的对象，而学生心理障碍的产生，往往与家庭因素密切相关，但不少家长不肯、不愿承认自己的孩子心理出现了问题。

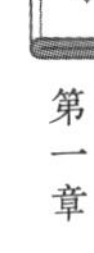

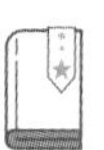

只有深入学生家庭，了解其成长环境，才能解开其心结。为此，可以定期请心理健康教师给学生做心理健康诊断测试，整理出测试结果，作为家访的参考。如下图：

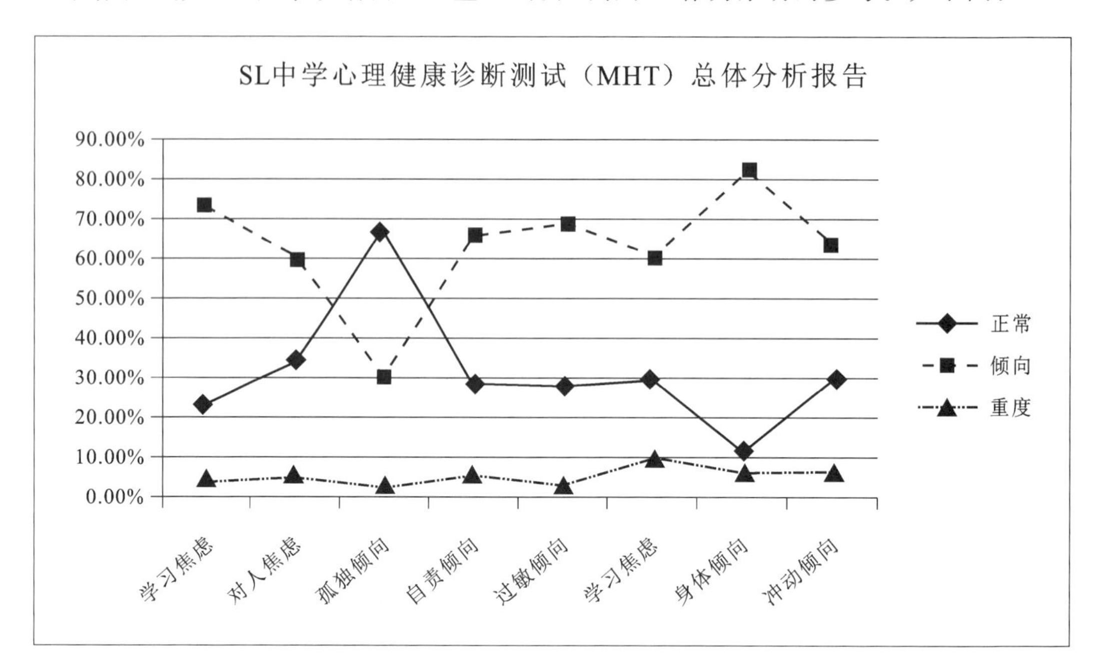

可以看出，SL 中学学生在心理健康诊断测试的八个维度上存在不同程度的差异。其中，从“倾向”来看，“恐怖倾向”“学习焦虑”这两个维度存在较大问题，排在前二，说明这两个维度对学生的心理健康造成了较大的影响。无论是教师还是家长，都要密切关注学生的心理，了解学生觉得恐怖的原因；考虑如何降低学生学习的焦虑，怎样缓解焦虑心态等问题。从“重度”来看，“身体症状”“冲动倾向”和“恐怖倾向”这三个维度占比较大，说明这三个维度的问题给学生们造成了较大困扰，这提示我们开展有效的青春期教育的重要性，要帮助学生认识自己的身体，调整身心状态，学会与他人相处等。在“倾向”和“重度”两个方面，“恐怖倾向”所占比重都较高，有效家访必须考虑这个我们都容易忽视的问题。综上所述，保证学生身体和心理的健康，才是家访工作的重中之重。通过这样的数据分析，可以比较准确地找出学生成长过程中面临的真问题、真困惑，在此基础上通过家访与家长交换意见，寻找解决办法。

（一）从心出发，让家访有条不紊

陶行知说：“真教育是心心相印的活动。唯独从心里发出来的，才能达到心灵的深处。”家访中每一次真诚的谈心，都在不断凝聚着家校之间的情感，提升着教育的温度。为此，家访前可对全体教师进行家访专题培训，列出“心理访谈问题清单”（见下文表 1，另附心理状态打分标准表 2），帮助教师避开谈话的“雷区”，提醒教师学会做被信赖的倾听者，善于从家长的言语和家庭环境中搜集信息，要带着解决问题的思路收集各类信息，不能因为问题超出自己的工作范围就置之不理；还要培训教师敏锐的洞察力、良好的语言表达能力、灵活的应变能力、访后的分析能力等。

表1 心理访谈问题清单

用于判断社会功能情况	确定最近的睡眠情况	你平时睡得怎么样？
		有没有总是睡不着，或者醒得很早，或者半夜醒来这些情况？
	确定学习适应情况	最近学习状态怎么样呀？
		对自己的学习成绩满意吗？
		有没有在学习上遇到什么困难？
	确定学校人际关系	喜欢上学吗（如果不喜欢，为什么不喜欢）？
		最近在学校跟同学们相处得怎么样（有没有跟同学闹矛盾/被欺负）？
		最近跟老师相处得怎么样（有没有跟老师发生冲突或者不愉快的事）？
	确定重大生活事件	最近有没有发生让你没办法接受的事情？
		这件事是什么时候发生的？
		这件事发生后，你想了些什么？
用于判断内心痛苦程度	确定家庭及社会支持系统	你觉得自己朋友多不多？你最好的朋友有几个？
		你不开心的时候会不会找朋友、老师或者家长聊天？
		一般情况下，当你遇到挫折和问题的时候，会怎么解决？
		面对现在的困难和不开心，你可以自己解决吗？
		如果不能自己解决，你会不会去求助其他人？
用于判断持续时间、痛苦程度	确定最近一个月的整体状态	如果给自己最近一个月的心情打分，你给自己打几分？
		如果状态很差，那么这种状态从什么时候开始的？持续多长时间了？

表2 心理状态打分标准

评估项目	具体情况	打分
不良情绪状态维持的时间	无不良状态（0分）	
	不到三个月（1分）	
	三个月到一年（2分）	
	一年以上（3分）	
内心痛苦程度	不痛苦（0分）	
	轻度：有点痛苦，但自己可以排遣（1分）	
	中度：很痛苦，需要寻求他人帮助才能排遣（2分）	
	重度：极其痛苦，感觉无论如何都无法排遣（3分）	

续表

评估项目	具体情况	打分
社会功能	照常学习、社交，完全没有影响（0分）	
	照常学习、社交，只有轻度影响（1分）	
	学习、社交受到明显影响，效率下降，部分学习社交活动或任务没法完成（2分）	
	完全没法学习和社交，已经到了需要休假或休学的地步（3分）	
总分		
最终评级		

注：总分≤2定为良好，总分=3定为班级三级（或四级）关注，总分4—6定为班级二级关注，总分>6定为班级一级关注。

当然，我们不得不承认，即使培训、学习、准备得再充分，也毕竟“隔行如隔山”，教师们“半路出家”“断章取义”的准备，不能代替心理健康专业人员的作用。教师的培训、学习，是为了在交流中不激化问题、不引发问题，对问题能有一定程度的缓解。对于存在心理问题的学生，教师要在尊重、关爱的基础上，引导、劝解家长寻求专业机构、专业人员的帮助。

（二）从理深思，让家访有章可循

通过实践探索，在对行为偏差、极度焦虑、上网成瘾等“问题学生”进行家访时，教师要遵循以下基本原则。

1. 寻找原因，避免指责

学生出现问题，最揪心的还是家长，此时的家长本身就处于无助之中。教师家访，是为了从家庭、家长身上窥见一些诱发学生心理问题的端倪，寻找导致学生心理出现问题的家庭因素，但这只是过程，不是目标。我们的目标是帮助学生解决问题。在家访的过程中，一定要分清主次，不要舍本逐末。所以，发现家长身上存在的问题时，我们要避免指责，要引导家长正视问题本身，而不能使家长陷入自责愧疚的负面情绪中，这样才能冷静客观地直面问题、解决问题。

2. 深度共情，结成紧密团体

学生出现问题，我们在进行家访、与家长交流时，还要做到真诚地站在家长的立场，设身处地地为学生着想，与家长深度共情，结成学生、家长、教师密不可分的共同体。这样才不会让家长站到学校与教师的对立面，只有在理解家长的基础上才能获得家长的信任，也才能取得家长的支持和配合，形成解决学生问题的合力。

3. 积极暗示，树立强大信心

当学生出现问题，无论是学生本人还是家长，都会进入一种紧张的状态，对未来充满忧虑。建立信心在此时就显得尤为重要了。不论是学生还是家长，都需要树立强大的信心，才能解决问题。教师在家访时，可以通过发现、肯定学生优点，表扬鼓励学生的方式，让家长和学生获得信心和动力。还可以引导学生和家长将眼光从当下转向未来。青春期学生的许多问题，本就会随着年龄的增长、心智的成熟而自然解决。对未来抱着积极的期待，也有助于眼前问题的解决。

在家校社协同育人的大背景下，相比过去比较单一的家访，我们可以通过对学生、家长、家庭的大数据采集、分析和利用，搭建网上家校互通平台，利用“校讯通”“QQ”“微信”等通信工具，积极开展视频家访、网络家访，让家访没有距离、没有边界，让有教无类成为可能。同时，不仅仅是教师进家入户，也可以邀请家长进校入班，建立互访机制，发挥家长委员会作用，构建学校和家庭互联互通的交流渠道，并进一步规范家访制度，开发家访校本课程，设立家访后的效果反馈机制，确保家访工作效果的可持续性。

参考文献

[1] 张润林．学校家庭教育指导工作手册［M］．上海：华东师范大学出版社，2020，26.

[2] 龚俊波．家访，须念好“三子经”［J］．教育科学论坛，2020，26.

[3] 王晓冬，周婕．“三全育人”视域下高校家访工作模式建构［J］．山东理工大学学报（社会科学版），2022，3.

[4] 柯文涛．中小学教师家访制度：历程、问题与完善对策［J］．教育管理，2022，2.

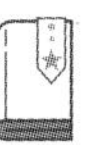

家访中的语言艺术

郑晓燕

“良言一句三冬暖，恶语伤人六月寒。”不同的话语给听者带来天壤之别的心理感受，也会引发截然不同的效果。家访是教师和家长重要的沟通方式，语言则是家访过程中最重要的表达形式。教师在家访的过程中占据主导地位，教师的恰当的语言对家访的顺利进行和达成预期的教育效果具有重要的推动作用。因此，教师在进行家访与家长沟通时，要掌握一定的语言艺术。

一、温馨的提示语言，做足家访准备

不同家庭的情况会有所差别，有的家长比较年轻，有的家长比较溺爱孩子，有的家长更重视孩子的学习……所以教师不能用同一种语气、同一种思维模式、同一种方式去跟所有的家长谈话。在开始沟通之前，教师要提前了解学生父母的年龄、职业，或其他监护人的情况等家庭背景，并做好家访前的预约。

1. 预约学生

一般来说，学生知道教师即将去自己家里家访，会有些紧张的情绪，甚至有的学生会有抵触的情绪。教师应换位思考，理解学生的“小心思”，并提前与学生沟通，打消学生心里那种老师家访肯定会“告状”的顾虑。教师可用平静的语言面对面地与学生交流，提前告知学生家访的相关事宜，如：“按照学校的工作安排，近期将进行统一的家访，家访的主要内容包括了解学生家庭情况、居家学习安排、家校共育有效性沟通及反馈学生在校学习与生活情况等，老师希望能够在你的帮助下顺利地完成家访工作。”同时，教师还可以与学生交流家访中的注意事项，如询问学生：“在你的心目中，父母等家庭成员各是什么性格，各有什么特点？从学校出发去你家走哪条路线最快捷呢？你家附近有方便停车的位置吗？”进一步放松学生的心情，使之也参与到家访活动中，明白开展家访活动的目的是学校和家庭一起努力，为他提供更好的成长环境。

2. 预约家长

信息时代，预约家长一般都是通过电话、聊天软件等。因为是隔着屏幕进行交流，所有的信息都只能通过语言传达，此刻的“话术”就显得尤为重要了。正式与家长联系之前，教师应提前拟好需要告知家长的事项清单，以免在交流的过程中遗漏重要的信息。告知家长的事项至少应包括这些：家访的目的，家访的时间，参与家访的教师，家访沟通的内容要点，以及其他的需要家长提前准备和提供的东西。现实生活中，很多家长一看到教师的来电，就会莫名地紧张，猜测是不是孩子在学校又出现了什么状况。所以，教师与家长沟通时，应尽量用轻松愉快的语气进行交流，让家长感受到孩子是在教师的关爱下健康快乐地学习和生活的，为后续深入家庭开展家访，奠定良好的情感、情绪基础。

二、热情的开场语言，拉近家校距离

成功的家访，首先要家长接纳、信任教师。日常生活中，教师与家长虽然对彼此有一定的了解，但是正式见面交流的机会比较少。为快速赢得家长的信任，教师在家访见面之初给家长的印象一定要好。此时，温暖热情的开场语言就能够起到很好的催化作用。首先，教师应表明身份，如：“某某同学的爸爸/妈妈，您好，我是某某同学的班主任老师，这是语文老师，这是……非常高兴有机会来家访，也非常感谢您专门在家里等我们。”其次，要对学生表示肯定，每个学生身上都是有闪光点的，教师一定要有一双发现真善美的眼睛，多多表扬和鼓励。如：“今天我们能够非常顺利地来这里，多亏某某同学为我们提供了非常准确的地址信息，他可真是个非常专业的‘向导’呀。”客套完后，教师还应该准确且真诚地对学生的优点表示赞赏，让家长深切感受到孩子在学校是被教师认真地对待和关注的。

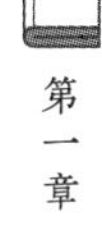

三、诚恳的专业语言，沟通学生教育

除了了解情况和反馈学生在学校中表现出来的优秀的一面，家访更重要的目的，是要建立起家校沟通的桥梁，交流学生在学校和家庭生活中存在的问题。此时，教师需采用诚恳、专业、恰当的语言与家长交流。

一是语言要委婉。说话委婉是指在不便于直接说出本意的时候，抱着尊重对方的态度，采用同义代替、模糊语言等方法，含蓄曲折地表达自己的本意。如，学生的学习基础不好，学习非常吃力，教师在谈论时应该避开“差”字，改用“学习方法不得当”“基础不扎实”等字眼，以免伤害家长及学生的自尊。

二是语言要灵活。语言灵活是指教师要根据不同对象、不同场合，确定自己的谈话内容和谈话方式，并且在情况突然变化时能迅速调整说话的内容与方式。如，某学生经常迟到，作业拖拉，成绩下降，教师准备在家访时好好批评一下家长对学生的关心不够。谁知到学生家一看，原来是单亲家庭，父亲离家，母亲长期生病，该学生要做大量家务，才经常迟到。这时，教师就抓住时机说：“这样的女儿多贴母亲的心啊，长大一定是个能干的女孩子。”然后分析学生近来的成绩并帮助该生调整做家务和做作业的时间，制订一个最佳的时间分配表。同时，动员全班同学为该生捐款，帮她解决生活中的困难。这样一来，家长也知道了孩子在校的表现，该生在同学们的帮助下也提高了成绩。

三是语言要幽默。幽默的谈话不但能吸引听者的注意力，而且有助于与听者建立亲密的关系，消除见面时的陌生与尴尬。如某男生，因读书较晚，成绩不理想，六年级时已经有初中生那么高，早熟，经常“追求”本班的女同学，既影响他人，又害了自己。家访时，我见到家长的头一句话是：“你不用为你孩子的终身大事操心，但你一定要为他的学习成绩操心。”又如，某男生特别不喜欢需要记忆背诵的学习内容，历史成绩很差，教师为此家访。学生的父亲问道：“我儿子的历史学得怎么样啊？我做学生时最头痛的学科就是历史，经常考试不及格。”教师笑了，随口便答道：“我正想和您商量怎样使历史不再重演。”这信手拈来的幽默，一语双关，轻松诙谐，既说出了不便直言的话，又“润滑”了与家长的关系，争取了家长的积极配合。家访时教师一定要斟酌用语，千万不可因失言导致失礼。

四是语言要专业。语言专业指教师要以教书育人为己任，展现良好的职业素养，当好国家教育方针政策、科学育儿观念的宣讲者、引导者。家长在养育和陪伴孩子成长的过程中，会遇到很多问题，在家访时常常直接向教师请教解决问题的方法。教师要基于对孩子的深度了解，剖析问题产生的原因，并给出专业、科学的建议，帮助家长树立科学的育儿观，引导家长支持和积极参与学校教育教学改革，形成家校共建、共管、共育模式。

四、周到的结束语言，延伸访问效果

十年树木，百年树人。教育是一门慢的艺术，家校共育要持续发挥作用，并带来意想不到的教育效果，是需要时间的。不是告别了学生家长，离开了学生家，就意味着家访结束了，教师应带上家访中了解的情况，改进自己的教育教学方法，让家访的作用向促进学生未来发展的方向延伸。

在家访的过程中，教师需关注时间，控制家访的进展和节奏。家访快结束时，教师要尽快在脑海中复盘整个家访过程，梳理后续还需跟进的工作，以及学生学习和成长中的痛点、难点、需求点，并及时地与家长沟通确认，约定好改进的办法、具体措施和计划。如某学生上课注意力容易分散，喜欢偷偷地在抽屉里玩小玩意儿。教师为此家访，与家长达成口头约定：教师负责关注该生上课纪律的改善情况，家长负责在家庭中通过运动、游戏、学习相结合的方式训练和提高其专注力，一个月后，家长和教师彼此反馈观察到的学生的变化情况，并根据具体的情况联合制订后续的跟进计划。约定，让家访有始有终有延伸，成为紧密联系家校的重要方式。

语言是思维的外显，教师采用一定的语言艺术可以更好地传递自己的教育理念和方法，更容易获得学生的理解和家长的支持。“说好话”，是优秀教师的必修课，是成功家访的有力支撑。

参考文献

[1] 王晨雨．如何让家访事半功倍 [J]．新班主任，2016.
[2] 吕晓东．家访，让教育真正走进千家万户 [J]．基础教育论坛，2022.
[3] 金叶．交流与沟通——浅谈家访的技巧 [J]．新课程（小学），2018.

第二章

我们如何家访

幼儿园篇

幼儿园的孩子刚刚离开父母的怀抱，开始学习融入集体生活：在家里，是赤手抓饭或者爸爸妈妈追着喂饭，到了幼儿园要学习用统一的餐具吃饭，还得吃干净、不挑食；在家里，衣服有人帮着穿，手脏了有人帮忙洗，到了幼儿园不仅要讲卫生，还要穿戴整齐。因孩子对父母的依恋，父母对孩子初到陌生环境中生活不放心，孩子和家长都会产生分离焦虑。孩子在家里被父母全心关爱与学校的有规则的教育形成强烈反差。由此，培养幼儿生活自理能力，养成规则意识，使幼儿慢慢适应科学、合理的生活、运动、游戏、学习，便成了家园共育的重中之重，也成了幼儿教师家访需要突破的首要困境。

理解与关爱，是儿童生活的光
——对单亲家庭幼儿的进阶式家访

万杨洁

【家访起因】

子俊、子明（为保护隐私，文中的名字都是化名）两兄弟是双胞胎，父母离异，缺少父爱，妈妈忙于生计，在做微商，对孩子的教育力不从心。两兄弟从小在老家生活，主要由奶奶照顾，只会说家乡方言。入园后因为沟通困难，他们不愿与人交流。兄弟俩敏感自卑且易怒，在班上，稍有不顺心，就动手打人。老师对他们进行批评教育，他们俩不仅不认错，还有明显的抵触情绪。

【家访初阶】

了解情况，理清思路。

【家访计划】

家访准备：

（1）事先和幼儿交流，初步了解幼儿的家庭生活状态。

（2）理清自己的谈话思路。

家访形式：

电话家访。

家访目标：

（1）反馈幼儿在园情况，引起家长的重视。

（2）了解幼儿家庭生活情况，取得家长的信任和支持。

（3）沟通改变幼儿行为习惯的方法，形成家园合力。

【家访实录】

教师：您好，请问是子俊、子明的妈妈吗？我是孩子的班主任万老师。

家长：是的。万老师，您好！

教师：今天来电是有个情况跟您沟通一下。事情是这样的：今天集体活动，回答问题的时候，我看到弟弟想回答问题可又犹豫不决，我试着点了他回答问题，并鼓励他勇敢回答，弟弟小声用方言回答了问题，引起了坐在旁边的子恒小朋友大笑，于是哥哥一巴掌打在了子恒的脸上……

（话还没有说完，家长就接话了）

家长：（情绪很激动）这两个娃儿真是不省心，我一个人要带两个娃儿，还要挣钱养他们，我累啊，万老师，您能理解我吗？作为一个女人，我是有多苦呀。（也许是压抑太久，电话那头传来哭泣的声音）

教师：我能理解，一个人又当爹又当妈带两个孩子太不容易了。今天打电话过来也是希望能更好地了解孩子们，和您一起帮助他们更好地成长。您方便跟我说说家里的情况吗？

家长：（电话那头安静许久……）万老师，我想了许久，以前我认为"家丑不可外扬"，不过听您这样一说，我觉得我想把您当作朋友，讲讲知心话。

教师：谢谢您对我的信任。我发现两个孩子都有些自卑，弟弟胆子有点小，哥哥脾气大易动怒，所以想了解他们在家里的情况。

家长：万老师，我平时忙着挣钱养家，自顾不暇，也不太懂怎么教育孩子们。他们爸爸之前借高利贷，后来数目越来越大，我老跟他吵架，他就喜欢动手打我，可能孩子喜欢动手有这方面的原因。后来高利贷的人打电话催债，甚至直接上门来要债，孩子们目睹了全过程，产生了阴影。后来我实在是受不了这种担惊受怕的日子，就跟他们爸爸离婚了。孩子们小时候一直在老家跟着奶奶生活，到了上幼儿园的年龄，我才把他们接到了宜昌。但是因为忙于生计，我对他们的教育也力不从心，这也是我头疼着急的地方。

教师：现在孩子们还小，正是习惯养成和性格塑造的关键时期。远离那样担惊受怕的日子对孩子们来说是好事。我们多用点心，想想办法，孩子们照样能养得优秀。我在幼儿园会多找他们谈心，引导他们养成好的行为习惯。您是孩子们崇拜的"超人"妈妈，每天可以多抽点时间陪伴孩子们，和孩子们聊聊幼儿园发生的事，亲子共读，多和孩子们说普通话，慢慢引导他们和同学友好相处。

家长：好的，万老师，您这么一说我就知道该怎么做了，心里也没那么焦虑无助了，太感谢您了。

教师：您客气啦！我也会时时关注两个孩子的，我们保持联系，一起努力。

【家访效果】

这次电话家访后，我每天会抽 15 到 20 分钟时间对两个幼儿进行普通话训练。刚开始幼儿们是抵触的，我给他们讲了普通话的重要性并引导他们看了相关视频，让他们慢慢地喜欢上用普通话表达。一个月后，我发现幼儿们在公共场合的言行有转变，逐渐从张口说到愿意说，再到大胆说，表现欲望也强了，我在班级里表扬了他们的进步，同学们也纷纷竖起大拇指。

在大家的鼓励下，兄弟俩性格变得开朗了许多。特别是弟弟，会主动邀请小伙伴一起搭建积木了，他们也交到了好几个好朋友。我想把好消息告诉他们的妈妈，于是决定入户家访。

【家访进阶】

与爱同行，温暖人心。

【家访计划】

家访准备：

(1) 准备幼儿喜欢的牛奶、水果和神秘礼物。

(2) 和家长确定合适的家访时间。

家访形式：

入户家访。

家访目标：

(1) 告知家长近段时间幼儿的状况。

(2) 关心单亲家庭的幼儿，走进幼儿心里，用爱滋润幼儿。

【家访实录】

教师：子俊、子明妈妈，两个小家伙这一个多月来进步可大了。特别是普通话说得可好了，最主要的是他们愿意开口说了，胆子变大了，也自信了许多。

家长：听到万老师的反馈，我心里别提有多开心了。近段时间，我与孩子们沟通，说的也是普通话，尽量给孩子们营造说普通话的良好氛围。

教师：为您“点赞”。上次建议您多和孩子们亲子阅读，现在进行得还顺利吗？

家长：谢谢万老师给的建议，我按照您说的，每天陪伴孩子们阅读。最开始我来读，他们听，一周后，我试着让两个小家伙轮流看图讲故事。一开始，还扭扭捏捏的，总互相推辞，“哥哥先”“弟弟先”的，我总会把您提出来说：“要是万老师能看到你们两个用普通话讲故事，那会怎样？”他们抢着说：“肯定会表扬我的。”就这样，他们从只能断断续续讲个大概到现在能用普通话讲完整的故事，有了很大的进步。根据他们的进步，我也用您说的奖励小贴纸的方法去鼓励他们。他们都盼着每周日晚上数小贴纸兑换大贴纸。万老师，您看……（边说边指着墙上的贴纸）

教师：哇，这个方法还真起到了作用，孩子们这样有兴趣，那我们继续使用这个方法。还可以用积分兑换想要的礼物的方法，但礼物不需要很大，建议是一个温暖的拥抱，一起去公园骑车，一起飞飞盘，一起做蛋糕……

家长：我也按您说的和他们多沟通，不管多忙，每天都抽十几分钟和他们聊天。他们现在也愿意跟我讲幼儿园的一些事情。从聊天中我惊喜地发现，孩子们讲的都是开心的事，更多的是期待您对他们的赞美。经常一回家就对我说“万老师表扬我了”，说“我今天大胆举手发言了”，说“我现在守规则，是个乖宝宝了”。孩子们还对我说：“妈妈，你辛苦了，以后我们做你的‘奥特曼’。”开朗的性格里藏着万老师的用心。谢谢了，因为有您，我也有了许多的“正能量”了！（说着，给了教师一个大大的拥抱）

教师：（拍了拍家长的后背）孩子们越来越开朗，我也很开心。说明我们的方法用对了，我们继续加油。下一步，我们要让孩子们感受到爱没有缺失。您平时可以留意孩子们的绘画和表现，我们先了解孩子们心里的想法，再慢慢找对策。这是一个长期的过程，我们不要太着急。记住哦：“牵着蜗牛慢慢走。”另外，我家里有相关的书籍，例如《黑色棉花田》《每个孩子都需要被看见》等，我们可以一起来学习。

家长：谢谢万老师，因为有你的陪伴，我变得更加坚强了。我也会和孩子们一起成长，弥补他们缺失的爱。

【家访效果】

每个幼儿都有与众不同的地方，如同天空中绝不会有两朵相同的云。通过交流，我更深入地了解了幼儿这段时间的改变和在家的表现，与家长明确了幼儿、家长、教师三方努力的方向，确定了改善孩子现状的个性化措施。与家长面对面交流时，感觉彼此的距离又拉近了许多，家长也把教师当成了教育上的专家。另外，要肯定

幼儿的优点，正视幼儿存在的问题，做到因材施教，提升与家长交流的针对性和实效性。家长和教师相互学习，相互信任，相互合作，结成一个“家校教育联盟”，教育便会获得更大的成功。这次入户家访，我看到了幼儿的满脸笑容，也看到了家长久违的喜悦。

【家访反思】

一般来说，父母离异对孩子的生活条件、性格发展、家庭教育、心理健康等都会产生不利影响。当然不排除一部分孩子不甘于平庸、不甘处于恶劣的环境，反而更加坚忍、勤奋、积极，但是，这样的情况是相对少见的。那么作为教师，如何尽可能地帮助单亲家庭幼儿健康成长呢？

1. 帮助离异的父母树立正确育儿观

教师要和家长进行沟通，离异不等于亲子分离，更不要当着幼儿的面大吵大闹，甚至反目成仇，这会给幼儿带来更严重的心理阴影。

2. 对离异的父母进行情绪抚慰

一般来讲，离异对女性的打击更大。她们一边要独立带孩子，一边要在职场打拼，所以往往会因为工作繁忙而忽略孩子，或许也会因为感情不顺利，对孩子大发脾气。因此教师要帮助单亲妈妈（单亲爸爸）管理好情绪，重拾信心，帮助他们乐观面对生活，保持积极的情绪。

3. 给予单亲家庭的幼儿真诚的关爱

单亲家庭的幼儿固然可怜，但也不一定等于悲惨。因此，作为教师要多关爱幼儿，但无须特殊照顾。班主任要及时关注这些幼儿的情绪、人际交往状况、心理状态等，发现异常及时处理，进行心理辅导和行为指导。

4. 让幼儿多参与班级和社区活动

让幼儿尽量参与班级活动，多做事，多交朋友，在集体中找到成就感和参与感，获得情感滋养。班主任在进行班级管理时，多观察单亲家庭幼儿的性格特点、特长、爱好等，让其担任恰当的班级管理岗位，培养其管理能力与责任感。让幼儿在班级里找到合适的位置，他的成就感就会逐渐形成，内心的自卑感才会慢慢消退。

关于电话家访，我总结了以下几点注意事项。

（1）电话家访前应有充分的准备。针对不同的家长和不同的幼儿，要明确谈话目的，明晰谈什么、怎么谈。

（2）尊重家长是前提。客观地反映幼儿的问题，从爱护幼儿的角度出发，帮助家长分析问题，争取家长的配合。

（3）沟通要及时。幼儿在园期间出现了问题，要善抓时机，及时电话家访，避免陷入被动。

（4）要善于倾听。电话家访“只闻其声，不见其人”，因此，要注意听家长反馈的信息，明晰家长的态度，及时调整自己的沟通思路。

（5）指导要专业。教师要设身处地帮助家长分析问题的症结，与家长共同研究教育孩子的方式方法，稳定家长的情绪，形成教育合力。

（6）切忌指责。家访的目的是关心、转化、教育幼儿，对幼儿错误的行为要严格管教，但不能因为幼儿的错误行为而向家长告状，指责家长的教育，形成家校对立的局面。

之后的入户家访让我真正看到了这个家庭的改变。关于入户家访，我有以下建议。

（1）入户家访要征得幼儿和家长的同意后方可进行。

（3）登门拜访不一定都要带礼物，但一定要带上对幼儿的关爱之情。

（3）登门拜访的时间不宜过长，四十分钟左右为宜。

（4）登门拜访时，教师需放下“教育权威”的架子，注意要和家长、幼儿形成三方的互动，这样才能走近家长，走近幼儿。

【专家点评】

万老师讲述的这个案例是针对单亲家庭幼儿的。综观两兄弟的成长过程，因为父母离异，所以行为上缺乏规范、思想上缺乏约束、生活中缺乏关爱、心理上缺乏安全感。面对这个特殊情况，除了在园期间对幼儿关心、关注外，教师可以借用电话家访、“云家访”（钉钉、微信等）、入户家访等家访形式，探寻幼儿教育的切入点和突破口。

看了万老师的进阶式家访，我觉得对单亲家庭幼儿的家访经验，可以归纳为以下几点。

1. 抓住“爱”这一结合点，教会家长如何去爱

离异的家长，在心理状态上大多是消极的，所以找家长谈心、做好家长的心理

疏导、帮助家长恢复积极的心理状态很重要。父母可以不相爱，但对孩子的爱是永不磨灭的，对家长进行正确的爱的引导，引导他们不要在孩子面前互毁对方的形象，更不要禁止孩子和对方交往。即便离婚了，也让孩子和父母双方保持长期而稳定的交往，以便让孩子从最亲近的人那里获得足够的爱和帮助。

2. 抓住“诚”这一结合点，与孩子做知心朋友

一项针对单亲家庭子女的调查显示，在回答“我碰到问题首先找谁商量”这个问题时，选择同伴的孩子占 70%，选择父母的占 10%，选择老师的占 8%，选择其他的占 12%。这表明单亲家庭子女碰到麻烦，首先想到的是伙伴。因为家长、教师往往以教育者的身份出现，居高临下，孩子的心灵之门很难敞开，也就很难让对方理解。在这种情况下，孩子们产生的心理问题，由于得不到及时、正确的疏导，往往会对其身心健康产生不良影响。所以，教师要不摆架子，耐心听他们的想法，把他们当成朋友，对他们充分信任，这样他们才会把心里话告诉教师。

3. 抓住“坚强”这一结合点，重塑自信的真我

父母离异，幼儿往往会认为自己失去了亲人，整天忧心忡忡，在其他同学面前抬不起头来，失去了学习的自信和动力。作为教师，点亮他们自信之灯，卸下他们沉重的心理包袱，责无旁贷，且任重而道远。教师要教会幼儿和家长坚强，重塑自信的真我。父母要把握家庭教育和学校教育的契合点，引导孩子见微知著、触类旁通、自觉自悟，在成长中收获自尊、自信，树立正确的人生观和价值观。

点评专家：谭萌

家园携手，迎接美好的明天
——对特殊幼儿的进阶式家访

郑梦寐

【家访起因】

小班新生已经入园两个月了，班上的小朋友们在老师的帮助下大多慢慢学会了自己穿脱衣服、自己穿鞋，上完厕所后自己整理裤子，但是晨晨小朋友还是什么也不会。于是在某次午睡起床后，我慢慢引导晨晨自己穿鞋，我发现晨晨手虽然在穿鞋，但是眼珠乱转，眼睛没有看着自己的鞋子，穿了很长时间都没有把鞋子穿到脚上。于是我让晨晨做十指交叉的动作，晨晨慢慢试着交叉双手，可是并没有成功，尝试了几次都不能完成这个动作。同时，我还发现晨晨走路非常不稳，经常左脚绊右脚，摔倒在地上，或者明明看见了前面有小朋友，还是会撞过去。而且，开学两个月了，晨晨还经常尿裤子、拉屁屁在裤子里，并且自己大便后会很难过。基于这种情况，我对晨晨的家长进行了初次家访。

【家访阶段】

引导家长重视幼儿精细动作的发展。

【家访计划】

家访准备：

（1）整理近期拍摄的晨晨自己穿鞋、做十指交叉动作的视频。

（2）准备一段其他小朋友做同样动作的视频。

（3）理清自己的谈话思路。

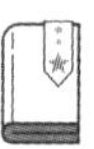

家访形式：

电话家访。

家访目标：

(1) 反映幼儿在幼儿园的情况，引起家长对幼儿动作发展的重视。

(2) 了解家庭养育方式，探究幼儿问题发生的根源。

(3) 形成家园合力，帮助幼儿动作发展。

【家访实录】

教师：您好，我是桃花岭幼儿园小二班的郑老师，请问是晨晨的妈妈吗？

家长：老师您好，我是。

教师：晨晨妈妈，我今天来电主要是想跟您沟通一下宝贝在园的情况。目前他已经入园两个月了，逐渐适应了幼儿园的生活，和小朋友也相处得很融洽，但有时候还是会把大小便拉在裤子里，而且，我通过观察发现，晨晨走路时还会出现左脚绊右脚摔跤的情况。还有，当我们做手指游戏时，晨晨不能完成双手交叉的动作。当然，我相信晨晨的这些问题会慢慢好转，但是为了更好地帮助宝贝的成长，还是希望和你沟通一下，我们共同努力，帮助晨晨更好地成长。

家长：谢谢郑老师的细心观察和相告，知道晨晨把大小便拉在裤子里的情况以后，我也十分焦虑。我和他姥姥在家里每天鼓励他，告诉他只要今天没把大小便拉在裤子里就可以吃喜欢吃的东西，否则就不可以。我也问过他是否能够感知到自己需要上厕所，他说知道，但是就是不敢上厕所。我怕这样持续下去，其他小朋友会歧视他，不喜欢跟他一起玩了。

教师：这一点请您放心，班上的小朋友都非常喜欢跟晨晨当好朋友。而且每个孩子都经历过这个阶段，只要我们耐心地引导，晨晨的这种情况会很快改善的。

家长：谢谢郑老师。关于您刚刚提到的动作发展问题，他爸爸的动作发展就不好，一米八的大高个都不会打篮球，所以晨晨应该是遗传了这个问题，只有请您多费心了。

教师：运动能力差和走路不稳、动作不协调之间没有必然的联系。晨晨走路时身体不平衡，所以走得不稳，而且他不能双手交叉，我担心他在动作方面的发展存在一些问题。

家长：老师，晨晨确实从小动作发展就比其他孩子差一些，小时候带他去医院体检，每次动作发展都不达标。

教师：儿童大脑在发展的过程中出现轻微的障碍，和孩子的出生方式、后天教育方式都有一定的关系。

家长：（有些焦急）老师，那我们应该怎么办呢？

教师：您先不要着急，我想问一下，晨晨是剖腹产还是顺产？

家长：剖腹产，我生他的时候身体不太好，就直接剖了。

教师：那他什么时候学会爬行的呢？

家长：我妈帮我们带的孩子，用了学步车，没爬就直接走路了。

教师：其实爬对孩子来说很重要，使用学步车可能会导致孩子前庭发育不足、平衡能力差，所以走路会摔跤。

家长：（更焦急了）老师，那该怎么办呀？

教师：动作发展迟缓可以通过后期的引导帮助孩子调整。现在最重要的是，我们要关注晨晨的动作发展，多给孩子创造运动、动手玩的机会，父母可以抽空多陪孩子玩。

家长：老师，不瞒您说，我工作比较忙，都是老人帮忙看孩子，老人怕脏又怕麻烦，所以很少带孩子下楼玩。不过我现在知道事情的严重性了，我会经常抽时间带孩子进行户外活动，也会让姥姥多带孩子下楼走一走，不要怕弄脏衣服。

教师：是的，现阶段孩子的身体发育，特别是大脑的发育十分快，运动不仅能够增强孩子的体质，更能刺激孩子的大脑发育。我们在幼儿园也会多关注孩子的发展状况，多带孩子进行体育锻炼，希望咱们家园携手，一起帮助宝贝健康、快乐地成长。

家长：好的好的，我们一定支持配合，非常感谢郑老师。

【家访效果】

这次家访后，晨晨的妈妈非常关注孩子的运动能力发展情况，还专门去医院咨询了改善幼儿动作发展迟缓问题的相关训练，每周都抽出时间带孩子去训练。每天下班后，还会带孩子在广场和其他同龄小朋友玩耍。我们班还有一个小朋友的妈妈和晨晨妈妈是同事，两家人经常一起相约出去玩耍，孩子之间的关系也变得很亲密，在幼儿园里两个好朋友也经常在一起，对孩子尽快适应幼儿园生活有明显的帮助。但是晨晨还是会经常把大小便拉在裤子里，并且对上厕所这件事情很排斥，所以我决定去孩子的家里看看情况，帮助孩子缓解内心的焦虑。

【家访进阶】

了解家庭教养方式，帮助幼儿健康全面地发展。

【家访计划】

家访准备：

（1）幼儿喜欢吃的点心和水果。

（2）和家长确定家访的时间。

家访形式：

入户家访。

家访目标：

（1）了解幼儿的家庭情况和家庭教养方式。

（2）和家长一起分析家庭教育中需要改变的地方。

【家访实录】（片段）

走进晨晨家，家里被姥姥收拾得很干净，有很多图书。晨晨妈妈说，她经常在晨晨睡觉前给他讲绘本故事，有时候还会讲一点成语故事、历史典故。晨晨妈妈是一名中学教师，希望能尽早地给自己的孩子进行启蒙教育。但是家里面的玩具比较少，仅有的玩具也被整整齐齐地放在筐子里。晨晨妈妈还说自己工作很忙，下班回家还要批改作业、备课，本来陪孩子的时间就比较少，现在还要抽出时间陪孩子出门进行户外活动，时间就更少了，根本没时间陪孩子玩玩具，而孩子自己玩又会把房间弄得凌乱，收拾起来很麻烦，所以一般都是让孩子做一些安静的事情，比如读书、看一会儿电视。

交谈之中得知，晨晨的爸爸常年在外地工作，几个月才回来一次，孩子基本上都是妈妈和姥姥在带。妈妈工作很忙，姥姥年纪大了，带孩子主要就是想办法让他不要哭闹、安静下来，吃饱穿暖，陪伴孩子游戏的时间很少。甚至当孩子玩玩具的时候，姥姥会在后面跟着收拾。孩子现在在家上厕所，都是姥姥端着。通过交谈还了解到，家里的厕所是马桶，孩子习惯了坐马桶，去公园玩的时候想尿了也不愿意去厕所。幼儿园为了卫生，采用的是蹲便，孩子不适应，不愿意在幼儿园上厕所，所以经常把大小便拉在裤子里。

在我们交谈的时候，姥姥把晨晨的玩具拿了出来，晨晨刚拿起一把枪，姥姥立马纠正道："不要这样拿，容易戳到自己，要拿枪把，安全。"晨晨拿了一会儿，失去了兴趣，转头要去拿另一个玩具的时候，姥姥立马把晨晨丢掉的玩具收进了筐子里。就这样，一个换来换去，一个忙得团团转地收拾。过了一会儿，姥姥拿过来一个水壶，把盖子打开，送到了晨晨嘴边，严肃地说："该喝水了，快来喝点水。"晨晨喝了几口水，转头又去玩玩具了。

【家访效果】

通过这次家访，我了解了晨晨家主要是老人带孩子，对孩子的事情包办、代替的情况很严重，导致孩子的生活自理能力非常差；而由于缺乏运动、动手的机会，孩子的行动能力基本为零，这严重伤害了孩子的动作发展。于是我和晨晨的家长沟通，让晨晨“自己的事情自己做”，例如收拾玩具、上厕所等。家长也发现了自己在教育当中的问题并表示愿意及时纠正。慢慢地，晨晨学会了自己穿鞋、自己穿衣服，也能在幼儿园上厕所了，虽然上完厕所还是需要老师帮忙擦屁股，但是晨晨在慢慢地变得越来越能干。

【家访反思】

现在的家长越来越重视幼儿的教育，但是双职工家庭越来越多，幼儿主要由老人照顾的情况也越来越多，隔代教养往往对幼儿的运动能力、生活能力各方面的发展产生负面影响。幼儿的身心发展需要家长更多的关注。老人照顾幼儿，更关注幼儿生理上的需求，更多的是包办、代替，使幼儿渐渐失去了自己动手的兴趣，错误的教养方式更是破坏了幼儿成长的本来秩序。但是这些问题很多时候是隐性的，容易被忽视的，就像婴儿时期如果爬得不够或不会爬会导致幼儿前庭发育不良、平衡觉发展不充分，幼儿平衡能力受到影响。身为教师，应该更多地向家长宣传科学的育儿方式，可以注意以下几方面。

(1) 注重日常行为观察。观察幼儿在园的行为表现、思维发展，及时发现幼儿在健康、语言、社会等方面存在的问题，和家长进行有效沟通。

(2) 沟通前做好准备，既要表扬幼儿的优点，更要委婉提出幼儿可能存在的问题，及时提醒家长要重视。

(3) 善于学习，掌握专业知识，针对幼儿的行为提出专业且有效的解决办法，切实帮助家长解决育儿困惑。

(4) 尊重是沟通的前提。家长和教师是平等的合作伙伴，在沟通中我们要尊重家长，多换位思考，体谅家长的难处，从家长的角度根据实际情况思考解决问题的方法，这样沟通才能起到实效。

【专家点评】

这个案例是针对动作发展迟缓幼儿的家访，在幼儿园里几乎每个班都会有这样

的幼儿，造成这种情况的原因有很多。但是在家庭生活中，因为没有比较，很多家长很难意识到孩子存在这方面的问题，只会觉得是孩子年龄小，大一点就会好一些。但是如果因为感统失调造成动作发展迟缓、自理能力差，那么从医学角度上来说，越早干预效果越好。在集体生活中，教师比家长更容易发现幼儿动作发展迟缓的问题，所以郑老师经过一段时间的仔细观察之后，及时与家长交流沟通，引起家长的重视，带孩子到专业机构寻求帮助。郑老师在反思中提到“尊重是沟通的前提”，这句话我非常认可。多数家长面对教师反映的幼儿的问题时，第一反应是不太能接受的，有的家长甚至觉得教师对孩子有偏见，不愿意再交谈下去。郑老师在尊重家长、换位思考的基础上，客观全面地反映幼儿的情况，从学前教育的专业角度给家长提出合理化建议，让家长真切地感受到老师不会因为幼儿特殊而差别对待，反而会更加认真地和家长一起帮助幼儿，使得家园共育能够取得良好实效。

点评专家：李静

让每一颗星星都闪亮

——特殊儿童的“私人定制”家访

朝志红

【家访起因】

刚认识熊子豪小朋友的时候，觉得他是一个活泼开朗、语言表达能力很强的孩子，但是随着了解的深入，我发现他和别的小朋友有点不一样。他情绪不稳定，容易冲动，在班上不太守规则，想去哪儿就去哪儿，随心所欲；有时候很难控制自己，吃饭的时候会把饭撒到旁边小朋友的头上，把玩具扔得到处都是；有时候还具有攻击性，打老师、推小朋友；喜欢一个人玩，喜欢长时间自己跟自己说话；当老师批评教育他的时候，他不和老师对视，仿佛这件事情和他没有关系，刚批评完，转身他又马上把玩具打翻了，行为不受控制。

针对这种特殊的幼儿，一般的家访达不到家园共育的效果，于是，我给他“私人定制”了一个家访计划。

【家访初期】

引导家长，关注日常。

【家访计划】

家访准备：

（1）结合幼儿的行为，查阅书籍，了解相关知识。

（2）了解家长平时的教育态度和教育方法。

（3）梳理自己的谈话内容，明确家访要达到的目的。

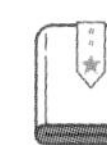

家访形式：

电话家访。

家访目标：

（1）与家长沟通幼儿在园情况，引起家长的重视。

（2）了解幼儿行为表现背后的原因，获得家长的支持与理解。

（3）共同寻找帮助幼儿改正行为的方法，达到家园共育的效果。

【家访实录】

“私人定制”之电话家访
——帮助家长了解孩子在幼儿园的日常行为表现

教师：您好，请问是熊子豪的妈妈吗？我是子豪的班主任朝老师。

家长：是的，朝老师，您好！

教师：您现在方便吗？我想跟您聊一聊子豪这段时间在幼儿园的情况。

家长：太好了，朝老师，我也想了解我们家豪豪在幼儿园表现怎么样。

教师：子豪小朋友非常热情，语言表达能力很强，能够自己独立进餐、午睡，自理能力很不错。老师们都很喜欢他。

家长：谢谢朝老师，这我就放心了。这孩子很调皮，我还怕他在幼儿园给老师添麻烦呢。

教师：照顾好每一个孩子是我们的工作，您放心。不过通过这段时间的了解，我们也发现，子豪有一些习惯需要家长配合帮助改正。比如吃饭的时候他喜欢钻到桌子底下；有时候把饭撒到别的小朋友头上、身上；班上的玩具他拿着到处扔，老师刚刚收拾好，转身他又把玩具推翻；老师批评教育他，他还跟老师玩捉迷藏，老师真是哭笑不得。

家长：是的，这孩子是比较调皮，老师尽管对他严格一点，我们家长一定支持。

教师：感谢家长的理解，我打电话跟您沟通，就是把孩子在幼儿园的情况跟您反馈一下，看看我们应该怎样共同教育，帮助他改正这种行为。

家长：好的，回家后我一定批评教育，要他遵守纪律。谢谢老师。

【家访效果】

这次电话家访，我能够感觉到家长对老师工作的支持。但接下来的两周里，我发现孩子的行为没有什么显著变化，依然自由散漫，想去哪儿就去哪儿，想干什么就干什么；其他小朋友不愿意和他一组，说子豪说的话他们听不懂；扔玩具、不好好吃饭这些问题依然存在。在电话家访效果不明显的情况下，我决定和家长面对面交谈，看看孩子在家里表现怎么样，探寻科学有效的家园共育方法。

【家访中期】

分析案例，正视问题。

【家访计划】

家访准备：

（1）准备幼儿喜欢的小贴画、小礼物。

（2）和家长商量并确定合适的家访时间。

家访形式：

面对面家访。

家访目标：

（1）深入了解幼儿的家庭环境、家庭教育状态和幼儿在家的表现。

（2）展示幼儿在园行为的照片、视频，帮助家长了解幼儿在园的情况。

（3）关心幼儿成长，关注家庭教育，帮助家长正视幼儿的情况，共同探寻解决措施。

【家访实录】

“私人定制”之面对面家访

——通过具体案例帮助家长正视孩子的情况

教师：子豪妈妈，今天子豪在幼儿园把小朋友推倒了，对方家长心里很不高兴，我把这个情况跟您反馈一下。

家长：啊？他为什么要推别人？是不是别人打他、推他了？

教师：没有，教室里都有监控，老师也在现场，那个小朋友没有打他也没有推他，他就突然跑过去把那个小朋友推到地上，然后哈哈大笑。

家长：那是为什么呢？

教师：我们也觉得很奇怪，在两人没有任何矛盾、对方毫无防备的情况下，子豪这种行为是很危险的，万一把别的小朋友弄伤了，后果不堪设想。

家长：（充满歉意地）对不起，给老师添麻烦了。

教师：我今天跟您面对面沟通，是想了解子豪以前有没有这样的行为。这种情况发生过好几次了，导致班上的小朋友都很怕他，也不跟他玩，我也担心会给子豪造成不好的心理影响。

家长：我和他爸爸工作很忙，平时都是奶奶在带他，听奶奶说他有过这样的行为，每次知道后我们都会把他打一顿。

教师：打了他以后有效果吗？他的这种行为有改变吗？

家长：当时有改变，但这孩子，完全不长记性。

教师：每次老师蹲下来跟他讲话，他的眼睛不看老师，即使我们要求他眼睛看着老师，听老师说话，可是不到一分钟，他的眼神就移到别处去了。

家长：我发现了。但是孩子不都是这样的吗？长大了就好了。

教师：不是的，跟他同龄的孩子，当老师批评教育他的时候，会看着老师，知道自己错了，眼睛会和老师对视。（给家长看子豪在幼儿园一个人转圈圈、在教室里到处跑的照片、视频）

家长：啊？他怎么不听老师的话呢？我很少陪他，也不太了解这个年龄段其他孩子的情况，老师，您觉得我该怎么做呢？

教师：孩子的行为表现，背后是有原因的，只有找到原因，才能对症下药。

家长：好的，谢谢老师提醒，请老师一定要对他严格要求，这孩子就是太调皮。

教师：我也会关注子豪的变化，让我们一起为子豪的健康成长努力。

【家访效果】

由于子豪以前一直由奶奶带，父母对孩子关注很少。通过这次和家长面对面交流，给家长看孩子在幼儿园的照片、视频，对比这个年龄段其他幼儿的语言、行为表现，引起了家长对自豪的问题的重视。之后，家长带孩子去医院进行了咨询和检查，结果显示子豪小朋友有轻微的多动症：不能控制自己，小动作很多，难以安静下来，不分场合到处奔跑喧闹玩耍；话很多，滔滔不绝，但是没有重点。看到这样的结果，家长很难接受，这也为孩子的行为表现找到了原因，家长开始积极寻求我们的帮助。针对孩子的特殊情况，教师也阅读书籍了解相关知识，寻求适合他的教育方法，以便能够为家长提供科学、有效的家庭教育指导。

【家访末期】

经常沟通，达成共识。

【家访计划】

家访准备：

（1）与家长互相加“微信”，成为“微信”好友。

（2）拍摄幼儿在园进步表现的照片、视频以及特殊行为表现的照片、视频。

家访形式：

线上家访。

家访目标：

（1）通过“微信”进行视频聊天，沟通幼儿在家、在园的表现，有针对性地提出教育策略。

（2）结合幼儿情况，帮助家长学习科学的育儿方法，要有耐心、细心、爱心。

【家访实录】

“私人定制”之线上家访

——定期与家长视频，关注幼儿的点滴进步

教师：（给家长发送照片）子豪妈妈，今天子豪帮我收拾了玩具。

家长：（惊喜地）真的吗？太好了。

教师：我们现在让他当老师的小助手，老师到哪儿他就到哪儿。因为我们告诉他，我们很需要他，他的工作很重要，不能到处跑，不然老师会着急的。

家长：太感谢老师们了，还是老师有方法。

教师：每天我们都会给他安排一点小任务，比如收晨检牌、整理书本、收拾玩具……只要完成一项，我们就给他发一个小贴画，帮助他控制自己的行为。

教师：（给家长发送视频）看，子豪正在收拾图书。现在我打开视频，请您伸出大拇指表扬他，让他感受到妈妈的鼓励。

家长：好的。谢谢老师。

教师：您也可以在家里用这种奖励方法，每天给他安排一个小任务，完成之后发给我看，我会给他一个爱心、竖起大拇指、送出小礼物，也把视频给班上的小朋友看，让其他的小朋友信任他，让他每天进步一点点，成长变化看得见。

家长：我也会把子豪在家的表现拍摄下来，优点及时表扬，问题及时发现，帮助他尽快跟上步伐。

【家访反思】

最近几年，幼儿园多动症、自闭症幼儿的数量有所增加。由于幼儿年龄尚小，家长对幼儿的问题未能及时发现，幼儿往往被贴上“调皮、不听话”的标签。家长、老师的不理解，给幼儿的心理造成压力。其实幼儿的行为都是有原因的，面对这样特殊的幼儿，我们采用以下四招。

1. 理解宽容

对于多动症幼儿，要理解他们与同龄孩子在情绪、行为和学习能力上的不同，他们的许多行为是不受自己控制、不由自主地做出的，我们必须了解多动症幼儿的这一特点，多一些理解和宽容。

2. 合作沟通

很多家长并不了解什么是多动症，即使孩子确诊了多动症，他们也不愿去面对这个事实。我们通过各种形式的家访，真诚地与家长交流，让他们感受到教师对幼儿的爱，让他们知道，只要父母积极面对、科学引导、耐心陪伴，孩子依旧可以健康成长，增强家长的信心。

3. 及时鼓励

对于多动症幼儿来说，教师的信任和激励要符合幼儿的需要，教师要公平公正地对待每一个幼儿，尊重幼儿的差异，及时发现幼儿的闪光点，及时给予幼儿积极的评价。

4. 科学指导

对于这种特殊的幼儿，要从细节入手，尽可能把指令细化到具体的步骤。比如子豪扔玩具，教师先面对面地给他讲道理，手把手地教他整理玩具，然后让他整理一遍，他完成后要及时抱抱他、鼓励他，让他感受到教师的爱；发现幼儿的情绪不受控制时，要先慢慢疏导幼儿的情绪，等幼儿的情绪平稳后再进行指导、教育。

每一个幼儿都是一颗闪亮的星，只有我们去发现、去肯定、去欣赏、去呵护，才能让每一颗星星都发出闪亮的光芒。

【专家点评】

朝老师讲述的是班级特殊幼儿的案例。从子豪在幼儿园的行为表现来看，他与其他同龄孩子是有差异的，由于父母长期没有担负主要养育责任，奶奶对孙子的溺爱，导致幼儿的行为表现未被家长所注意，被认定为“调皮”而已。但朝老师作为一名有着二十多年教育经验的老教师，很快就发现了幼儿行为背后的原因，并及时通过照片、视频的形式对家长进行说明，用具体直观的案例，引起家长的关注与重视。

在学龄前，幼儿的特殊表现家长是很难发现的。现在，面对越来越多的这样的特殊幼儿，教师要通过摆事实、举例子、多鼓励、巧沟通的方法，引导家长正视幼儿的情况，用平和的心态去面对，共同关注特殊幼儿的健康成长，共同探寻科学有效的教育方法。

朝老师的“私人定制”家访具有“三性”：针对性、科学性、有效性。针对性指针对多动症这种情况，教师查阅了大量的书籍，了解了多动症的表现，在和家长交流的时候，能够清楚地说出幼儿在园的行为表现，让家长感觉到教师对自己孩子的真心关注与付出，从而愿意接受教师提出的建议。科学性指在教育幼儿的过程中，朝老师用到了“行为疗法”，通过奖励帮助幼儿建立良好行为。例如子豪在收拾整理玩具之后，教师奖励一个子豪喜欢的小贴画；同时也通过适当的惩罚帮助减少不良行为：当问题行为出现时，教师会给一次改正的机会，如果屡教不改，就取消已获得的奖励，让幼儿理解奖励被取消是自己的问题行为所致，需要改变这种问题行为。有效性指结合幼儿每一次具体的情况，朝老师采取不同的家访形式，包括电话家访、面对面家访、线上家访，及时向家长反馈，共同探寻有效的指导策略，让家长成为幼儿情感的陪伴者、生活能力的养成者、兴趣的激发者，家园紧密联系，相互配合，幼儿的进步显而易见。

点评专家：余宏丽

小学篇

进入小学，孩子进入规范学习的起步阶段，大部分家长都相信自己的孩子是最棒的，对孩子的学习期待往往直指优秀层面。殊不知，小学阶段除了基础知识的学习和终身相伴的育德之外，培养健康的生活习惯、劳动习惯以及良好的学习习惯等才是重点。家长对孩子成绩的高期望与孩子各种良好习惯的养成之间的矛盾开始浮现：因事务繁忙无暇陪伴孩子与自作主张给孩子报兴趣班、增加学习任务等形成两个极端，造成了“放养”与“圈养”孩子等不合理、不科学的现象，导致少部分孩子出现习惯不好、心理不健康等问题。帮助家长更新教育理念，指导家长掌握有效的家庭教育方法，成为小学教师家访的必要内容。

别替孩子做他能做的事
——对受家庭溺爱的学生的进阶式家访

郭珊珊

【家访起因】

一年级学生小雷，音乐课上积极主动、思维活跃，但交流时语言表达不顺畅，总是答非所问，注意力也不集中。另外，小雷我行我素，班上哪个小朋友的玩具有趣、铅笔好看，他也不问别人，想拿走就拿走。班上告他状的人排成队，他也没有了玩伴。他还常常把水彩笔的墨弄出来，把书撕坏、揉乱，桌面、座位周围总是脏兮兮的，脸上、衣服上沾满墨迹，也是脏兮兮的。没有朋友，他的性格越来越孤僻，语言交流又不顺畅，逐渐失去自信、失去安全感，对他的身心健康成长很不利。我得帮帮他，于是，我决定去他家看看，进一步了解情况，寻求家校共育的有效途径。

【家访计划】

家访准备：

学习教育学、心理学相关知识，试着分析小雷问题产生的原因，制作小雷行为观察记录表，设计几种行为矫正的方案，拟好与家长交流的提纲。

家访形式：

入户家访。

家访目标：

了解小雷的家庭环境、家庭教育方式，帮家长分析小雷的问题背后的原因，给出解决问题的具体策略。家校紧密结合，分阶段逐步引导小雷学着自我控制，培养基本的自理能力，把他引入健康成长的轨道。

【家访实录·第一次家访】

2022 年 3 月 16 日，我第一次走进小雷的家。门外走廊干净整洁，绿植茂盛有型，我推测这是一个幸福、温暖的家庭。我之前所做的“小雷无人照顾”的预测被推翻。落座之后，看到知书达理的父母，有礼貌的姐姐，我所做的“小雷的父母没文化，不懂教育”的假设也被推翻。这时，小雷欲站起来倒水，妈妈已拿着水杯喂到了他嘴边。顿时，“溺爱”一词浮现在我脑中，家人对小雷的溺爱的程度远超我的想象。

通过谈话，我得知小雷是父母中年得子，姐姐已经成年，他是家里的“小皇帝”，全家都围着他一个人转。在与其父母的交谈中，我发现他们的眼神大部分时候都集中在小雷身上，小雷一个眼神、一个动作，全家人就知道小雷想做什么、要什么，没等他动起来，家长已代办好。就连最基本的吃饭，也是几个人轮流“伺候”，十足的“衣来伸手，饭来张口”的“小皇帝”。吃饭时，小雷将饭吐在地上，父母便检讨，说肯定是自己的饭做得不好吃，把错都揽在自己身上。在家里他享受着无边的宠爱、无底线的包容。

找到问题原因之后，我给家长分析问题，让家长明其理，接受劝告。我给孩子父母说明道：“孩子注意力集中的时间一般是 15 分钟左右，他写作业时，家里人过于关注，增加了干扰因素，使他易分神，时间久了，他的专注力会变差；家人什么事都顺着他，他就会我行我素，失去自我约束力；事事家人包办，他没有机会去锻炼自己，所以遇事不知道如何处理；长期不主动表达导致了他语言表达不流畅，不知道如何与伙伴交流；学校孩子多，他得不到足够的关注，所以经常会用不恰当的行为去引起老师、同学的关注。”家人的溺爱，大大压缩了小雷的成长空间，使他无法按照自己的时间观念发展自己的能力，更无法建立内心的安全感和归属感。童年长期被父母左右，可能会对孩子今后的人生产生深远的影响，他有可能成长为一个毫无主见的人，有可能成为一个刚愎自用的人。

听了这些分析，小雷的父母才意识到问题的严重性，他们决心先改变自己，再帮助孩子改变，让孩子在思想上“站起来”。我与家长共同商议，商定了具体方法，记录小雷的行为变化，帮助小雷及父母建立正确的评价方法，在实践中转变思想和行为。

小雷的行为记录表

活动内容	标准	评价	
		自我评价	父母评价
拼图游戏（专注能力）	1. 能独立完成简单的 5 至 8 块的拼图（★） 2. 能独立完成 12 至 18 块的拼图（★★） 3. 增加一级难度后独立完成任务（★★★），父母协助完成（★★）	自己根据完成度进行星级评定	指出完成过程中的优点和需要加强的地方
“开心故事会”（表达能力）	家庭成员各讲一个故事，小雷选择其中一个复述，根据表达流畅度和故事完整度给出评价，标准为： 1. 故事复述得较完整、需要在家长的提示下完成（★） 2. 独立完成，故事复述得完整（★★） 3. 独立完成，故事复述得完整，语言流畅（★★★）	自己根据完成度进行星级评定	指出完成过程中的优点和需要加强的地方
日常生活、运动等（自理能力）	1. 自己穿衣、洗脸、洗澡、刷牙（★） 2. 帮助父母做力所能及的家务（洗水果、洗菜、择菜、打扫、整理、收拾碗筷等）（★） 3. 在父母的指导下，按时完成作业（★★） 4. 选择自己喜欢的运动坚持 10 分钟（★★）		

每项活动结束后，小雷用贴纸对自己的表现作出评价，父母采用文字记录，让小雷从家长的评价中获得成功感、幸福感，真切地感受到做力所能及的事的快乐，同时激发他的挑战欲望，从行为中改变他，培养他的专注力。

【家访效果】

据家长反馈，在之后的生活中，小雷的父母每天都对小雷的行为进行记录和评价，并即时评价小雷的点滴进步，每次达到目标后，让他提出一个合理的需求，然后满足他。就这样，小雷从生活小事、专项活动中开始，慢慢找到了自己的位置，逐渐学会自理、自立。

之后，我跟小雷父母每周或者每半月电话沟通一次，看看小雷在矫正训练中有什么变化，根据变化调整小雷矫正训练的内容和难度。开始的时候，小雷的父母没有经验，步伐走得太快，导致小雷有畏难情绪，后期改变方法，逐渐增加难度，小雷就能够慢慢坚持了。父母也学会了引导小雷自己做事，不再全方位代替包办了，对比开学时的情况，小雷好转了很多。

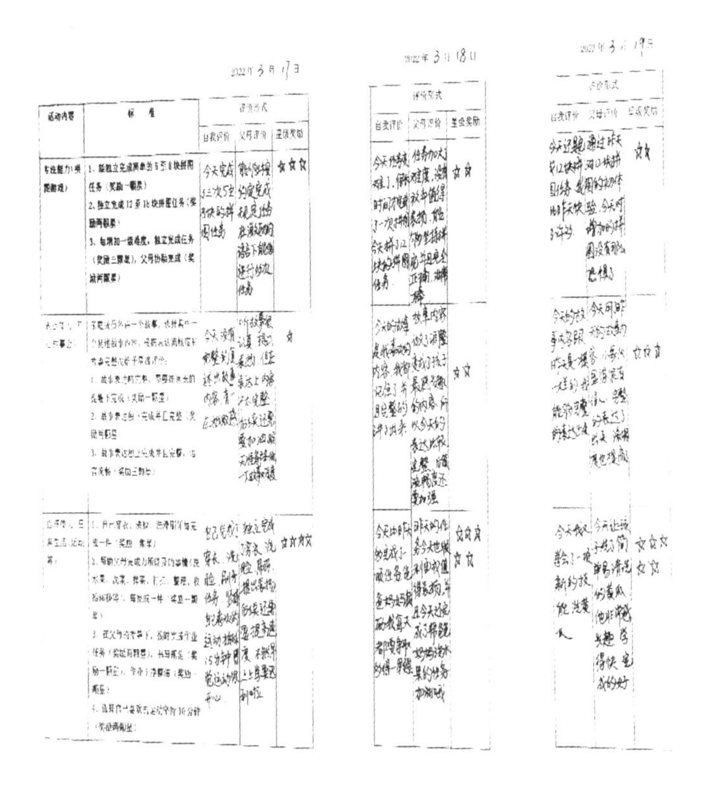

2022年3月17日

活动内容	标准	评价形式		
		自我评价	父母评价	星级奖励
专注能力（拼图游戏）	1、能独立完成简单的5至8块拼图任务（奖励一颗星） 2、独立完成12至16块拼图任务（奖励两颗星） 3、每增加一级难度，独立完成任务（奖励三颗星），父母协助完成（奖励两颗星）	今天完成了三次5至8块的拼图任务	[illegible]	☆☆☆
[illegible]	[illegible]	[illegible]	[illegible]	☆
[illegible]	[illegible]	[illegible]	[illegible]	☆☆☆☆

2022年3月18日

评价形式		
自我评价	父母评价	星级奖励
[illegible]	[illegible]	☆☆
[illegible]	[illegible]	☆☆
[illegible]	[illegible]	☆☆☆ ☆☆

2022年3月19日

评价形式		
自我评价	父母评价	星级奖励
[illegible]	[illegible]	☆☆
[illegible]	[illegible]	☆☆☆
[illegible]	[illegible]	☆☆☆ ☆☆

图1　小雷父母对小雷矫正情况的记录

图2　小雷在妈妈的帮助下记录的自己的任务完成情况

【家访实录·第二次家访】

2022年7月7日，我们再一次走进了小雷的家。刚进门，小雷就热情地迎上来邀请我们吃水果：“老师，你们尝尝我刚洗好切好的水果吧，虽然我没尝，但我想一定很甜。”我笑着说：“小雷真能干，不仅会洗水果，还会切水果。”说完向他伸出了大拇指。我接着问：“你切好的水果，为什么自己不先尝尝呢？”

“妈妈说客人要来，主人要准备好水果让客人先品尝。”

我摸摸他的头，转身微笑着对小雷的妈妈说：“小雷这段时间的变化很大哦，你们在家里做了不少努力呢！”

小雷妈妈说着小雷的种种变化：坐得住了，有耐心了，能主动做一些简单的家务，表达也流畅了，作业本整洁多了……虽然有时候还是会耍耍小性子，但是能听得进父母给他讲的道理了。为了让他持续进步，父母还设计了一个《小雷成长计划对比表》。听着小雷妈妈的话，我们心里也是满满的幸福，因为在我们的帮助下，家长找到了教育孩子的正确方法。

小雷的爸爸接着说道：“郭老师，孩子经过几个月的训练，很多方面都有了进步，但如果后续的活动中，孩子对之前的方法失去兴趣了怎么办？”我接着和他商量，再设计几个游戏活动，改变活动方式和评价方式。如可以开展家庭竞赛或小挑战活动，或进行室外活动，评价可由静态定量评价改为动态激励评价。如小雷完成任务后可采用奖励游戏时间、奖励参与喜欢的活动等方式，让小雷更自由地选择喜欢的事情去做，循序渐进，小步子、长时间地调整内容，持续跟进。

小雷的行为记录表（进阶版）

<table>
<tr><th rowspan="2">活动内容</th><th rowspan="2">标准</th><th colspan="2">评价</th><th rowspan="2">奖励</th></tr>
<tr><th>自我评价</th><th>父母评价</th></tr>
<tr><td>“拼图找不同”之家庭竞赛（专注能力）</td><td>跟父母进行拼图找不同比赛，在规定的时间内拼完两张图，并找出两张图片中不一样地方。如果赢了父母，可以选一个喜欢的游戏明天进行比赛，如果输了，就要继续接受挑战</td><td rowspan="2">总结活动中坚持独立完成了的地方，思考还有哪些不足需要继续努力</td><td rowspan="2">耐心等孩子完成任务，帮孩子总结活动难点和表现出的优点。只要他能够独立完成，即使完成得不完美，也要给予适当鼓励，并说出鼓励的原因</td><td rowspan="2">达到约定的效果，可以让孩子选择合适的奖励，鼓励孩子持之以恒</td></tr>
<tr><td>“开心故事会”（表达能力）</td><td>看绘本15分钟或看一集完整的动画后，立即合上书或关上电视，复述故事（为防止孩子只看梗概，可灵活安排“复述”内容：可以提几个主要问题，也可以要求孩子把刚看过的动画形象画下来，还可以一家人分饰其中的几个角色进行表演）</td></tr>
</table>

续表

活动内容	标准	评价		奖励
		自我评价	父母评价	
日常生活、运动等（自理能力）	1. 独立完成能自己完成的家务（如整理自己的玩具、学习用具、衣物等） 2. 给书籍分类，并按从大到小的顺序摆放，如有困难可以请求帮助 3. 选择自己最喜爱的体育活动，制订一周的运动时间表，坚持按计划执行	总结活动中坚持独立完成了的地方，思考还有哪些不足需要继续努力	耐心等孩子完成任务，帮孩子总结活动难点和表现出的优点。只要他能够独立完成，即使完成得不完美，也要给予适当鼓励，并说出鼓励的原因	达到约定的效果，可以让孩子选择合适的奖励，鼓励孩子持之以恒

小雷一月变化记录表

时间	进步之处	需要改进的地方
3.21-3.27	坐姿有改善，通过拼图专注力有一定提升	专注力时间不够长
3.28-4.3	1.专注力有明显改善，可以不用父母提醒也能坚持把图拼完	1.专注力时长达到15分钟还需加油
	2.拼图完成熟练度有提高	2.对拼图任务有自信了，但拼图难度还要逐步提升
	3.体育运动能每天坚持	3.体育运动有时不能坚持完成规定的时间
4.4-4.10	1.表达有进步，吐词清晰了不少	表达流畅度还需提高
	2.拼图难度增加了，但能在父母帮助下完成	2.坚持克服困难，独立完成任务
4.11-4.17	1.体育能按要求按时长进行	1.需要变换不同的花样
	2.表达能力有长足进步，流畅了	2.表达需要更流畅更自然
4.18-4.24	1.能独立完成难度拼图	1.坚持克服畏难心理
	2.专注力时长达到30分钟	2.要始终如一保持专注力

小结：1.拼图从易到难，孩子在父母的帮助下能在活动中慢慢提升专注时间。

2.从开始吐词不清，通过开心故事会训练，一月下来，表达变得流畅，但自信需要进一步提升。

3.体育运动后期形成规律，能按要求坚持，后续会变化不同的活动项目提升孩子兴趣。

图3 小雷妈妈设计的《小雷一月变化记录表》

在活动中，家长要激励、认可、尊重小雷，帮小雷树立自己“能行、能做、能成为同伴喜欢的人”的自信。当小雷有了一定的专注力与动手能力之后，再从兴趣培养迁移到生活能力的培养，从兴趣引导行为矫正转向生活行为稳固矫正。小雷爸妈听了我的建议后，感叹道：“育儿任重道远，我们要坚持学习才行，也得请郭老师多帮助。”我让小雷的父母继续坚持记录小雷每天的训练情况及进步，找到矫正小雷的有效行为的规律，帮助小雷快速成长。小雷的父母把上一次家访时我们提出的建议完成得非常认真仔细，看到他们这么热爱学习，我顺势推荐了相关的育儿课程，建议他们听听专家的讲座，用正确的方法引导，让孩子的行为矫正之路走得更顺一些、更快一点。

【家访反思】

小雷的经历不是个例，他的改变，值得我们每个教育者、每个家庭思考。家庭是孩子重要的学习场，我们是否应当让家长提前学习育儿方法？学校教育可否与社区有效对接，让家庭教育指导提前介入，给予正确的专业的引导，惠及更多的未来儿童？

看到小雷的转变，我反思了自己的教学：课堂上我是否也插手了学生的事务？是否也有过度保护？是否真的把学生放在了学习场的最中央？

家庭和学校，在培育学生的自理与自控能力时，应尽量保持后退的姿态，退到幕后，鼓励和引导学生自己设计剧本、走向前台。

自理与自控能力，是学生未来在工作、学习、生活中必备的关键能力，需要孩子在不断参与、自主的实践中练就。家长如果替他们做得过多，便是剥夺了他们发展能力、独立精神品质形成的机会。无论是家庭教育、还是学校教育，都需要放手让学生去做，让他们在实践中积累人生的经验，真切感受到自己的价值所在，让他们成为做事的主角，培养独立性、主动性、创造性，这才是教育该有的姿态，也是学生成长时内心所渴望的。

【专家点评】

读完郭老师的家访案例，我惊叹于她对问题的剖析之深刻、对家长的指导之精准。

初次到孩子的家里，通过细心观察，教师便发现了学生问题的根源在于家人的溺爱。教师专业、细致的分析让家长明白了这种教育方法对孩子是有害无益的。取得家长的信任以后，郭老师便与家长一起制订了详细的教育改善方案。家访之后，郭老师也一直与家长保持联系，密切关注孩子在家的情况。在家长担心现有的方法不会带来持久的效果时，郭老师又与家长一起思考如何优化方案，以便不断促进孩子成长。

对这名学生的家访，也激起了郭老师关于家庭教育、课堂教学的深入思考。一个学生的问题代表的是一类学生的问题，这类问题对学生的成长有着重要影响。教师从这个案例中开始反思自己的教学工作，并作出积极的改变，相信这将会是变化的开端。

点评专家：曹曼琳

用爱解开家校共育心结
——对独自育儿家长的家访案例

张雪艳

【家访起因】

301班的小慧性格内向、胆小、不自信，不敢与人交流，极少说出自己的心声。开学后不久，小慧与同学发生了矛盾，班主任王老师对两个孩子都进行了教育，鼓励她们好好学习、团结互助……没想到，老师所说的“我们要把注意力放在学习上，尽量减轻妈妈的压力，否则就会像妈妈一样辛苦”这句话传到了小慧妈妈耳朵里，引起了她的极度不满。小慧妈妈在家长群里言辞激烈地对班主任王老师进行了攻击，声称这句话对她造成了很大的伤害，要王老师给她一个说法。王老师通过电话、“微信”与小慧妈妈沟通了一段时间，仍无效果，家校关系变得紧张起来。这件事报告到了身为校长的我这里，我觉得很有必要入户家访一次，争取面对面解决问题。但考虑到班主任与家长正处于剑拔弩张的状态，我决定让班主任暂时“退居幕后”，由我和政教主任先去“灭灭火”。

【家访1.0】

提级家访，缓和矛盾。

【家访计划】

家访准备：

（1）进一步了解事情的前因后果。

（2）了解学生在校表现与其家庭情况。

家访方式：

登门走访。

家访人员：

校长、政教主任。

家访目的：

拿出尊重家长的姿态，获得家长的信任与理解，缓和家校矛盾，为后期班主任与家长的沟通打下良好的基础。

【家访实录】（片段）

下班后，我与政教主任谭老师一道来到小慧的住处。这是社区的租用房，一间挨着一间，没有门牌号，我们只能透过窗户一户一户地找。终于，透过第四个窗户，我们看到了两个小女孩的身影，是小慧和她读六年级的姐姐阳阳（也是我们学校的学生）。谭老师立刻隔着窗户亲切地打招呼："小慧、阳阳，我是谭老师呀，我和张校长来看你们了！"

可是接下来的一幕却大大出乎了我们的意料！两个女孩看到我们，不仅没有走出门来，反而像受惊的兔子一样赶紧跑进里屋，不见了身影。几分钟后，小慧妈妈才从里屋走了出来，两个女儿却紧贴在妈妈身后，畏畏缩缩的。又过了一会儿，小慧妈妈才打开了门，一把把我们拉到旁边的走廊上，没让我们进门。我透过窗户望向屋内：昏暗的灯光，简陋的家具，两个孩子伏在小方桌上做作业……我一边揪心地望着屋内，一边听家长滔滔不绝地倾诉着。小慧妈妈反复强调着三句话："我们的家庭是完整的，只是孩子爸爸不在身边，没跟我们住在一块，在外地打工。""每隔几个月，爸爸就会寄钱回来，我们不差钱。""老师不应该说孩子不努力学习就会同妈妈一样辛苦，这是一种歧视，必须给我个说法……"我和谭老师大多数时间认真聆听，偶尔表示认同，偶尔作出解释，偶尔插入一个相关的话题来证明我们的观点。我们耐心地与她交流着、沟通着，持续了将近两个小时。

在拉锯战式的谈话快结束时，门突然"吱呀"一声开了，小慧和姐姐怯怯地走出来说："张校长、谭老师，你们进来坐吧，我们的作业写完了。"看见孩子们走出门，谭老师赶紧把妈妈拉到一边，帮她擦干眼泪，劝她整理情绪。我则迎上去对姐妹俩说："小慧、阳阳，我们不进去了，今天太晚了。我和谭老师就是来看看你们。看到你们在家能自觉地学习，我们真高兴！"

告别的时候，我再一次认真地对小慧妈妈说："我们知道你们一家过得很幸福，但这些幸福都是靠艰辛的努力和拼搏换来的。王老师的那句话没有充分考虑到你的感受，让你误解了，可是也请你一定要相信王老师的初衷是激励孩子们努力奋斗，

争取比我们这一代人生活得更幸福。我们要以孩子的健康成长、全面发展为共同目标，而不是意气用事、任性而为，不能不听解释钻牛角尖。王老师很想和您心平气和地沟通，一起给孩子营造一个好的学习、生活环境。如果家长和教师目标不一致，想法不一致，不仅达不到目的，还会伤害到孩子……”又一阵沉吟，小慧妈妈激动的情绪略有缓和，表示愿意和王老师坐下来沟通，但仍要求王老师给出合理的说法。最终，我们约定半个月后再给说法，小慧妈妈勉强同意了。

【家访效果】

家长的情绪能够“缓下来”，愿意解决问题，这是家访看得见的效果。只要能够“缓下来”，再严重的问题也会变得轻松；家长答应坐下来解决问题，这更是家访最直接的效果。只要能够“坐下来”，再大的矛盾也可以化解。

【后续工作】

家访后，我与班主任王老师也进行了细致的沟通，分析这次矛盾的产生可能与王老师当时说话没有注意语境、没有换位思考有关。最后我们商定，利用小慧这一“枢纽”，通过关爱来解开敏感偏激的小慧妈妈的心结。有了策略，我们便开始了行动。我常常利用午休的时间，将小慧姐妹带到书吧，为她们挑选喜爱的童书，并题字相赠；王老师也认真观察，发现小慧的闪光点，通过各种方式、在多种场合表扬小慧，努力帮助小慧建立自信心……

【家访 2.0】

回归原级，直面问题。

【家访计划】

家访准备：

（1）收集小慧近期的在校表现和所取得的进步的资料。

（2）准备好送给小慧姐妹的书籍和送给小慧妈妈的家庭教育书籍。

家访方式：

登门走访。

家访人员：

校长、班主任。

家访目标：

班主任和小慧妈妈当面、当场解决问题，冰释前嫌，达成共识，为孩子的成长助力。

【家访实录】（片段）

两周后，我与班主任王老师带着挑选的书籍，再一次敲响了小慧的家门。

校长：小慧妈妈你好，今天我和王老师一起来看看您和孩子们。

家长：（尴尬迟疑了一下）张校长、王老师你们好，请进！

王老师：小慧妈妈您好，第一次来您家，您家里收拾得很干净呀！

家长：谢谢王老师的表扬，家里地方很小，也没有什么东西（家长的表情比较冷漠）。

王老师："家长是孩子的第一任老师"这句话果真没说错！原来小慧在学校那么爱干净、爱劳动，总是把自己的课桌收拾得整洁干净，是受您的熏陶呀！

家长：（有点不好意思）那没有，这不算什么！不过小慧真的是非常爱干净爱整洁，经常在家帮我收拾整理，大家都说她是个爱劳动的小丫头（说到最后，家长的语气上扬，声音也大一些了）。

校长：今天我和王老师想专门来了解一下小慧最近在家里的学习及生活情况，以便更好地帮助小慧成长！

家长：就……就跟往常一样（家长再次迟疑了一下），没有什么特别的！

王老师：小慧妈妈，这段时间小慧在学校的表现还是很不错的，上课发言比较积极，语文课上经常给大家范读课文，大家都说她有当播音员的潜质！

家长：真的啊（眼睛一下子就亮了）？我是说小慧这段时间怎么回家了就经常练习读课文呢！她都没有跟我说。

校长：（抓准时机，马上插了一句）那她为什么不跟您说说呢？

家长：（很难为情）她们两姐妹现在基本上都不跟我说学校的事情（说着低下了头）。

王老师：那您有没有想过是为什么呢？

（家长低头不说话）

王老师：是不是您平时跟她们交流得太少了？我听小慧说过，每次跟您讲学校的事情时，您都很敏感，反应很大，还揪住小问题不放，经常责骂她，所以她也就变得不爱跟您说心里话了。

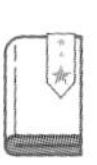

家长：我那还不是为她们好！

王老师：上次的事件也是因为您太敏感了。我本是一番好意，却让您产生那么大的误会，形成了难解的心结，您这样过于偏激敏感，其实也是会影响到孩子们的。

家长：我反感王老师说那样的话，因为我觉得你是歧视我没有文化、没有工作，歧视我没有老公、小慧没有爸爸！

王老师：我说那句话时确实没有充分考虑到您的实际情况，但真的不是针对您的情况来说的，这一点，我确实需要向您解释并向您致歉。我的初衷是想告诉小慧“知识改变命运”的道理，是想告诉小慧，只有努力，才能成为更好的自己，才能去看更广阔的世界，才能一代更比一代强。

家长：这……我没有想过。

王老师：小慧妈妈，您放心，小慧就跟我自己的孩子一样，我们都很喜欢她，没有人会欺负她、歧视她！

家长：我是初中毕业，确实没什么文化，我一想到我的孩子以后可能会跟我一样，我的心就很痛呀！（说着，家长的眼泪流了下来……）

王老师：小慧妈妈，我们非常理解您，正是考虑到您生活的不易，所以我们希望小慧能够多理解您，多帮您分担，并尽力引导她要努力改变命运！您难道不希望小慧有一个更好的未来吗？我们今天来不仅为小慧姐妹带来了礼物，也为您带来了一份小礼物。

我们拿出了给小慧姐妹准备的童书和一本儿童教育方面的专著，并诚恳地说道：“希望这本书能对您有所帮助！”

后来，小慧妈妈终于与我们开始了友好沟通，并表示自己以后会多跟老师联系，会跟孩子好好沟通，让自己不那么敏感、多虑，努力做好孩子们的榜样。

【家访效果】

一天夜里，我睡眼蒙眬时接到了一个电话，居然是小慧妈妈打来的。电话里，她感谢我与王老师的关爱。还说，孩子很喜欢我们送的书，半夜还起来看。小慧现在变得自信、开朗了，回家后跟她说的话也多起来了！

【家访反思】

家访，大部分人会认为是为学生而访，为转化习惯差、学习差的学生而访，殊不知，家长也是我们家访的对象之一。家长是孩子的第一任老师，孩子身上表现出来的问题，很多是原生家庭的印记。所以，家访不仅需要访学生，更重要的是访家庭、访家长！特别是家校关系比较紧张、家庭教育问题较为严重的时候，更应该从访家长开始。我们该如何有效地访家长呢？

1. 共情

在家访的过程中，我们首先要与家长共情。换位思考，站在家长的角度来体验其处境、思考问题，感受并理解家长的心情，为双方后续的沟通奠定良好的情感基础。

2. 共识

家访家长，更重要的是从理性的角度和家长达成认识上的一致，找到“痛点”，直面问题，提出解决问题的办法。只有认识一致才能行动一致，只有行动一致才能形成合力，有了合力，才会有更好的效果，从而实现促进孩子健康、全面发展这一终极目标。

3. 共赢

在教师、家长和学生三方中，学生应成为首要的也是最重要的“赢家”。如果不能实现这个目标，教师、家长都会“不战而败”。我们在家访家长的过程中，始终要抓住孩子这一纽带，将家、校紧紧连在一起，让孩子撬动家长，通过孩子感化家长，从而达到我们家访家长的目的，实现共赢。

【专家点评】

这是一篇关于家访家长的典型案例。正如本案例中张校长所说，家长也是家访的对象之一。那么，我们该如何访家长呢？尤其是家访有一定问题的家长，我们又该注意什么呢？案例中张校长运用“共情、共识、共赢”三原则解开了一位敏感而多虑的家长的心结。

第一，基于问题解决的目的访家长。家访一般是因有相关问题而起，教师访家长一定要从问题出发。教师访家长，是心智成熟的成年人之间的沟通交流，因此，教师要直面家校之间的矛盾。对于自身存在的教育方式、方法不当等问题，教师要客观、主动地和家长沟通，而不能只盯着家长的问题不放。案例中，张校长之所以先提级家访再回归原级，与班主任对问题进行客观分析，都是开诚布公地先从自身找问题，以争取家长的理解与支持。只有这样，家长才会说出自己的问题，从而为解决问题创造必要条件。

第二，基于尊重理解的态度访家长。家长是家校共育两大主体之一，占据家校

共育的“半壁江山”，因此，老师应充分尊重家长的主体地位，要理解家长因年龄、心理特征和身份角色等的不同而表现出不一样的状态，尤其是独自育儿的家长，一定会有一些难言之隐，教师也应小心避开，避免触碰。共情是一种高位的尊重理解，只有充分体谅家长的身体、心理和生活实际，换位思考，才能走进家长心里，走向共情。

第三，基于目标导向的一致访家长。教师与家长虽然所处的位置不一样，但最终目标都是帮助孩子健康成长。孩子是家长的心头肉，是家长内心最柔软的地方，也是最能打动家长的地方。以孩子为支点来撬动家长，往往可以起到“四两拨千斤”的效果。本案例中，张校长和班主任给了小慧细致的关爱，小慧也把这种关爱带给了妈妈，让妈妈也感受到了关爱，从而使小慧妈妈解开误会，冰释前嫌，也就实现了共赢。

点评专家：谭国发

“云端”的陪伴
——对优秀学生家访的案例

刘金凤

【家访起因】

我校是农村小学，我担任班主任的301班“留守儿童”多，很多家长对孩子缺乏正确的指导和管理，是一个“熊孩子”扎堆的班级。就在这样一群孩子中间，却有一个特别的存在，那就是王青同学。王青是一个瘦小的女孩儿，站在人群里时我们很难注意到她，可在学习上她却是一个闪闪发光的“小明星”，这逐渐让我对她产生了好奇。为了更好地带动全班同学学习，促进家校共育，我打算通过家访王青同学找寻方法，从她及其家长身上找到更好的教育方式并加以宣传和推广。

【初次家访】

入户家访，增进了解。

【家访计划】

家访准备：

（1）事先与王青同学交流，了解她的基本家庭情况。

（2）约好随行的同事，报校领导批准。

（3）整理好谈话思路。

（4）电话联系王青同学的家长，约定家访时间。

家访形式：

入户家访。

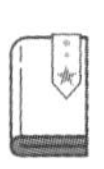

家访目标：

（1）反馈学生在校表现，让家长充分了解学生的在校情况。

（2）深入了解学生的家庭情况及学生在家的学习、生活情况。

（3）了解家长对学生日常的教育和管理情况。

【家访实录】

趁着周末，我约上同事走了将近一个小时的山路，来到了王青同学家。由于王青的父母常年在外打工，接待我们的是她的爷爷奶奶。王青礼貌地为我们搬来了座椅、端来了茶水，随后便回房间写作业去了。

爷爷热情地对我们嘘寒问暖，又询问孩子的在校表现。我将王青同学的在校情况详细地告诉爷爷，并表现出对孩子的赞赏之情，同时，还说明了我们这次家访的目的。爷爷听完后激动地向我们打开了话匣子……

在爷爷的讲述中，我们得知，从王青上幼儿园开始，父母便外出务工了，常年不在家。但从王青上小学开始，她的父母就一直紧紧抓住网络这个工具，几乎每天都与她和爷爷奶奶通电话，了解王青的学习和生活情况，有问题就当天解决，从不拖延或放任自流。王青每天做完家庭作业后都由爷爷拍照发给爸爸检查，如果字写得不好或者答案有错等，爸爸会立即要求其改正，直至满意为止。爸爸妈妈也将从老师那里了解的孩子在校表现及时反馈给爷爷奶奶，让他们协助管理。

王青父母休假回家后，每天都会坚持陪孩子做作业或者读书。学习之余，他们会与孩子一同做手工、做游戏，有时也带着孩子到田间劳动或外出旅游，感受自然之美。在这些亲子活动中，爸爸妈妈该严厉时严厉，该鼓励时也绝不吝啬。爷爷奶奶老两口除了在家照顾好孩子的饮食起居外，也一直全力配合孩子父母管理孩子的学习。虽然有时也会心疼幼小的孩子，但不护短不娇惯，更不与孩子的父母唱反调。

最后，爷爷还告诉我们一个重要的消息：孩子父母经过多年的努力，今年终于在市区买了房，打算回来发展，他们一家人可以团聚了。虽然在事业上需要重新开始，但孩子父母认为只有真正陪在孩子身边，才能更好地承担起养育孩子的责任，也更有利于孩子今后的健康成长。聊到此处，我对如此有远见的一家人深感佩服！

【家访效果】

家访后，我利用班会课，将王青同学良好的学习习惯和优秀的学习品质向班上其他同学进行了宣传和推介，并开展了“如何养成良好学习习惯”的大讨论。班会课上，同学们发言积极，连平时纪律、学习不太好的同学也参与了讨论，并毫不掩饰地说出了自身存在的不足，制订了具有操作性的改善计划。

我知道，良好的品质不是一朝一夕形成的，坏习惯的改正更是需要付出艰辛的努力。接下来，我决定在同学们言行一致上下功夫，带着孩子们向好品质、好习惯进发。我开始为每个同学建立家访档案，作为以后家访的参照和依据。

【再次家访】

“云端”对话，探究真谛。

【家访计划】

家访准备：

（1）拟定对话提纲，增强交流的针对性。

（2）和学生家长确定线上交流时间，不影响家长正常的工作。

家访形式：

线上沟通。

家访目标：

（1）深入了解学生优秀学习品质形成的原因。

（2）归纳总结“留守儿童”家庭教育的关键点。

【家访实录】（片段）

以下是作为班主任的我和王青爸爸的部分“微信”聊天记录。

班主任：我首先想知道，你们常年在外面打工，是如何教育和管理孩子的？

家长：由于我小时候家里条件比较差，没办法供我读书，导致我过早走入社会，走了不少弯路。为了不让孩子再走我走过的弯路，所以我对孩子的教育格外重视。

班主任：嗯，我知道了，首先家长要重视孩子的教育问题。您主要关注哪些方面呢？

家长：这几年，孩子作为“留守儿童”，在家确实过得比较辛苦。但在孩子学习方面，我们还是尽量做到了有求必应。每天的学习任务，她放学回家之后我都会检查，掌握得不牢固的知识我也会帮助她巩固。

班主任：您自己在外面要工作，与辅导孩子在时间上应该有冲突，您是如何兼顾的？

家长：鱼和熊掌不可兼得。我基本上都是把手头工作暂停，帮助孩子完成学习任务以后，再继续工作。

班主任：您毕竟不在孩子身边，您是如何做到让孩子按照您的要求去落实的呢？

家长：先要让孩子依赖、信任我，愿意听我的话。当然，小孩太小，也有不听话的时候。这时候怎么办呢？只能不厌其烦地再三督促。

班主任：现在很多家长非常苦恼，懂得很多教育孩子的方法，但孩子就是听不进去，您是如何做到让孩子依赖、信任您的呢？

家长：先说生活上面吧，要对孩子无微不至地关怀，跟他们做朋友，或者像大哥哥一样陪他们一起做游戏。我姑娘经常说我“没个大人样儿”。在孩子身边的时候呢，多带他们出去玩儿，遇到合适的时机，就给他们渗透一些知识和道理。

班主任：这样很好！和孩子亲近，拉近心理距离。

家长：学习方面，孩子要学的内容我要懂，下班了我都会抽时间仔细阅读他们的课本。当她碰到不懂的问题时，我才能够轻松应对，让她觉得爸爸知识渊博，自然就会信任我了。

班主任：但初中科目多、高中课程难，家长学不会了怎么办呢？

家长：我觉得主要还是要让孩子在小学阶段养成良好的习惯，打下坚实的基础，读初中以后就不需要管太多了。

班主任：您说得非常对。只要学习兴趣和良好习惯有了，后面就好办了。我还有个疑问，在教育观念上，您是如何与孩子爷爷奶奶保持一致的呢？

家长：提前和我父母沟通好，我负责出方法，我父母负责监督落实。

……

【家访效果】

这次家访之后，我先邀请了三名典型的学习上有一些问题的学生家长，建了一个“微信群”，以王青同学的家庭教育情况为例，分析了王青父母教育孩子的具体措施、教育理念和方法。三位家长听后，对家庭教育有了一定的认识，对自身的家庭教育情况进行了反思，同时也表达了自己的困惑。比如家长文化水平有限，不知如何帮助、指导孩子学习；亲子关系淡薄、孩子不信赖父母，难以沟通等。此次交流活动让三位家长在思想上有了触动，对自身教育的问题进行了反思，也找到了一些具有针对性的解决措施，表示今后会重视家庭教育，加强对孩子的管理。

【家访反思】

家访是促进家校协同育人的有效手段，也是加强班级管理、提升学校办学水平的重要策略。那么，如何提升家访工作的有效性呢？

第一，家访要解决的问题要有代表性。做家访工作要有问题意识，我们一定要带着明确的问题去家访，以期实现一对一或一对多地解决问题，切忌盲目家访和任务式家访。因此，在家访之前，我们要认真筛选学生教育中存在的突出问题，尤其是找到学生身上存在的倾向性问题，找到具有代表性的学生，这是开展有效家访的前提。全员家访固然好，但全员家访需要耗费大量的时间和人力，在工作中其实是很难做到的。因此我们只有确定家访要解决的问题和家访对象，提升家访的有效性才有了可能。

第二，家访时语言要有艺术性。家访工作主要是通过语言沟通来实现的。俗话说，“良言一句三冬暖，恶语伤人六月寒”，我们在家访过程中在语言上要讲究艺术性，态度上要尊重家长，切忌使用高高在上、盛气凌人的话语；在评价孩子时要注重使用发展性评价的语言，切忌“一棍子打死”；在说明孩子问题时要用“是什么”式的客观性表述，切忌用“像什么”式的主观的模糊的表达，等等。总之，我们要营造宽松、自由的谈话氛围，让家长愿意说实话，敢于说真话，达到沟通的目的。

第三，家访工作要有延续性。家访活动的完成并不代表家访工作的结束。在家访活动结束后，我们还要进行深入细致的反思，并完成相应的后续工作。比如我本次的家访，分别从线下线上两条途径开展，访后组织了主题班会，开展了家庭教育指导活动，应该说，王青家长的家庭教育经验给班上更多的家庭带去了有益的参考。另外，一次家访效果再突出，也不可能解决所有的问题。因此，我们还可以为每个学生建立家访档案，详细记录每次家访情况以及学生后期变化情况，作为下次家访的重要参考，使下一次家访更具针对性和实效性。

【专家点评】

在“熊孩子”扎堆的班上，刘老师打破“谁有问题家访谁”的思维定式，将习惯好、成绩好的王青同学作为家访的对象，以期“取得真经”，以促进全班同学养成良好学习习惯，提高学习成绩。在本次家访中，刘老师的“打好组合拳”“织牢关系网”“探究育儿经”的做法是值得更多同行们学习和借鉴的。

一是打好家访组合拳。互联网的迅猛发展虽然拉近了人与人之间的距离，但并没有削弱家访工作的独特意义，相反给家访工作带来了严峻挑战，要求我们精心设计每一次家访活动，打好一套“家访组合拳”，方能收到实效。本案例中，刘老师在访前仔细分析问题，确定家访对象，从外围了解相关情况，拟定谈话提纲，打了一场“有准备的仗”；家访时，善用语言艺术，让家长敞开心扉说实话，敢于说真话，使刘老师了解了真相；通过“云端”对话探究学生优秀的原因；访后通过召开主题班会、

开展家庭教育指导、为每位学生建立家访档案等工作，使家访工作呈现极强的延续性。使出这一套访前、访中、访后的“组合拳”，应该说达成了预期的家访目标。

二是织牢家校关系网。我非常认同昆明丑小鸭中学校长詹大年的话，“好的关系，才是好的教育”，很多教育问题的实质就是关系问题。家访工作不能仅仅停留在通报情况、处理矛盾的层面，而要通过与家长互动，形成良好的家校协同育人关系网。本案例中，刘老师在访前充分征求孩子爷爷的意见，在爷爷方便时入户家访；家访中，刘老师放下架子，尊重家长，与家长平等沟通；在沟通过程中，刘老师注重语言的艺术性，与家长一同用发展的眼光鼓励孩子逐步成长……这些都是促使家长与教师同心同向的前提，也是建立良好家校关系的基础。

三是探究家长育儿经。家访的共性目标有哪些？我想，探寻家长的家庭教育方法，对家长渗透家庭教育指导应是家访的深层次目标。2019 年，中共中央、国务院发布的《关于深化教育教学改革全面提高义务教育质量的意见》首次提出，要提高教师的家庭教育指导能力，家庭教育指导由此便成了教师家访的重要任务。刘老师与王青同学的爸爸探讨孩子的培养方法，为更多的家长提供了可参考、可借鉴的育儿经验。

点评专家：谭国发

叩开心之门，搭建心之桥
——对单亲家庭学生的深度家访

韩思仪

【家访起因】

我新接手的六年级学生——陈泽（为保护学生隐私，名字是化名），“特别”到棘手的程度——打架、骂人是家常便饭，多次在不同的课上对老师出言不逊，十足一个谁也不敢惹的“刺儿头”。对他，无论是充分共情之后的好言相劝，还是严肃批评后的规则教育，都收效甚微。因此，我迫切需要与家长面对面沟通。

【家访初阶】

了解学生家庭情况，引导家长正确教育。

【家访计划】

家访准备：

（1）与学生谈心，了解他眼中的家庭成员形象，尤其关注其父亲对他的教育方式。

（2）整理相关资料，理清家访思路。

家访形式：

入户家访。

家访目的：

（1）正面反馈学生在校情况，引起家长对家庭教育的重视。

（2）了解学生的成长环境以及在家的学习生活情况。

【家访实录】

（一）逃避

2021年冬，利用休息时间，向校长和我一起走访了陈泽的家。陈泽的爸爸因为工作原因不能及时赶回来，嘱咐陈泽到楼下接我们，结果却是陈泽奶奶下来迎接。

陈泽奶奶说："他（陈泽）躲到卧室了，不敢下来，还得你们老师来劝劝他。他怕老师来告状，他爸爸知道了又要打他。"

（二）接纳

1. 共情——看到学生，理解学生

我敲了敲卧室的门，轻声说："小泽，我们是来看看你、关心你，和家长沟通你本学期的进步的，不是来告状的。你不用这么紧张，卧室里待着冷，出来坐坐，好吗？"

过了一会儿，紧闭的卧室门打开了。我蹲下来才看见陈泽，他躲在床下。

"陈泽？"我轻轻喊他的名字。他慢慢把头探出来，仍怯生生的，似乎不太相信我刚刚说的话。我握住他的手，很凉。"陈泽，老师来看你了，出来坐坐好吗？"他慢慢爬出来，我拍了拍他棉袄上的灰，心里发酸。

他十分拘谨地坐在我和向校长中间。和奶奶沟通时，向校长轻轻地将小泽冻得通红的手握在手里，嘱咐他去加一件衣服。

陈泽看向我们的次数渐渐地多了起来。

2. 建议——从"心"出发，科学施策

随着交谈的深入，我们了解到，陈泽从小就生活在单亲家庭中，平时由奶奶照顾，爸爸因为工作繁忙对孩子的生活起居关心得比较少。奶奶说："这孩子从小苦，没有妈。性格和他爸爸很像，不爱说话，发起脾气来也冲，但是心蛮好。"

我告诉奶奶："陈泽最近在学校有进步，特别是情绪管理方面，而且他很愿意帮助班上的同学，班级大扫除时也经常看见他勤劳的身影。很棒！"

奶奶看着陈泽，笑了。陈泽不好意思地低下了头。

奶奶说道："老师，多谢你们的教育。学习上的事情我们懂得不多，就希望他能多学一些。不管学到什么程度，多学一些总是好的。他要是在学校不遵守纪律、瞎胡闹，您告诉他爸爸，我们一定严加管教！"

向校长鼓励道："孩子长大了，慢慢地也知道什么可以做，什么不可以做。懂得管理自己的情绪，就是最大的进步。学习成绩只是一方面，我们更希望他能在待人接物上有更大的进步，继续努力，相信他一定会越来越优秀！"

【家访效果】

这次家访后，经过2022年春季开学后近一个月的观察，我发现陈泽的不文明言行有所减少，能够尽量控制自己的情绪。但据同学反映，他私下里有时还是会有不太文明的言行。

没过多久，又有事情发生了——有一次组长收他的作业，他不仅把作业藏起来不给，还扬言要打人。我来到教室了解情况，他干脆推翻了桌子，躲到厕所，直到上课才回来。课后，我约他到办公室谈心，发现陈泽的手臂上有青紫的痕迹，果然不出我所料：爸爸又动手打他了……我意识到必须和陈泽爸爸面对面交谈才能真正有效果。

【家访进阶】

寻根究源，切实促进家校合力形成。

【家访计划】

家访准备：

（1）和学生家长确定家访时间。

（2）准备好学生喜欢的水果。

家访形式：

入户家访。

家访目标：

（1）深入了解学生家长采取不当教育方式的原因。

（2）促使家长和学生采取正确的方式沟通。

【家访实录】

4月的一个星期二，我来到陈泽家。天色渐暗，到门口的时候，门虚掩着。里面传出陈泽爸爸的呵斥声："快点把你的本子、书还有衣服收整齐！你老师马上来家访，

你等着，我一会儿再收拾你。”

我听着心里一紧，在走廊上停留了一分钟，才敲门。陈泽爸爸很热情地把我迎了进去，陈泽看到我，低低地喊了一声：“老师好。”听得出，孩子嗓子有点发涩，我知道在我来之前，“暴风雨”就已经开始了。

陈泽爸爸不好意思地挠挠头：“老师，辛苦您又来家访了。是不是这孩子又在学校做错事儿了？”

“不是的，陈泽爸爸。这孩子在学校表现有进步，我是专门来跟您聊聊的，不是告陈泽的状的。”

“他还有进步？不惹祸就不错了！”

“这是陈泽的课堂作业本，他的数学作业正确率很高哦！语文课堂作业也能按时完成，字也越写越工整了，虽然和其他同学比还有一定差距，但是孩子在不断进步，这就是非常好的状态了！”

陈泽爸爸低头看了看作业本，抿着嘴巴，一页一页地翻。过了一会儿，他抬起头来望着我说：“谢谢您，老师。他的学习我基本上没管，我工作忙，离家又比较远，确实让您费心了。”

“陈泽爸爸，很多同学在学校有进步，回去都会迫不及待地讲给家长听。陈泽主动跟您讲过吗？”

陈泽爸爸一愣，似乎没想到我会这样问他：“很少，特别是他到了四五年级的时候，几乎不讲了。”

“你想知道为什么吗？”

陈泽爸爸看向陈泽，陈泽把脸转向另一边，躲开了爸爸的视线。

“陈泽爸爸，孩子怕您，怕您打。您一直这样‘棍棒教育’，本意是想打掉他的坏习惯，但却没意识到打断了您和儿子沟通的机会。”

“老师，您不知道，这孩子真是不听话啊……”

“陈泽爸爸，您的心情，我十分理解。您的出发点也是为孩子好，可问题是，您这样做，孩子真的能感受到您对他的好吗？在您采取这样的教育方式的时候，孩子心里更多的是恐惧和害怕！”我低头看了看小泽，他鼻尖有些泛红，放在腿上的双手将裤子揪在了一起。我轻轻抬起小泽的手臂：“这是您打的对吗？发生了什么事，让您这么生气？”

“老师，您不知道啊！说起来就气，星期天晚上，到八点多了，他还没有回家，我到处找，急死了！这个孩子太讨人嫌了。”

“您虽然说孩子讨人嫌，但是心里还是在意他、爱护他的，不然您也不会找他那么久。”

“我那天确实冲他发了很大的火。您可能不知道，他奶奶常年生病，我一个人又当爹又当妈，照顾一家老小。我打他，就是想逼他好好学习，不要像我一样，我想他成才啊！”

话至此处，坐在我对面的这位中年父亲，眼里隐隐浮上了雾气。

我转头问陈泽：“是爸爸说的这样吗？”他默默地点点头。

“那么，小泽，你为什么晚回家？”我继续问道。

“我出去玩，爸爸跟我约定了时间，必须按时回家。但是那天晚了点。”

“你到哪里去了？自己跟老师说！”陈泽爸爸突然出声，眼睛发红。

“和同学玩。”陈泽怯怯地回答。

“你电话手表也坏了，你晓不晓得我好着急？你就是只晓得自己快活，你个脑袋不清醒的，做事不好好想，怪不得学习成绩差，回回考这么一点点分，还好意思在外面玩，真是以前没把你打好！”陈泽爸爸突然站起来，指着陈泽，手直发抖。

我连忙起身，挡在陈泽前面。

没想到，陈泽突然激动地大吼道：“你打，你打，你把我打死了算了！反正你把我妈都打走了！你也打死我！你就知道打我。你知道沙发上为什么全是我放的衣服吗？那是我看着你从工地上回来，坐都坐不直，想给你垫垫腰！你知道为什么客厅里的地上总是铺满报纸吗？那是因为我怕你喝完酒了往地上吐，第二天又一个人收拾。你知道为什么你把我妈打跑了，我还要跟着你吗？因为我已经没有妈妈了，我还有个爸！”陈泽浑身发抖，满脸通红。我伸出手抚摸小泽的肩膀，接着拿纸巾帮小泽擦掉了眼泪。

“陈泽爸爸，您大概也没想到，平时在你眼中不听话、爱闯祸的儿子，是这么关心您的吧！”

陈泽“呜呜”地哭出声来，他的爸爸也湿了眼眶。

“小泽，去抱一抱爸爸！”我轻轻拍了拍他的后背。

那一刻，我仿佛听见了父子之间封冻的寒冰碎裂的声音。一位中年父亲独自支撑家庭，望子成龙的苦心终于得到了孩子的体谅，孩子那些从不曾被看见的爱意，此刻也被悉数接收。

“陈泽爸爸，您的担忧，您的期待，您的困惑，我们作为老师完全理解。相信您现在肯定知道了，‘棍棒教育’打不出孩子的未来，您在家如何对待他，他就会用相同的方式对待同学甚至老师。所以，小泽的健康成长离不开您的改变。学校这边会定期举办家长学校，目的就是引导家长学会合理有效地进行家庭教育，希望您抽出时间参加；另外，如果有什么困惑，也欢迎您跟我联系。”

陈泽爸爸不好意思地搓搓手，连忙答应。我相信，从此之后，陈泽的爸爸一定会作出改变。

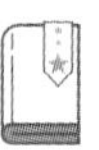

【家访效果】

这次入户家访后，陈泽在班上表现得更加积极了，能够友好地和同学相处，即使偶尔和同学起了冲突，也能够慢慢平复自己的情绪，反思自己的错误，也没有再出现过在课堂上顶撞老师的现象。

陈泽爸爸也常常与我交流，在陈泽的身上，我再也没有看见过青紫的伤痕。有时陈泽会主动到办公室与我分享他最近的困惑与快乐。2022 年 6 月的一天，陈泽告诉我，他的爸爸专门腾出一个下午的时间和他痛痛快快地打了一场篮球，还给他买了一双他梦寐以求的篮球鞋。看着陈泽神采奕奕的样子，我想，他正在逐渐从老师、同学，特别是父亲的身上学会正确的沟通方式，从“心”出发，成为更好的自己。

【家访反思】

回顾陈泽的成长之路，让我对家庭教育有了更深入的思考。家庭作为孩子成长的第一所“学校”，父母作为孩子成长的第一任“老师”，对孩子性格和习惯的影响可以说是至关重要的。陈泽在学校的表现，就如同他的父亲对他的教育方式——不善言辞、钻牛角尖、习惯性用暴力解决问题。陈泽情绪冷静下来后反思，又能比较诚恳地认错。但是，孩子的成长不能在一次又一次的后悔中度过。作为教师，我真心希望，陈泽在处理冲突时，能管好自己的情绪，学会理性地处理问题，从而获得真正意义上的成长。但无疑，陈泽要实现这一目标，陈泽的父亲首先应当改变自己的教育方式，因为只有孩子自己被理性对待时，他才能学会如何理性地对待他人。

身教重于言传，家长作为对未成年人实施家庭教育的主体责任人，不仅对未成年人负有让他吃饱穿暖的“养”的责任，更要担负起教育未成年人养成良好思想、品行和习惯的“育”的责任。

班主任要与家长携手共进，及时、合理地给出家庭教育的相关建议。我相信，站在孩子成长的角度，为家长提供有效的育儿建议，更能有效激活“家访”的育人性，提升教育的温度。

【专家点评】

提到家访，学生往往会产生抵触心理，觉得教师就是去告状的。韩老师正视这个问题，并没有把家访当作“告状会”，而是赞扬学生，以正面教育为主。

情理兼备，深度沟通。在家访的深度上，“情”与“理”两个维度相呼应，有温度、有力度。“情”指的是教师有一颗仁爱之心，怀有此“情”，才能真正做到关心爱护学生；“理”指的是教师充分学习相关的心理学、教育学知识，准确地判断学生问题行为背后的原因，促使学生敞开心扉与教师、家长充分沟通。

层层推进，润物无声。与家长沟通时，韩老师没有止步于反馈学生的问题行为，而是以争取家长支持为关键点，促使其教育观念转变。韩老师有目的、有意识地从“摸清基本情况”“找准核心问题”“科学有效沟通”三个层次切入，尽可能让学生从家庭内部获得成长的力量。

春风化雨，心灵花开。本案例中，父亲与孩子的行为背后都有对对方深深的爱意。韩老师作为父子的中间人，通过有力而又准确的言行给父子搭建了交流的平台，促使父子相互表达内心的真实想法。当真实情感得以流露，父子便心心相通，彼此理解了。

家访时，教师多鼓励，多倾听，注意保护学生的自尊心和积极性，多为家长释疑解惑，帮助解决教育的实际问题，这样的家访，一定是有效的、受欢迎的。

点评专家：袁芳

小月，你笑起来真好看

——对抑郁症学生的进阶式家访

金小正

【家访起因】

9月开学，我接手新班。收暑假创意作业时，耳边传来一个细软的声音："金老师，妈妈给杨老师说明了，我不用做暑假作业。"我抬起头，是秀气文静的小月。

下班后，我联系之前的班主任杨老师，了解小月的情况。

小月原是个学业成绩优异、活泼热情的女孩。她兴趣广泛，擅长手工、烘焙、舞蹈，还经常给英文动画配音。可是今年暑假，小月患上了抑郁症，小月父母多次带她去武汉看心理医生，但都收效甚微。

【家访初阶】

助力学生，缓解学习焦虑。

【家访计划】

家访形式：

学校面谈。

家访目标：

了解学生，了解家庭，争取家校合力，帮助学生缓解学习焦虑。

【家访实录】

接班两个月后的一个下午，我接到了小月父亲的电话。

上网课期间，小月父母望女成凤，在上完学校的网课之后，还给她报了其他培优网课。小月天天从早上 8 点学到晚上 9 点，曾抱怨辛苦，父母总是劝她：“如今的辛苦是为了取得更好的成绩，这样才有更好的未来。”学期末居家检测，小月做完试卷后对答案，看到成绩的那一刻，她崩溃了，她撕掉试卷，扔掉书籍，情绪近乎失控：“我不学了！我学得这么辛苦，还学得这么烂！”

曾经，她是“别人家的孩子”；如今，她厌学、焦虑、失眠。

小月爸爸说：“金老师，每天早上，小月都会因为‘是否上学’纠结、折腾一个多小时；晚上，她又在‘我应该写作业’和‘我不想写作业’之间挣扎，常常熬到半夜。我和她妈妈都伤透了脑筋。我才四十出头，两鬓的头发都白了。金老师，小月特别喜欢您，虽然您只教了她两个月，但她每次快要放弃时，都会因为您再坚持一次，写作业也是先写语文作业。我知道您忙，但凡有办法，我也不想麻烦您。唉，我们真的是没办法了！”

“小月爸爸，不要着急，我们一定会关注小月，帮助她的。”我说。

11 月的某个周一早上，小月又没来上学。我和科任老师想去家访，小月妈妈说小月敏感多疑，不适合家访。于是，我们约小月父母到校交流沟通。校领导、科任老师和学校心理咨询师乔老师一起接待了他们。

小月妈妈认为小月不应沉迷于虚幻的魔法世界，拒绝购买该类书籍，甚至不愿谈论这一话题。从此，母女俩不再无话不谈，小月关闭心门，重度焦虑，严重失眠。

“孩子为什么想上魔法学校？一定是现实生活让她痛苦、不安，所以她才选择逃避。家长反对孩子的想法，彻底关上了孩子自我救赎的大门。当孩子出现了我们认为不合适的行为，我们应该分析产生这一现象的原因，帮助她，而不是一棍敲碎它……”乔老师耐心开导小月父母。小月父母沉默了一会儿，才低声说：“看来是我们做得不好。”

接着，老师们从心理学、学生成长特点、学校人文关怀等方面给予小月一家情感支持与实际帮助，比如建议小月父母参加区家庭教育课程，指定校心理咨询教师一对一帮扶小月、推荐阅读《如何说孩子才会听，怎么听孩子才肯说》等育儿书籍。送小月父母离开时，小月妈妈紧皱的眉头舒展开了，看起来轻松了许多。

【家访效果】

小月妈妈承认自己过高的期待给了小月很大的压力，小月变成这样，家长有不可推卸的责任。小月妈妈决定先改变自己的心态，再学习科学的育儿方法。她不要求孩子的学业多优秀，只希望孩子健康成长；多学习专业的育儿知识，建立良好亲子关系。

第二天，小月又来上学了。她安静地坐在教室里，和其他同学一起参与各项活动。

过了一周，我与小月妈妈电话沟通，她说：“小月晚上做作业还是做到很晚，数学掉课有点多，很多题不会做。我们劝她做不完没关系，可以第二天去学校问老师。但她不愿意，非要完成作业不可。”

我劝她不要着急，慢慢来，大家一起商量对策，许诺请数学老师对小月进行课间辅导。最重要的是，家长一定要心态平和，用爱与包容接受一切。

冰冻三尺非一日之寒。小月的情况岂是一朝一夕能改变的？家访有助于帮助学生暂时走出困境，但是小月的心灵需要我们继续用心呵护。

【家访进阶】

助力家庭，温暖脆弱的生命。

【家访计划】

家访准备：

（1）准备小月喜欢的水果和零食。

（2）《哈利·波特》系列书籍。

家访形式：

医院探望。

家访目标：

和学生、家长沟通，鼓励学生积极治疗，早日出院。

【家访实录】（片段）

这一年秋季，小月休学了。

临近期末，小月在“QQ”上给我留言，说她生病了，在医院住院。小月说她不想住院，想逃出去，想用手上的腕带结束生命，她不希望妈妈天天躲在厕所里哭。

“我不允许你这样做，你不能带走我的学生。”

“老师，您会在乎我吗？”

“我会，我在乎我的每一个学生。”

“老师，那您能来看我吗？”

“没问题，放假了我就来。”

一放假，我就带上小月最喜欢的图书《哈利·波特》，拎了些水果和零食去看她。见到我的一瞬间，小月的眼里闪烁着光：“金老师，您来了。”

小月妈妈见到我，激动地说：“金老师，没想到您真的来看她了。我真的特别感谢学校和老师对小月的关心与帮助。都怪我从前只盯着她的学习。唉，现在我只希望小月健康快乐地长大。”

“您能这样想就太好了。关心孩子，爱孩子，就要真正地了解孩子，关注孩子的喜好，寻找共同话题，走进孩子的内心，做孩子心灵的引路人。”说着，我把手中的书递给了她。

妈妈侧过身对小月说：“小月，妈妈错了，以后再也不强迫你学习了，咱们就按照学校的节奏学习。课余时间，我们去户外锻炼身体，做你喜欢做的事情。对了，你也给我讲讲《哈利·波特》的故事吧。”妈妈接过我手中的书籍。

小月笑了：“真的？妈妈你也喜欢哈利·波特了吗？”

“爱屋及乌，宝贝喜欢的，妈妈也会喜欢。”

我接过话茬：“小月，你可以告诉妈妈，你为什么喜欢这套书。”

“我最喜欢哈利，他充满正义感，勇敢坚强，充满智慧。他从小失去父母，被寄养在叔叔婶婶家，从小被欺负，但磨难没有打倒他，反而让他变得更坚强，他用心学习魔法，打败‘伏地魔’……”

“原来是这么励志的故事。从前我以为这就是一本‘闲书’，怕影响你的学习，不赞成你看，看来是妈妈错了。”妈妈的真诚打动了小月，小月挽着我，也挽着妈妈，我们在花园里散步。

不知不觉，两个小时过去了。

“小月，我觉得你状态挺好的，我希望开学时能看到你。”我说。

“老师，我想上学，可是我怕——”

“你怕什么？”

“我怕同学们问我为什么上学期没有上学。”

“不怕，就说你回了趟黑龙江老家。”

“老师，您真聪明。”

“你好好配合医生，积极治疗，相信很快就能出院了。明年开学，我们学校见。”

“好！”小月走了，又回过头来说，“金老师，谢谢您来看我，我今天好开心好开心。”

【探访效果】

教师的探望，促进了小月和妈妈的沟通，给了小月信心，给了家长信心，也打消了小月的顾虑。半个月后，小月出院了。我们都在努力奔赴“春之约”。

【家访终阶】

爱在路上延伸。

【家访计划】

家访形式：

户外交流。

家访目标：

保持联系，让爱继续。

【家访实录】

3月早春的清晨，下着蒙蒙细雨，校门口出现了那个瘦小的身影。我牵着小月的手，软软的，凉凉的：“我们进去吧。”她默不作声。到教室门口，她似乎有些犹豫。

大家疑惑地看向小月。我大声道：“小月去年被困在黑龙江，现在解除了隔离，很安全了。”

大家哈哈一笑，一切如常。

小月上学了，可是不写作业。

我知道急不来，安抚她：“你想写就写，不想写就不为难自己。先坚持每天上学吧。”

我要接受不再“优秀”的小月，等待她走出困局。小月经常给我写纸条，我会有选择性地回复她。

后来，小月的心理咨询师联系我，他说小月对我产生了严重的移情，建议我关注她但不过度表现，关心她但不要将她特殊化，积极引导她融入自己的圈子。

在各方的关注下，两个月后，小月状态越来越好，很快追上了学习进度，也渐渐融入了班集体。课间，她和其他小伙伴玩得很开心。小升初毕业考试，她考出了较为理想的成绩，顺利毕业。

7月底，我请小月和她妈妈一起看电影、玩游戏、吃自助餐。趁儿子和小月在一旁玩乐时，我向小月妈妈了解了小月的近况。小月妈妈说她不再关注成绩后，小月反而更努力了，她也渐渐摸索出母女和平相处的方式。

“相信小月会越来越好的。她马上上初中了，压力增大，一定要多关心她、帮助她解压，比如多去户外运动、看电影、吃美食，发发呆也行。她想做的事，不要断然否定，多问问她为什么想这样做，多听听她的想法。”

小月妈妈连连点头。我又向她推荐了几个家庭教育的公益讲座和相关网站，鼓励她有空多学习，更新育儿理念，将知识化为武器，为小月的成长保驾护航。

半天相处下来，我8岁的儿子说：“妈妈，我好喜欢小月姐姐啊。”

“是吧，我也很喜欢她。小月姐姐身上有很多值得你学习的地方哦，希望你们成为好朋友。”

小月听了我的话，眉眼弯弯，脸上荡漾着笑意。小月，你笑起来真好看啊！

【家访效果】

9月，妈妈打电话告诉我，小月初中入学成绩不错，还当了语文课代表。

小月上初中后，我们还通过社交软件保持着联系。每逢节假日，她总会第一时间发来祝福短信。前段时间，她祝我女神节快乐。

我回复道：“也祝我的‘小女神’节日快乐。”

我似乎看到阳光下，她明媚的笑脸。

【家访反思】

“来上学非要做作业——不来上学——上学不做作业——不来上学——来上学”，我和小月的相处总是“山穷水尽”和“柳暗花明”轮番上演。面对小月这样特殊的学生，教师投入的不仅仅是时间、精力，还有推己及人的关爱和教育智慧。教师的多次家访，是促成小月健康成长的有效手段。

1. 家访，拉近师生心灵的距离

如今，信息技术高度发达，“微信”“QQ”“钉钉”等新型沟通方式便捷快速，为何还要家访？我认为，家访是有温度的教育。家访时，教师、学生、家长能看见对方，这种面对面的交流，让教育有了温度和力量，拉近了心灵之间的距离。

学校、医院、户外，都是家访的地点，要因地制宜、因时制宜。多次家访后，小

月终于在小升初的最后一学期勇敢坚定地走出“泥潭”，顺利进入初中。她送来的锦旗，我倍加珍惜，它是肯定，更是激励。

2. 家访，让教师在实践中得到真知

小月的父母是普通的职工，他们从自身经历中体验到：如果从小得不到良好的教育，将来想要获得成功，就要比别人多付出几倍甚至几十倍的努力。所以他们对小月实行“精英式教育”：期望很高，关爱备至，管教严格。但他们对小月的教育不是缺乏教育理念，就是不懂教育方法，甚至存在家教误区，最终导致小月出现了严重的心理问题。

庆幸的是，小月妈妈最终重拾平常心，意识到孩子健康快乐比成才更重要。他们试着去看一些育儿书籍、听家庭教育讲座，更新育儿观念，探索和谐的亲子关系。

可是，小月家只是一个缩影，我们身边还有多少个小月家一样的家庭呢？如果都等到孩子出问题再去改变，那就太晚了！作为教育者，我们可以做些什么来避免此类悲剧呢？这需要全社会的共同探讨与努力。

【专家点评】

金老师讲述的这个案例，是关于心理出现问题的学生的。金老师接手的是一个新的班级，面对的是一个特殊的学生，一个焦虑的家庭。怎样教育和引导这样的学生？金老师用心、用情、用智慧诠释了师者的传道风范。

1. 心存大爱，温暖家庭

苏霍姆林斯基说，教育过程中要充满爱和期待。如果把爱和期待放在家访中，就会取得意想不到的效果。金老师对小月的一次次“特殊家访”，是一种温情的传递，更是一种热情的涌动。金老师用甜蜜的微笑、温暖的语言、有力的行动助力家庭，呵护、帮助成长中受伤的幼小心灵。她让我感受到教师对学生及其父母的影响是深刻的、久远的。

2. 珍视信任，化解疑难

信任会产生无穷的力量。当孩子跨进学校大门，他会无比信任教师，教师的一言一行在他看来就是智慧的化身和道德的典范（小学阶段尤为突出）。金老师深知这种信任不能辜负，她对小月是友好的，也是信任的。小月想上学，又怕同学知晓她的休学经历。于教师而言，保守这个秘密是微不足道的小事；于小月而言，却是跨不过去的坎。当教师聪明地为她化解这一难题时，小月终于跨出了第一步。儿童对教师的信任，犹如玫瑰花上的一滴晶莹的露珠。为师者，要珍惜。

3. 智慧传道，充溢期待

授人以鱼，不如授人以渔。金老师在全面了解学生及其家庭情况之后，建议家长从孩子感兴趣的图书《哈利·波特》入手，与孩子交流感兴趣的话题，“蹲下身子”和孩子开展朋友式的交流，慢慢走进孩子的内心。金老师用智慧导引家长：只有尊重孩子，才能更好地教育孩子。

近年来，全社会高度关注学生心理健康。这不能仅仅停留在口号上，而应该扎扎实实地以行动落实。关爱学生心理健康，需要社会、学校、家庭三者合力，以师为根，以生为本，一切从“心”开始，促进学生心灵成长。

点评专家：袁芳

“双减”不减师爱，携手共育花开

施弯弯

【家访起因】

“双减”政策落地后，一时间，各种声音此起彼伏。有的家长欢呼不用“内卷”，可以还孩子一个快乐的童年；有的家长认为孩子没了课外辅导班的“加持”，成绩可能一落千丈；有的学生庆幸可以逃离培训班，有时间做自己想做的事；有的学生却无法适应慢下来的脚步，迷失了前行的方向。璟雯就是这样一位迷失了方向的孩子，她的迷失，更多还是因为她的父母，尤其是她的母亲的极度焦虑。为帮助璟雯适应“双减”后的学习节奏，减轻其母亲的焦虑，我决定家访。

【家访初阶】

谈心解惑，合力初成。

【家访计划】

家访准备：

为确保家访工作落到实处，我向璟雯以前的班主任、科任老师及同学了解了她的各方面的信息。通过多方打听，我了解到，她是独生女，父母常年在广东中山一家制衣厂打工。父母虽不在身边，但对她的教育和爱一分不少。她自信大方、活泼开朗，是老师的好帮手、同学的好榜样，只是最近状态波动较为明显。

根据这些信息，我拟定了如下与家长谈话的提纲：

（1）璟雯在家的表现如何？是否会主动学习？

（2）您了解璟雯最近在校的学习情况和心理状况吗？

（3）您知道“双减”政策吗？您知道“双减”政策的目的和意义吗？

（4）您知道在“双减”政策实施后老师的教学做了哪些调整吗？您认可“双减”后学校和老师的做法吗？

（5）您认为“双减”后孩子和家长应该怎么做？

家访形式：

登门家访。

家访目标：

（1）交流“双减”后学生在家、在校的表现，了解家长的育儿方式，弄清学生迷失方向的原因。

（2）宣讲“双减”政策的目的和意义，介绍学校和教师在管理和教学上的做法，减轻家长的焦虑。

（3）与家长探讨“双减”后家庭教育的内容和方法，化焦虑为动力，形成家校合力，促进学生健康成长，全面发展。

【家访实录】

“施老师，施老师，您快去门房看看璟雯吧，她又哭了……”雨涵冲进我的办公室，上气不接下气地说着。闻言，我拉着她的手就往门房跑。路上，我的脑海里闪现两年前璟雯与我的第一次对话。“施老师，您辛苦啦！吃一个苹果吧，很甜的哟。”那时，她的乖巧和活泼深深吸引了我。成绩优异、擅长国画、情绪稳定、性格阳光，是老师和同学们对她的评价。

跨进门房，璟雯还趴在桌子上号啕大哭，我轻轻地抚摸着她的头说：“璟雯，你有什么不开心的事呀？施老师愿意当你的听众。”在我的开导下，她终于说出了真心话：“施老师，‘双减’是不是就意味着我们农村的孩子以后就只能去读职高啦？我的周末培训班都停了，爸妈远在中山，周末我一个人在家特别无聊。”听到这，我温柔一笑，并给她竖起了大拇指。她疑惑地问道：“施老师，您干吗给我竖大拇指呀？”“因为你想上高中，说明你有上进心，我当然要给你‘点赞’呀！”听我这么说，璟雯的脸上终于露出了久违的微笑：“可施老师，我该怎么做呢？”我拍拍她的肩膀说：“没事，施老师有办法。”

接下来的一段时间，我格外关注她的一举一动。课堂上她不像以前那样活跃和专注；也不像以前一样积极参与课外活动；课后作业的质量也不高。看着曾经闪闪

发光的璟雯变成现在这样懒散忧郁的样子，我特别心疼，与远在中山的璟雯妈妈取得了联系，听闻她近期准备回老家一趟，我立即表达了想进行家访的想法，璟雯妈妈也欣然应允。

阳春三月，雨后初霁，我带着一沓厚厚的资料踏上家访之路。璟雯早已在路口迎接我，一见到我，就冲过来挽着我的胳膊问："施老师，您会跟我妈妈告状吗?"我安慰她："放心吧，你那么优秀，我是来向你妈妈'取经'的。"她这才放轻松，带我径直朝家里走去。

一进家门，璟雯又是搬椅子，又是倒茶，又是端水果。看得出来，她在家是个劳动小能手。和璟雯妈妈寒暄几句后，我向她请教育儿经，她却连连摇头道："施老师，我哪有什么成功的经验呀，我陪伴她的时间太少了，内心一直很愧疚。她没补过课，就只学过跳舞，可她不喜欢，我就没逼她去了。现在她喜欢国画，我就全力支持她。"我拿出璟雯的作业本，让璟雯妈妈看老师对她的评语，以及她在学校每天坚持画的国画和写的字。妈妈仔细地翻看着，脸上终于露出了自豪的笑容，话匣子也慢慢打开了。

原来，璟雯三岁前一直跟着父母在中山市的一家制衣厂里生活，直到上学才被送回老家，从此成了"留守儿童"。幸运的是，璟雯有一个非常疼爱她的姑妈，给足了她"母爱"。慢慢地，璟雯把姑妈当成了自己最亲密的人，和妈妈却产生了隔阂。妈妈深感自责，便和璟雯爸爸约定——只要璟雯一放寒暑假，他们两人中必须有一个人暂停做工，回家全心陪伴璟雯，直到假期结束。不在璟雯身边的日子，他们就通过手机与璟雯沟通，关心她的学习和生活。就这样，他们一直坚持到现在。

听到这，我发现璟雯的脸上洋溢着幸福的笑容，而我也被璟雯爸妈的这一约定和难能可贵的坚持震撼了。我对璟雯妈妈的做法给予了充分的肯定，可她却满脸焦虑地说道："说实话，璟雯虽然不是最优秀的，但我仍然为她感到骄傲。平时她在家里经常帮奶奶干家务，也很懂礼貌，回家从不玩手机、看电视，就爱看书，基本上都不用我们操心。可是，突如其来的'双减'让我们不知所措，我真的不懂为什么要'双减'。璟雯本来成绩挺好的，也特别懂事。可实施'双减'后，我经常接到她的哭诉电话。我和她爸爸文化水平不高，想让她多读点书，但是现在不能参加校外培训，校内作业又减少，我们很担心她成绩会下滑，学习习惯会变差……"

心中有办法，才不会焦虑。我赶紧告诉她"双减"不是改变，而是回归，让学校教育回归本位，让家庭教育回归生活。我详细介绍了"双减"政策和"五项管理"的要求及意义，以及学校在"课后延时服务"上的具体做法，反馈了璟雯在校的学习情况和综合表现，分享了一些家长的优秀做法。

听到璟雯最近的表现，妈妈的眼神中充满了自责与担忧，随即表示，以后会做到这些：① 坚持陪伴璟雯，假期和她一起画国画、写毛笔字、看课外书等；② 帮助她养成自主学习的习惯；③ 利用假期带她亲近大自然，放松身心，增长见识，健全人格；④ 陪她多锻炼身体，增强体质。听到璟雯妈妈的一番话，我十分欣慰，也为璟雯感到高兴。

不知不觉夜已深，我把璟雯的心愿便利贴转交给她妈妈后便离开了。在回家的路上，我一直在想：璟雯的心愿能否实现呢？

【家访效果】

两个月后，璟雯兴冲冲地跑到我面前，大笑着跟我分享道："施老师，我有一个天大的好消息要告诉你——我妈妈辞职回来啦，她再也不去中山打工啦！"说完给了我一个大大的拥抱。看着她愿望成真，我打从心底里替她开心。从那天开始，我更加关注璟雯的表现，我发现不论是课堂上还是课外活动中，璟雯永远是最积极的那一个，作业质量也越来越高。

【家访进阶】

依托兴趣，全面发展。

【家访计划】

家访准备：

(1) 准备一份国画颜料。

(2) 和家长确定合适的家访时间。

家访形式：

登门家访。

家访目标：

(1) 深入了解学生近期身心发展状况。

(2) 鼓励学生通过兴趣找回自信，做全面发展的阳光少年。

【家访实录】（片段）

一个阳光明媚的周六，我决定到璟雯家回访。远远地，我就看到璟雯正在家门口和妈妈一起打羽毛球。我想：这不正是孩子们心中简单而又幸福的场景吗？

教师：璟雯，你的球技已经快赶超妈妈啦。

家长：施老师，您来啦，快请到屋里坐。我们是一边等您，一边运动打发时间。

教师：多好呀，既锻炼了身体，又增进了亲子关系。

家长：谢谢您把璟雯的心愿告诉我，真的太感谢了。

教师：不客气，这是我应该做的。我是听璟雯说她心愿成真了，今天就专门过来了解璟雯最近在家的学习及生活情况。

家长：是的，自从您上次家访跟我说了璟雯的情况后，我知道挣再多钱，都弥补不了亲情的缺失，所以我和她爸爸商量好了，我回来陪璟雯，她爸爸继续在中山挣钱。

教师：听到您这么说，我太开心了。虽然我和璟雯一样期待您回来，但我没想到您和璟雯爸爸能这么快就作出决定。

家长：在我和她爸爸心里，孩子永远是第一位的，要不然挣再多钱都没用。

教师：璟雯有这样的父母真的很幸福。您感觉到她最近有什么变化吗？

家长：自从我回来后，她每天都是笑呵呵的，每天回家第一件事就是跟我分享在学校的各种趣事。

教师：这个年龄段的孩子还这么愿意和家长分享，很难得，您可要珍惜呀。

家长：放心吧，施老师，我很乐意听她跟我分享的。

教师：还有别的变化吗？

家长：我感觉她现在在家不管是学习，还是做家务，都更积极了。每天回来都说作业已经全部做完了，然后就会自己画画或者读课外书。如果发现我忙不过来，还会主动帮我扫地、择菜……反正，现在几乎没有听到过她喊无聊了。有时候甚至会教育我："妈妈，你可不要为了我不工作了呀，要不然你白天的时间就都浪费了。"

教师：真不错呀，璟雯不仅自己变积极了，还督促妈妈一起改变。她最近在学校也是这样，每天不仅能很好地完成自己的各项学习任务，还能帮助同学，督促他们按时做作业、给他们讲解难题等。

家长：可是施老师，她这样做，又不去校外补习，会不会影响自己的学习啊？

教师：您放心，不会的。真正优秀的孩子不仅能考高分，而且能全面发展。她帮助同学不仅可以巩固知识，还可以锻炼自己的口头表达能力、逻辑思维能力、交际能力……

家长：那就好，那就好。

教师：我们老师和您一起努力，让璟雯变得更优秀、全面发展。（我拿出事先准备好的国画颜料送给璟雯）这是我给璟雯精心挑选的一份礼物。

家长：施老师，您已经帮了我们很多了，这礼物我们可不能收。

教师：（转向璟雯）：璟雯，你的梦想是什么？

璟雯（眼神坚定地看着我）：当然是成为一名国画插画师。

教师：那成为插画师需要日复一日地练习，怎么能少得了颜料呢？老师希望你能坚持追梦，通过不断的练习实现梦想。

听我这样说，璟雯眼泛泪光地收下了礼物，并跟我说道："施老师，谢谢您！我一定会努力的。"

当我准备离开时，璟雯妈妈问道："施老师，我家璟雯本来只喜欢国画，但是在您的影响下，她想拜您为师，学写毛笔字，可以吗？"

我惊喜地说道："当然可以呀！书画本就是一家，以后我跟璟雯学国画，璟雯跟我学写毛笔字。"

说完，我和璟雯拉钩约定。

【家访效果】

周一早上，璟雯带来了她最为满意的一幅国画，作为"拜师礼"。我欣然接受，并将它装裱后挂在办公室最醒目的位置。那天之后，只要有时间，璟雯就会来我办公室写毛笔字。短短几个月后，她成了我们学校的书法"小明星"。不仅如此，她还带动了班级内的更多同学和她一起练习。渐渐地，她的学习状态越来越好，成绩也稳步提升。那个自信、阳光的璟雯终于回来了！

【家访反思】

苏霍姆林斯基曾说："教育过程中要充满爱和期待。如果把爱和期待放在家访中，就会取得意想不到的效果。"通过此次家访，我意识到以下几点。

（1）学校与教师是教育的"主力军"，教师要主动作为，通过定期家长会、不定期家访等方式，引导家长树立正确的人才观和育儿观，形成家校合力。

（2）学校和家长必须破除"唯分数论"，注重学生的全面发展。

（3）家长要去除"教育焦虑"，与学校共同担负起对孩子全方位教育的职责。重视对孩子的陪伴，倾听孩子的心声，关心孩子的生活和身心健康。

璟雯的故事虽已告一段落，但我深知，十年树木，百年树人，尤其是"双减"后，教师、家长和学生都面临着更大的挑战，只有我们走进学生和家长的内心，形成家校合力，才能帮助家长减轻焦虑，帮助学生减轻学业负担，促进学生全面发展、健康成长！

【专家点评】

"双减"政策实施以后，有的家长高度认可，认为有益于学生身心健康发展，但

也有家长心存疑虑，认为学生负担减轻后，会影响学生学业成绩及未来发展。施老师所面对的就是后者。家长的观点也必然会影响孩子，因此，作为班主任，有必要通过家访这种面对面的沟通消除家长的疑虑，引导家长正确理解“双减”政策，并与学校达成共识、形成合力，促进学生全面发展、健康发展。

施老师的家访很好地注意到了以下两个方面，这两个方面也应是此类家访应遵循的原则与策略。

1. 对学生真诚的爱，是赢得家长信任的关键

发自内心地爱学生，是一切教育的前提，也是营造良好师生关系的基础。从家访过程可以看出，施老师是一位对学生充满爱心的教师。她敏感地发现了学生的细微变化，积极地走进学生家庭了解原因，专业智慧地给予方法指导和心理辅导。这些都必须建立在教师真正爱学生的这个基础之上。尤其可贵的是，施老师知道学生画国画的爱好，为她准备了颜料做礼物，学生主动跟着她学习书法，自己跟着学生学习国画。好一幕“教学相长”的温馨场景！

学生是敏感的，能感受到教师是不是真的爱他。家长也是敏感的，能感受到教师的家访是真心帮助孩子，还是只为了完成学校任务。我们必须带着十足的诚意与发自心底的爱，去对待学生、对待家访，才能真正获得家长的支持。

2. 对学生优点的关注，是打开家长心门的良方

无论是学生，还是家长，都希望被教师“看见”，看见他们的优点，看见他们的努力。这种看见是一种肯定，也是一种鼓励，还是一种对家长心理和行为的引导。施老师在家访中与家长交流时，多次对学生的优点进行表扬，这种做法有助于家长卸下心防，打开心门。当家长认为自己的孩子在教师心目中是优秀的、是有重要地位的，就会相信教师的家访目的是帮助孩子发展得更好。

需要注意的是，表扬学生的优点时，一定要具体，切忌泛泛而谈。空洞的表扬是廉价的，甚至会起到反作用。具体的表扬才是真诚的，才是有价值的。心理学的研究证明，如果我们希望一种行为能持续出现，就应该在这种行为出现时给予及时的肯定和鼓励。可见，对具体行为进行有针对性的表扬，才是家访时表扬学生的正确方法。

点评专家：郑红山

让我走进你的世界

向晓文

【家访起因】

孩子上学后，和父母相处的时间就会变得越来越少。白天父母忙于工作，孩子忙于学习；到了晚上，孩子在父母的催促声中写作业、吃饭、洗澡、睡觉，缺少温馨的亲子时光。就连周末，有些父母也常常要加班，孩子只能在家与玩具为伴。与社会接触少，缺乏父母高质量的陪伴，孩子很容易变得性格孤僻，不够自信大方。

我班的小泽就是一个性格孤僻的孩子，他是二年级时转过来的插班生，上课几乎从不主动举手回答问题，下课也不跟同学一起玩，常常一个人在座位上发呆，别的学生来找我聊天或者请教问题时，他也从不主动加入。这种状态，不仅影响了他的学习，也影响到了他的人际交往。

于是，我跟小泽妈妈进行了电话沟通，想了解他在家的表现，同时也把他在学校的情况如实相告，从而达成家校合作共育，共同帮助小泽尽快融入新环境、增强自信心。然而这次电话沟通并没有让小泽有明显的改变，他依然是那个沉默的小男孩。就在我为此而苦恼的时候，恰逢学校要求老师们进行登门家访。我想，这是一个好机会。于是，我再次主动跟小泽妈妈联系，征得她的同意以后，我决定登门家访，跟她面对面交流。

【家访计划】

家访准备：

（1）提前跟小泽妈妈联系，预约家访时间和地点。

（2）整理小泽在校情况，拟定家访时沟通的重点内容。

（3）给小泽准备一份有意义的礼物。

家访形式：

登门家访。

【家访实录】

一下车，我就看到小泽和妈妈站在小区门口，远远地朝我挥手。我赶紧跑过去，牵起小泽的手。母子二人局促又不失热情，一路带着我上了楼。进门的第一感觉是，房子不算太大，但收拾得特别干净整洁。刚一坐下，小泽就给我端来了一杯蜂蜜柠檬水，我尝了一口，笑着对他说："真甜，向老师最喜欢喝这个了。"小泽听了，脸上露出了羞涩又惊喜的笑容，我边喝边请他带我参观他的玩具房和书房。不一会儿，气氛渐渐轻松了起来。

这次，我跟小泽妈妈进行了长谈。原来小泽妈妈是外地人，半年前跟随小泽爸爸来到宜昌，在这边没有别的亲人，也没结交什么朋友，很少带小泽出去玩，日常生活就是"相夫教子"。小泽妈妈说，看着别人家的孩子都被教育得很好，她感到压力非常大，内心深处有一种强烈的自卑感和焦虑感。因为担心小泽学习上掉队，每天放学后，除了老师布置的作业，小泽妈妈还额外安排了不少练习题。为了让小泽安心学习，生活上的事情几乎都是妈妈来做，很少让小泽自己动手。爸爸平常工作很忙，周末经常加班，陪伴孩子的时间很少，脾气也比较急躁，对小泽批评责骂比较多，家里常常处于"低气压"状态。小泽平常在家也不愿意主动跟爸爸妈妈分享学校发生的事情，回到家做完作业，就自己默默地看书或者玩玩具，妈妈偶尔带他到小区楼下玩，他也不愿意跟别的孩子一起玩。

妈妈性格内向，爸爸工作繁忙；身处新环境中，缺少父母的高质量陪伴和正向鼓励；课余时间也被学习占据，缺乏自由和与他人交流的机会。我想我找到小泽内向、孤僻和不自信的原因了。父母对小泽的爱毋庸置疑，只是在方法上还需要适当调整。

我首先肯定了小泽爸爸妈妈对孩子的付出，然后真诚地跟小泽妈妈一起分析了小泽出现问题的原因。小泽妈妈着急的同时又有些无措，愁容满面地对我说道："向老师，听您这么一分析，我觉得确实是这样，我们做父母的，总想着尽最大努力给他提供更好的物质条件，一心盼着他能成才，却忽略了孩子的精神需求，很多事情的处理方法不对，这是我们的责任……"

听了这番话，我知道小泽妈妈目前最需要的就是一些可行的教育策略。于是，针对小泽目前存在的问题，我给出了一些建议。

（1）爸爸妈妈学会放手，多给他成长的机会，循序渐进地接触同龄人，创造包容的环境，遇到问题让他尝试着自己去沟通解决。

（2）尽量多一些温馨的亲子时光，比如和孩子一起做家务、节假日一起出去亲近大自然等。

（3）合理安排课余时间，每天放学后，减少额外的作业，让他有自由的时间，毕竟他还只是个上二年级的小娃娃。

（4）爸爸妈妈对小泽多一些鼓励和表扬，多对他表达爱意和肯定，让他有足够的安全感。

听完我给的建议，小泽妈妈沉默了一会儿，舒了一口气，轻轻地说了句“谢谢”，然后忽然红了眼眶。她说在教育孩子的道路上，她有很多困惑，今天我这次家访，让她有了方向。可爱的小泽，看到妈妈流眼泪，默默地拿了纸巾递过来。对他，我没有提任何的要求和期许，只是微笑着告诉他：“你身上有很多很多优点，比如爱阅读、懂礼貌、会收纳……老师们和同学们都特别喜欢你，很愿意跟你做朋友。”

不知不觉，一个小时过去了，我拿出了给小泽准备的礼物——一张我课间“偷拍”的照片，照片里的小泽正在跟同桌一起玩游戏，笑容甜甜的。我发现小泽看到照片的那一瞬间，眼睛里有星星。我想，这一次的家访很值得。

【家访效果】

家长的改进：小泽父母根据我的建议，合理安排了小泽的课余生活，减少了额外布置的作业，抽时间陪他一起运动、阅读、做家务等。周末只要有时间，一家三口就一起去郊游、参加各种环保或者敬老相关的公益活动等。小泽告诉我，现在家里总是充满了欢声笑语，爸爸妈妈成了他的好朋友，他特别开心。

教师的关注：上课时，即使他没有举手，我也会时不时地邀请他回答一些简单的问题，鼓励他开口表达，并及时表扬；下课后，当别的学生来跟我互动时，我会主动喊他过来加入我们；开展班级活动时，我会给他安排一些力所能及的小任务等。同时，我也持续跟家长保持联系，经常跟他们分享小泽在学校的点滴进步，积极推进家校沟通。

同学的帮助：班级里其他的学生在我的引导下，时常主动邀请小泽一起玩，在小泽遇到困难时，也愿意主动伸出援手。

在父母、老师和同学们的帮助下，小泽逐渐变得阳光自信了，能够跟同学们打成一片，还交到了几个特别要好的朋友。他特别信任我，经常一下课就来跟我分享各种有趣的事情。学习上也取得了不小的进步，二年级下学期，他凭借自己的努力当上了数学课代表。有些“社恐”的小泽妈妈，也逐渐成了咱们班的头号“粉丝”，

不管什么活动，只要需要家长支持和参与的，她总是第一个报名。特别让我受宠若惊的是，每一次放学接孩子，她都会很真诚地给我鞠一躬，着实让我觉得有点惶恐，但感受到她对我的肯定，我也很开心。

【后续跟进】

不知不觉，小泽到了儿童成长的一个关键时期——三、四年级。这个年龄段的孩子，处于“难以引导期”，开始意识到“自己”，思维方式也慢慢朝着抽象思维过渡，小泽人生中的“小小叛逆期”到了。为了让小泽顺利地度过这个时期，我跟小泽妈妈通过“微信”、电话等方式保持着沟通，中途还进行过一次登门回访。就这样，在家长和教师的共同帮助下，小泽平稳度过了这个特殊的时期，又变回了原来那个闪闪发光的少年郎。我、小泽以及小泽妈妈之间的默契和信任感更强了。

【家访反思】

家访是促进学生健康发展的必要手段，是实现学校、家庭教育共同发力的必要条件。作为教师，我们应该带着爱和包容，持续关注和跟进学生情况。通过反思对小泽的家访以及后续的跟踪交流，我有四点收获。

（1）家访时，教师要针对学生存在的问题和家长的诉求，给予家长可操作性强、目标明确的方法指导。每个孩子都是一朵独一无二的玫瑰，我们应该尊重孩子的个体差异，根据每个孩子的实际情况，给家长提供有针对性的指导。

（2）不同类型的家庭，有着不同的家庭教育方式，原生家庭对孩子的影响是巨大的。通过家访，我们正好可以了解学生的家庭教育情况，根据不同的家庭情况，探索科学合理的家校共育措施。

（3）家访是具有“有效期”的，无法达到一劳永逸的效果。学生在不同的成长阶段具有不一样的特征，一次家访并不能解决所有的问题，因此，家访不应该局限于某段时间，而应该贯穿于整个教育阶段。

（4）家访形式是可以多样化的。在信息技术如此发达的今天，除了传统的登门家访，还可以根据实际情况和家长意愿，通过“微信”、电话等方式来进行。在跟家长之间还没有建立起足够的信任等的特殊时期，家访就可以采用这些快捷高效的方式。只要最终能达到家访的目的，形式没那么重要。

著名教育家苏霍姆林斯基曾经指出：“两个教育者——学校和家庭，不仅要一致行动，要向孩子提出同样的要求，而且要志同道合，抱着一致的信念，始终从同一原则出发，无论在教育的目的上、过程上，还是形式上，都不要发生分歧。”实现家校共育，核心是“共”，目的是“育”。我想，家访就是一个很好的促进家校共育的方式。通过家访，我们既能更深入地走进学生真实的世界，了解他们的成长环境，也能促进家校沟通，形成家校合力。学生、家、校一起努力，这样才能让学校教育锦上添花，最终实现教育的目标。

【专家点评】

家访最大的价值就在于形成家校合力，为学生的成长创造更好的环境。面对小泽这样一个性格孤僻的孩子，向老师带着真诚的爱，想走进他的心中，最终发现问题的症结在于小泽的原生家庭。通过家访巧解心结，向老师的家访生效了。

在对特殊学生进行家访时，向老师有两点做得很好，也应成为对这一类学生家访时的原则与策略。

1. 提供具体且有效的方法指导，是为学生创造良好环境的关键

家访的重要目的之一，是更新家长的教育观念，帮助家长解决问题，提升家长的亲子教育能力。因此，借家访契机，给家长以具体的指导，是形成家校合力的重要策略，更是为学生创造良好成长环境的关键。

家访中，小泽的妈妈对小泽的现状缺乏清醒的认识，也不清楚自己的做法究竟有什么问题。越是面对这样的家长，越不能只讲大道理，因为只讲道理无法改变现状和解决问题。这时，家长最需要的，是具体的方法、有效的指导。从这个案例可以看出，向老师给家长提供的方法是具体的、措施是有效的、效果是明显的。

家长们需要的，正是这样的家访。如果仅仅把家访理解为简单的看望学生和了解家庭环境，而不对家长进行具体的指导，家访的价值就大打折扣。毕竟，我们所倡导和希望的，是能解决问题和提升教育效果的家访。

2. 坚持长期且细致的跟进指导，是家访取得切实效果的保障

如果一次家访就能改变一个学生或一个家庭，那么这种家访的真实性是存疑的。教育，从来就是一项需要长期坚持的事业，“毕其功于一役”在教育中是不存在的。家访作为家校沟通的重要方式，也应该有长期坚持的信念。

从案例中可以看出，尽管向老师详细记录的登门家访只有一次，但这次家访前与家访后，向老师都和小泽妈妈保持着良好的沟通。也唯有这样持续的沟通和改进，小泽才会有更好的变化与成长。家长们并不排斥家访，他们排斥的是走马观花、完成任务式的家访，而这种持续跟进式的家访一定能得到家长的真心认同。当然，教师所花费的时间与精力肯定会更多，但为了学生，这一切都是值得的。

综观整个案例，也还有一些地方需要明晰和优化。例如，在案例中，小泽的父亲始终没有出现，家庭教育中父亲的缺位也是需要我们关注的问题。又如，在家访后，小泽的转化十分顺利，这可能是作者为了节省篇幅而有意忽略了小泽的转化过程，然而，家访后小泽的变化过程恰恰是很重要的内容，如果这方面的内容更丰满，或许这个家访案例会更有价值。

点评专家：郑红山

初中篇

因普职分流，初中毕业的孩子首次面临了人生的关键选择。因而，在初中学习生活中，部分家长片面追求孩子成绩的高分数又不尊重学习规律，盲目增加孩子学习负担，使自己和孩子处于过度焦虑的状态。家长要正确认识初中阶段的学习特点，孩子要正确认识自我，合理规划未来，这是孩子和家长需要共同面对的人生课题。初中阶段的学生已进入青春期，情绪波动大，敏感易怒，容易产生挫败感，情感内隐，易与家长产生冲突，亲子矛盾逐渐增多。故而，学生行为偏差、厌学、早恋、网瘾、心理异常等成为初中教师家访的主要原因；对青春期学生的疏导与陪伴，成为需要教师和家长共同解决的难题。

将严管厚爱进行到“家”
——对留守儿童的进阶式家访

周业琳

【家访起因】

黄欣（为保护学生隐私，文中姓名是化名）同学是留守儿童，每天沉默寡言，不大与周围的同学交流，学习基础不牢固，纪律意识淡薄，脾气暴躁，出口成“脏”，生活、学习上稍有不顺，就反应过激甚至大打出手。针对这些问题，我对他进行了批评教育，但他不认为自己骂人是错误行为，甚至对我的严格管教产生了对立和抵触情绪。

【家访初阶】

引导家长，教化孩子。

【家访计划】

家访准备：

（1）事先和学生交流，了解家长的教育方式，尤其是学生犯错后家长的处理方式。

（2）理清家访的交流思路、策略和方式。

家访形式：

电话家访（试探性家访）。

家访目标：

（1）反馈学生在校情况，了解家长的反应，弄清楚家庭教育的常态。

（2）探寻学生产生问题的根源，初步引导家长改变家庭教育的观念和方式。

（3）探究改变学生的方法，与家长初步达成共识，促进家校合力形成。

【家访实录】

教师：你好，请问是黄欣的爸爸吗？我是黄欣的班主任周老师。

家长：是的，周老师，你好！

教师：今天打电话是有事要向你反馈：今天下午体育活动，黄欣和高年级学生在打篮球时发生了肢体碰撞，双方各执一词，但由于黄欣骂人，引起对方不满，对方推了一下黄欣的肩膀，两个人就因此打起来了。幸亏老师和同学们及时把他们拉开，两个人身体都没有受伤……（被打断）

家长：（情绪很激动）这个孩子就是不省心，尽找麻烦。这还得了，还在学校打起架来。老师，我现在在外地，等我回来，教训他。

教师：请家长不要激动，我打电话给你，主要是反馈孩子在校情况，作为家长，你应该知晓。作为老师，我希望我们能以此为契机，一起对孩子进行教育和引导。

家长：我要教育的，我回宜昌后就教训他，看他还敢不敢骂人、打架。

教师：我说的教育，不是去指责他，甚至打他、骂他，今天你能通过打骂的方式暂时制止他打架、骂人的行为，待他身强力壮时，你的打骂还起作用吗？

家长：老师，我是个粗人，也不懂什么教育。儿子就是要打，打得他怕，不敢再犯错。

教师：你知道为什么黄欣与他人发生矛盾冲突时，喜欢打架、骂人吗？

家长：我哪里知道他在哪里学的，这么喜欢打架、骂人？

教师：你习惯用打骂的方式使他怕你，来解决遇到的问题，久而久之，当他与同学发生争执时，他就认为他打骂别人，别人也会怕他，学会了以你的方式来平息事件。所以，孩子采取偏激的行为来解决问题，说到底，是你的影响！

家长：（沉默了）……

教师：我今天给你打电话，不是因为孩子犯错了向你告状，给你添堵，而是因为孩子以暴制暴的行为可能是受你长期的影响所致（笑着说），所以要达到改变孩子的目的，首先需要你作出改变。而且，我发现你在孩子心中的很有威信，你是他崇拜的爸爸，所以，我想请你配合我对孩子进行教育引导。

家长：我也不懂教育，老师，你说我该怎么做吧。

教师：你现在在外地，不能和孩子当面交流，但教育讲究即时性，所以今天晚上请你通过电话和他沟通这件事情。需要特别强调的是，你不能发脾气。可以问问他为什么会骂人，怎么看待骂人，给他讲讲因为骂人可能引发的悲剧和后果，让他自

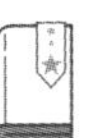

己去思考骂人的坏处。

家长：好的，我尽量去做，也请老师多帮助他。

老师：我会利用班会、晨会、夕会的时间增强学生的行为规范意识，我会关注黄欣的变化，我们一起为孩子的成长助力。

【家访效果】

这次电话家访后，经过半个月的观察，我发现黄欣在公共场合的言行有所改善，他尽量克制自己，不去出口成“脏”，尽量控制自己的情绪。但据同学反映，私下他仍有骂人的行为，我意识到他还没有形成自我约束的意识。于是我决定登门家访，看看他的家庭环境和放学后的生活状态，探寻激发孩子自我约束意识的方式。

【家访进阶】

与爱同行，感化学生。

【家访计划】

家访准备：

（1）准备学生喜欢的牛奶和水果。

（2）和学生商量，确定合适的家访时间。

家访形式：

登门家访。

家访目标：

（1）深入了解学生的成长环境。

（2）用行动关心学生，让学生从心里接纳我，用真切的爱来唤醒和激发学生的自我约束力。

【家访实录】（片段）

一个周三的下午，放学后，我来到黄欣的租住屋，推开门，一股刺鼻的味道扑面而来。家里没有开灯，黑漆漆的一片，妹妹在窗边坐着，正借着窗外透进的微弱的光，百无聊赖地摆弄着什么。黄欣赶紧打开了家里唯一的一盏白炽灯。白炽灯用纸罩着，纸已经泛黄，灯光很弱。昏黄的灯光让我看清了整个家的情况：这是一个仅10平方米左右的单间，窗户非常小，靠窗处有一张单人床，就是妹妹的床。床的上面有一个阁楼，那是黄欣住的地方。用纸罩住的白炽灯下，摆着一张既是饭桌又是写字桌的凳子。另一张简易的桌子上放着一个单灶，灶台下放着一个煤气罐……

在和黄欣的交谈中，我得知，为了生计，妈妈去了广东打工，爸爸原先也在外地打工，考虑到两个孩子需要照顾，所以就近在龙泉做粉刷工作。即便只有四十分钟的车程，他也是半个月才能回家一次。所以平时黄欣就是“家长”，每天他回家先得给妹妹做饭，然后才能开始写作业。聊着聊着，外面天色渐晚，我“协助”黄欣一起做起了晚饭，看着他娴熟的炒菜动作，我心里涌起一种难言的酸楚。

黄欣的爸爸听说我来家访，特意坐车赶回来了。他一进家门，便急切地问我，孩子是不是又在学校惹麻烦了。我忙向他解释，黄欣在学校表现大有进步，我这次家访是来奖励他的。黄欣父亲有点局促，看到我送的牛奶和水果后，连忙从裤袋里掏出皱巴巴的纸币，要给我钱。我婉拒了，说这是给黄欣的进步奖励，其他有进步的学生也有。他这才放心下来。我和黄爸爸站在门外交谈了一会儿，了解到黄爸爸的工作属于高危性质，工作十分艰辛。而短暂的交谈也因为他急着赶回工作地而不得不中止了。爸爸离开后，我告诉黄欣，爸爸今天的来去匆匆，足以证明他在爸爸心里是举足轻重的。爸爸非常不容易，黄欣要做好自己，不给爸爸添乱，让爸爸安心地工作。临走时，我希望黄欣能去爸爸工作的地方看看，黄欣点了点头。

三天后，黄欣利用周末时间去看望了爸爸，看爸爸在一百多米高的楼上做粉刷工作。之后，他打电话告诉我：“我看着觉得好害怕，双腿不停地颤抖……”听着他的叙述，电话这端的我期盼着这一次的体验会让黄欣作出彻底的改变。

【家访效果】

这次登门家访后，我及时将黄欣的经济情况反馈至学校，学校领导给黄欣申请了生活补助。同时，我和班干部一起带动全班同学在保护黄欣自尊心的前提下，给黄欣提供力所能及的帮助，如送他文具、图书、排球等。当黄欣感受到大家对他的关爱后，他变得能够理解老师、理解父亲对他的严格管教了；变得能够主动承认自己的问题，改正自己的缺点了；变得能和同学们友好相处，甚至经常主动帮助同学了。现在的他不再需要老师的约束、父亲的叮嘱，而是发自内心认识到应该做好自己，脸上时常洋溢着自信的微笑。

【家访反思】

留守儿童的第一监护人在外地工作，大多数情况下不在家，电话家访成为教师

和家长沟通的主要方式，方便、省时且实用。根据一开始的电话家访，我总结了以下几点注意事项。

（1）电话家访前应进行充分的准备。针对家长、学生的具体情况，要有明确的谈话目的，提前明晰谈什么、怎么谈。

（2）尊重家长是前提。对于存在问题的学生，要客观地反映其问题，从爱护学生的角度出发，帮助家长分析问题，争取家长的配合。

（3）及时沟通。若学生在校期间出现问题，教师要善抓时机，及时进行电话家访，避免陷入被动。

（4）善于倾听。电话家访“只闻其声，不见其人”，因此，要注意倾听家长反馈的信息，以便明晰家长的态度，及时调整自己的工作思路。

（5）专业指导。如果家长对孩子有沮丧的心情，教师要设身处地帮助家长分析问题的症结所在，共同研究教育学生的内容和方法，让家长的心绪稳定，形成合力；如果和家长在教育问题上出现分歧，应用商讨的方式让沟通有效。

（6）切忌指责。家访的目的是关心、转化、教育学生。对学生的行为，我们要严格管教，但不能因为学生错误的行为而向家长告状，指责家长的教育，形成家校对立的局面，导致家校不能形成合力。引导家长指责学生，非但不能解决问题，学生还会排斥教师，给后期工作造成障碍。

之后的登门家访让我真正看到了黄欣的“另一面”。在校的黄欣是不断给教师惹事的“毛孩子”，在家的他却是一个懂事得让人心疼的“大哥哥”。当我和黄欣一起走在回家的路上时，我放下老师的架子，轻松的气氛在悄无声息地蔓延，看着黄欣做饭，我眼里的欣赏肆意流淌时，别样的关爱已叩开了他的心门。

我认为，登门家访，有以下几点注意事项。

（1）一定要事先征得学生和家长的同意，家访时进入各个房间也要征得学生和家长的同意。

（2）不一定都要带上礼物，但一定要带上对学生的关爱之情。

（3）时间不宜过长，四十分钟左右为宜。

（4）教师需放下“教育者权威”的架子，注意要和家长、学生进行平等的互动，这样才能走近家长，走近学生。

【专家点评】

周老师讲述的这个案例是针对留守儿童的。纵观黄欣的成长过程，因为父母亲长期不在身边，所以行为上缺乏自律、思想上缺少约束、生活中缺乏关爱、学习上缺少指导、心理上缺乏安全感。岂止黄欣，几乎所有的留守儿童都存在类似的问题。教师在面对这个特殊群体时，除了在校期间对他们多关心、关注外，还可以利用电话家访、“云家访（‘钉钉’‘微信’等线上方式）”、登门家访等形式，探寻育人的切入点和突破口。

看了周老师进阶式家访的案例，我觉得对留守儿童的家访可以在“清”“情”“亲”三个字上下功夫。“清”，是指情况要清楚。包含有两个方面的要求：一是对学生的家庭情况要了解清楚，建立谈话的基础；二是清楚家访的目标，了解学生在校的各种表现，值得表扬的行为要重点关注，准备好和家长交流的详细内容，有条有理，有的放矢。“情”，指家访时对学生的评价合情合理，但对留守儿童来说，不仅要合情合理，更要有关爱之情。留守儿童缺少亲情、缺少关爱，所以关爱是教育的前提，更是对留守儿童开展家访的必备条件。“亲”，是指用亲切的语气和家长、学生进行心灵间的对话。因为留守儿童对家访更多的是担心和害怕，所以我们和家长交谈时，实事求是的同时更需要轻言细语，让学生和家长切实感受到诚心和善意，这样才能走近学生，给学生内在的精神力量。

在“双减”和《家庭教育促进法》正式实施的背景下，面对留守儿童这个群体，我们要如周老师这样，将严管厚爱进行到“家”。

点评专家：付蓉

请把这支口哨挂在胸前

——对青春期学生的家访

张书萍

【家访起因】

小杰同学的学科发展极不均衡，数学成绩拔尖，但语文、英语成绩不够理想。语文老师向我反馈说小杰语文课上偷偷做数学题，我也发现他在英语课上眼神有些涣散，对英语提不起兴趣。这两天，小杰妈妈在“钉钉”上给我发了好几条消息。其中一条说，发现孩子对语文和英语作业有些敷衍，布置的读背内容都不落实，稍稍督促他一下，他就将房门紧锁，不让父母进去。另一条说小杰父母早晨提醒他天冷加衣，小杰不愿意，双方意见不一，起了争执，小杰表现得很不耐烦，说出的话也让父母伤心。

小杰父母都是从重庆来宜昌务工的农民工，小杰是家里的幺儿，两个姐姐都已经成年成家。目前父母年龄渐渐大了，生活压力加大，更不幸的是父母在这几年里都因罹患重病而做了大型手术，导致家庭经济窘迫。青春期的小杰，情绪不稳定，言语上对年迈的父母时有顶撞，亲子关系紧张，让这个充满压力的家庭雪上加霜。

【家访计划】

家访准备：

（1）为了更充分地了解小杰，我找到小杰的语文老师，查看了他的周记本和作文本。

（2）通过与小杰母亲电话沟通，了解到小杰父母经常以语言对小杰施压，导致小杰逆反心理严重。

（3）准备一个口哨。

（4）确定沟通流程，拟定家访大纲。

家访形式：

登门家访。

家访目标：

（1）了解学生的家庭生活环境，给予力所能及的帮助。

（2）分析学生出现问题的缘由，指导家长掌握正确的家庭教育理念和方法。

（3）引导学生重视各学科的均衡发展，逐步提升学业水平；学会纾解与释放情绪，改善与父母的关系。

【家访实录】

教师：小杰妈妈，你好！哎，小杰也在家呢？

家长：张老师好，张老师好！快请坐，小杰，快给张老师倒茶，我给老师拿水果。

教师：不用客气，小杰妈妈，来，我们一起坐下聊聊。小杰，你可以出去玩会儿篮球，等会儿再进来一起聊吧。（小杰拿着篮球到屋外玩去了）

家长：感谢张老师把我们小杰放在心上，我和他爸爸都老了，没有什么文化，也不知道怎么教育孩子，感谢您亲自来家里看我们孩子。

教师：小杰妈妈，您别客气，我们也是希望孩子越来越好。您先谈谈孩子在家里的情况吧！

家长：这个孩子这段时间不知道怎么回事，说话做事总是不耐烦，做语文、英语作业感觉是为了交差，就是做数学作业时很有兴趣。这些天呢，我和他爸爸多提醒他几句，他就不耐烦，要么和我们顶嘴，要么就进自己房间，把门一摔，把自己锁在屋里，也不知道在干什么！唉，张老师，他以前蛮懂事听话的，您看我和他爸爸都是得过重病的人，家里平时的一些家务像洗碗、扫地、洗衣服、叠衣服，他都能帮我们做，还是知道心疼我和他爸爸的。

教师：确实，孩子还是蛮懂事的，知道心疼父母。你说小杰经常不耐烦，你们平时都是怎么跟他说话的？

家长：还能怎么说？就是跟平常一样，催他快点做事，不要拖拖拉拉的，早点完成早点休息。这孩子以前都还听我们的，自从进入初中后，就开始不听我们的了，我们一说他就烦，搞得现在说不得碰不得。说了不听，我们也蛮着急，不知道该怎么办了。

教师：孩子进入初中后，也开始进入青春期了，因为激素分泌旺盛，导致孩子的情绪也像过山车一样，起伏不定；加上年纪小，控制自己情绪的能力不强，所以会出现情绪反复无常，让人捉摸不透的情况。小杰现在就处于这个阶段。

家长：老师你说得很对，我和他爸爸现在说话都不知道该怎么说，生怕说错了话惹孩子不高兴，家里气氛又紧张了。这青春期什么时候才能结束啊？

教师：小杰的青春期才刚刚开始，每个孩子青春期持续的时间都不一样。进入青春期，说明孩子正在长大，这是好事，不是什么洪水猛兽，我们做家长的，要想在这个阶段与孩子和平相处，那还真得下点功夫。孩子逐渐长大，他需要得到你们的尊重和理解，所以说话时，那种教训式的口吻一定要改变，要尝试用商量和征询孩子意见的口吻与孩子交流。孩子如果没有在你预计的时间内完成作业，你们要耐心地询问是不是遇到困难了，可以给孩子出主意来解决问题，千万不要不问缘由就劈头盖脸批评孩子！教育孩子是一项技术活儿，孩子在不断成长，家长在教育上要和孩子一起成长。同时，如果与孩子的交流出现问题，也要主动找我或者科任老师一起来解决问题，切记不要打骂孩子，这样只会适得其反。

家长：好的好的，张老师，您说的我们都记住了。

教师：这样，我来检查一下小杰的作业，再跟他聊聊。

（小杰打球回来，带着老师一起去他的卧室，在书桌前坐下。老师边检查作业边与小杰聊天。）

教师：小杰，数学作业做完没？

小杰：早做完了，我一回家就先完成了数学作业！

教师：我就知道你脑瓜子聪明，数学课上又认真听讲，积极发言，所以数学作业对你来说不在话下，对不对？

小杰：是的，老师，我挺喜欢数学的。

教师：那你觉得语文和英语比数学还难吗？

小杰：这个，怎么说呢，语文和英语要记背的内容太多了，而且动不动就要理解，文科好烦琐。

教师：不错哟，你一下子就说出了文科的特点，说明你思考理解能力不差！那我问你，你想不想数学成绩一直很好？

小杰：那肯定呀，这是我的强项呀！

教师：数学试卷后面的三大题是不是都是文字叙述的？

小杰：是呀！

教师：如果你文字理解能力不强，会不会影响你理解数学题目？

小杰：（陷入思考）多少应该会吧……

教师：小杰，我跟你说，这不是多少的问题，如果你文科成绩不好，会直接影响你的数学成绩，到了八、九年级还有物理、化学，学不好文科，肯定会影响你理科成绩的，学科之间都是相辅相成的。

小杰：（面露难色）那……

教师：张老师当了这么多年班主任，还没有发现哪个理科成绩好的学生学不好文科的，除非他自己不愿意学好！

（小杰不好意思地笑了。）

教师：这样，你不是想加入学校的篮球队吗？我跟教练说了你的情况，说你篮球基本功不错，教练要你先去试试！

小杰：（满脸兴奋）老师，真的吗？那太好了！

教师：老师说的还能有假？你看，这是我送给你的礼物—— 一支口哨，上学时你就把它挂在胸前，早晨离家早，路上黑，看不清，你就一路吹口哨，这样要是有人迎面走来，也不会撞着你了。你练篮球的时候，也用得上。

小杰：（开心地接过口哨）谢谢老师！

教师：不能光谢谢我，我有个条件，看你能不能做到！

小杰：什么条件？您说，我不知道我做不做得到。

教师：你肯定能做到。每天在学校，利用课余时间去找一次语文老师。至于找语文老师干什么，就凭你这聪明脑袋，应该明白吧？

小杰：哦，老师，我明白了，你要我每天去问语文老师题目，让她帮我学习语文？

教师：当然啦，不仅仅要问语文老师题目，还要问语文老师怎样学好语文！我已经跟语文老师打好招呼了，语文老师说随时欢迎你去找她！你觉得这是不是一个好办法？

小杰：谢谢老师，我一定好好学习语文！

教师：你先把语文成绩赶上来，语文成绩赶上来了，英语是我教的，你只要做到课堂上认真听讲、作业认真做，不懂常问我，我保证这学期结束，你的语数外成绩全部上新台阶！你有没有信心试试？

小杰：老师，我有！我愿意去试一下！

教师：那我们就这样说定了！对了，还有一件事要叮嘱你一下：你爸妈现在进入更年期了，加上他们身体不好，如果平时工作劳累，会导致他们情绪不稳定。如果他们跟你交流时，语气不是很好，你当时就深吸一口气，心里默数 5 个数，让自己平静下来，不跟他们争执。你爸妈看到你都能控制自己的情绪了，肯定会向你学习的。怎么样？愿意试一试吗？

小杰：老师，他们是我的爸妈，我不会惹他们生气的，我记住了！

教师：太好啦！那我就回家咯！

【家访效果】

这次家访应该是我进行得最成功的一次家访。家访过后，小杰妈妈一直积极与我在“钉钉”上交流互动，我们一起交流小杰在家里和学校的变化和进步，小杰妈妈在家里遇到与小杰沟通有问题，总是第一时间向我请教。在学校里，我鼓励小杰加入了学校篮球队，平时督促他积极默写英语单词、语文古诗词，并引导他持之以恒。之后的英语测验，他的成绩提升了。这些小进步还需要日复一日的坚持去巩固，我也惊喜地发现，小杰在坚持做这些事情的过程中，少了一些着急和焦虑，多了一些稳重和平和。

【家访反思】

家访是一个系统工作，走进学生家中只是其中一个环节。仅靠走进学生家中来改变学生，太难了。在家访后，我和小杰父母的经常沟通交流，家校双方平时对小杰的学习、生活方面的关注以及长期引导，才是促使小杰发生彻底改变的主要原因。这也进一步证明了一次成功的家访的关键不在家访当时，而在家访之后产生的效果。

通过家访畅通渠道，建立良好的家校联系后，学校与家庭教育更有时效性、针对性、目标要求更一致。小杰在第一次家访后的一系列正面成长，其原因除了小杰本身积极向上的系列行动外，更重要的是家长与教师双方在家访后进行的系列相得益彰的教育行为，三者的努力缺一不可。由此可见，家校合作育人有其独特的作用，教师要了解学生在家庭中的表现及对待父母的态度等，以便有针对性地对学生展开思想教育工作。家长也想要了解孩子在学校的表现，想知道学校是怎样开展工作的。

【专家点评】

青春期以叛逆为特征，更年期以躁动为特征，当青春期遇上更年期，如果处理不好，就会“战争”不断。在本案例中，面对这样的情况，张老师基于对学生的需求和存在的问题的充分了解，送给学生最需要的爱，并带给学生启发和力量，巧妙地化解了难题。张老师自己也说“这次家访应该是我进行得最成功的一次家访”，那这次成功的家访，可以给我们哪些启示呢？

第一，与家长交流时，要想获得他们的高度信任与配合，就得设身处地地站在家长的角度考虑问题，与他们建立“统一战线”，表达共同的期待。本案例中，在与家长交流之初张老师就明确表示，因为认可孩子潜力，期待他向好发展，所以才有此行。相信这样的期待也一定能打动家长，快速拉近家长与教师的距离，统一目标，形成合力。

第二，在与学生的交流中，要激发学生的自我要求和自主表达。语文、英语的重要性及对其他学科的影响，如果教师以说教的方式向小杰传达，并不一定能获得小杰真正的认可。张老师通过几个问题，循循善诱，巧妙地引导小杰自己意识到并说出来，效果就好很多。因为小杰占据了主导地位，拥有了主动权，进行了主动选择，就是一次自主学习内驱力的唤醒，其产生的教育效果更有效也更持久。同时，教师给出了具体可行的建议，张老师在和小杰交谈的最后，提出了这样两条可行的建议：每天找一次语文老师；英语课认真听讲、作业认真完成。建议不在多，可行最重要，因为只有能达成的要求才有意义。对于小杰而言，哪怕只做到这两点，只要持之以恒，一定会行之有效。除了学业指导，张老师还教了小杰调控情绪的方法，这个方法简单可行，相信无论在亲子关系上还是与其他人的交往中都能对他有帮助。

点评专家：付蓉

樱花树下的约定
——对早恋学生的家校合作教育

覃立君

【家访起因】

最近这几周，多位科任老师反映小玉同学上课注意力不集中，家庭作业的质量差。

周三的自习课时，同学们都安静地埋头做题，小玉有些“格格不入”，她并没有专注地写作业，而是在课桌里窸窸窣窣地找东西，翻找了许久，掏出一叠粉红色的便利贴。

只见她小心地展开便利贴，时而望望窗外、神情凝重，时而含笑抿唇、忍俊不禁。高马尾上那只硕大的红蝴蝶结，也跟着一起一落。终于，她开始动笔了。小玉的一张便利贴上密密麻麻地写满了字，快要写完时，我从她身侧经过，她竟丝毫未觉察。我用余光瞥见了便利贴上的一行字：我是学渣。这深深地刺痛了我。

下课后，我与其他同学聊天，了解小玉同学最近的情况。结合最近各位科任老师关于小玉的课堂表现和作业质量的反馈，我心中有数了。

【家访初阶】

引导学生走出早恋的泥潭，指导家长如何与青春期的孩子相处。

【家访计划】

家访准备：

（1）和学生交流，了解学生早恋的原因，了解进入青春期以后家长和孩子的相处方式。

（2）尊重学生，理清家访思路及与家长的谈话重点。

家访形式：

登门家访。

家访目标：

（1）了解亲子关系状况。

（2）指导家长如何与青春期孩子沟通，如何关心青春期孩子的心理健康，使家长和孩子之间心灵相通，互信互谅。

【家访前的准备】

课外活动时间，我找小玉谈话。为了减轻她的心理压力，我特意把谈话地点选在操场上。

此时，正是阳春三月，也是樱花烂漫的季节。校园里，白白的、粉粉的樱花，开得那样坦诚、热烈。

她果然有些忐忑不安，一脸疑惑。我微笑着问："老师发现你最近上课的状态不是很好，是不是家里出了什么事？还是进入八年级下学期，课程太难，学起来吃力？"

她不禁红起脸来，低下了头。

我温和地说："没关系，你有什么事就说出来，老师帮你一起想办法解决。"

沉默了片刻，她终于开口了，说："覃老师，我家里很好，我也没什么事，只是总会莫名其妙地烦恼。加上这学期理科的难度增加了，地理、生物还要会考，学校生活又枯燥无味，我的情绪总处于低落状态。而我的爸爸妈妈工作又太忙，根本没有时间陪伴我、开导我。"

"哦，原来是这样。你这个年龄的学生，情绪一般都比较敏感，出现许多情感上的困惑，也是正常现象。这样吧，你父母太忙，以后有什么不愉快的事，就找老师谈吧！如果你有什么秘密，也可以告诉老师，老师保证不会告诉任何人。"

小玉见我态度诚恳，毫无恶意，卸下了防备："老师，我喜欢上了外班的一个男生，你会认为我是个坏学生吗？"

我的心里"咯噔"了一下："难道真是我想的那样吗？"但我尽量表现得自然。

"怎么会？在老师心中，你永远是个好学生。初恋是人生中最美丽的感情之花，无论它开在什么时候都值得珍惜。"我不动声色地试探地问道，"可以告诉我，你为什么喜欢他吗？"

"他成绩很好，幽默风趣，特别懂我，和他在一起时我什么烦心事都不用去想，而且我们有聊不完的话。"小玉羞涩地回答。

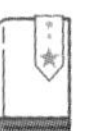

“嗯，的确是个优秀的男孩。但是你知道吗，要想让对方也欣赏自己，就必须让自己变得更出色！”我开始引导她。

“老师，我知道自己最近的表现让你失望了，但我会努力从各方面严格要求自己的。”小玉能这么想，事情就好办了，我肯定地点了点头。

学生的心思像一本书，需要老师用心去领悟才能读懂。当我们发现学生有早恋倾向时，只有采取理解的态度，尊重学生、走近学生、理解学生，善待学生最圣洁最珍贵的情感，同时为学生保守秘密，他们才会向我们敞开紧闭的心扉。如果一味指责，或将之公之于众，或向家长告状，都可能会给学生的心理带来伤害，甚至会毁了她的青春。

学生早恋，怎么解决？我认为需要家校协同教育。

下班后，我决定与小玉的家长进行一次交谈。

这次家访，小玉并不知道。我们交谈的地点在小玉家里。家访前，我给自己定了两个原则：一是不告状，不让家长认定她是早恋，我的目的只是了解小玉和父母的亲子关系；二是不兴师问罪，因为我的目的在于指导家长如何与孩子沟通，如何关心青春期孩子的心理健康，使家长和孩子之间心灵相通，互信互谅。

【家访实录】

教师：小玉妈妈，进入八年级以来，小玉晚上做作业做到什么时候啊？

家长：覃老师，我正要跟您讲呢，她最近做作业的时候特别喜欢拿我的手机，说要查资料，一查就是几个小时，还关着门，不让我们进去，我怀疑她在跟同学聊天。老师，你认为她有没有早恋？每次要她还手机都像要她的命啊，作业做完估计要到十二点了，说了也不听……

教师：拿手机的问题是要进行控制，不过，只通过这一点不能判定孩子一定是早恋。您平时陪她的时间多吗？

家长：唉，也是，我们平时太忙了，都是她自己管自己，周末也是这样，我和她爸爸都是打工人，哪有周末？只能靠她自己了。

教师：孩子成长过程中，不仅仅管吃管喝就行，还要关心她的思想和心理啊。

家长：让老师费心了，我这个姑娘就是贪玩，不听话，不懂事。

（爱抱怨恰好说明家长的教育能力有限。所以，这次家访我得督促家长好好学习，提高自己的教育力，只有家长改变了，孩子才能改变。）

教师：您家的宝贝在学校表现一直很优秀的，只是最近这段时间状态不是很好。

家长：老师，那您说该怎么办呢？这孩子还有救吗？

教师：青春期是孩子身体和心理发展最快的时期，这段时间孩子是很容易出现问题的。现在孩子暴露出了问题，正需要家庭和学校，需要您和我们一起来帮她走出迷途啊。青春期孩子最需要的是陪伴，家长跟孩子多聊天，聊她喜欢的话题，多听她的倾诉，才能走进她的内心。我给您推荐两本书，您可以跟小玉一起看，与孩子一起成长。一本是《妈妈送给青春期女儿的枕边书》，一本是《妈妈说给青春期女儿的悄悄话》。建议您这段时间晚上到校门口接孩子回家，一路上还可以一起聊聊学校生活。您做一些改变，我在学校也重点关注她，相信她一定会改变的。

【家访效果】

通过这次家访，我和家长都认识到了孩子的问题，也反思了背后的原因：孩子进入青春期，家长平时工作繁忙，根本没空关心她，也从未关注她的心理，因而引发了孩子的颓废和早恋倾向。每天晚上，孩子在书房学习，家长要么还在加班，要么就在客厅或看电视或刷短视频，家长与孩子之间没有深入的交流，也缺乏贴心的陪伴。

家访后，我遵守和小玉同学的约定，对于她早恋的问题，不说破、不纠缠、不批评，外松内紧，表面上维持风平浪静的局面，但暗中关注事态的发展，同时督促家长一定要多学习、多改变、多陪伴，经过一段时间的修正后再看效果。

【家访进阶】

关爱学生，展示进步。

【家访计划】

家访准备：

（1）全面了解学生这段时间的进步。

（2）和学生确定合适的家访时间。

家访形式：

登门家访。

家访目标：

（1）了解亲子关系的改善情况。

（2）汇报学生的成长情况，期待更好的未来。

【家访实录】

这次家访，小玉妈妈高兴地向我说了这段时间的改变和学习体会：“这段时间我和她爸爸听您的，晚上尽量少加班，只要孩子在家里都不许看电视、不许玩手机。孩子做作业，我们就在旁边看书，陪伴她。那两本书我反复看了，每天晚上睡觉前，我就陪小玉坐在床上边看边聊天。我发现，聊到孩子的私密问题时，千万不要觉得不好意思，要很自然地跟她聊，让孩子对自己的身体深入了解，并且知道如何去保护，去面对。这个时候的女儿，就像书里说的那样，像一只蚕蛹，破茧才能成蝶。”

小玉妈妈俨然一位育儿专家，已经在介绍育儿经验了。

“您发现小玉有没有变化呢？”

“有变化有变化，不那么依赖手机了，对我们不那么暴躁了，之前动不动就发脾气……”

“看来要让孩子改变，家长首先要彻底改变自己啊，要让孩子感受到家庭的温暖，这就要求家庭内部有良好的交流状态和氛围。同时，家长不把逐渐长大的孩子当成孩子，懂得尊重她，和她交朋友，无话不谈，家里大小事都可以和她商量，让她知道自己的重要性，孩子就能在家里感受到更多的爱，这样才能顺利地度过青春期。建议您腾出周末的时间，经常陪小玉出去走走，看看电影。”

当着小玉和父母的面，我把她最近的表现做了说明，及时表扬，也把父母的良苦用心告诉了她。希望她努力学习，做更好的自己，将来能够找到一份自己喜欢的工作，把工作变成事业，成家立业，拥有一个幸福美满的家庭，让父母放心。

【家访反思】

早恋的学生其实都是缺爱的孩子。抵抗早恋最有效果的武器就是家庭和亲情。所以，孩子进入青春期以后，家长一定要抽出时间多和孩子沟通聊天，融入孩子的生活。最好是同性家长与孩子多谈心，了解他们内心的真实想法。女生一旦早恋，父母一定要教一些必要的性知识，避免孩子受到伤害。当孩子出现早恋倾向时，也只有将家的温暖融入教育中，才能达到消除早恋存在土壤的目的，才能真正做到“标本兼治”。

在整个教育过程中，教师细心聆听，小心呵护，适时鼓励，尊重学生；父母用爱陪伴，默默改变，用心守护，感化孩子。家校携手，保驾护航，小玉同学终于回到纯真快乐、阳光开朗的样子。而小玉妈妈自始至终都不知道，曾经，她的女儿的确游离于家庭之外，行走在早恋边缘。

不是锤的打击，而是水的轻歌曼舞，使鹅卵石臻于完美。

【专家点评】

青春期学生早恋，是老师面对的最棘手的问题之一。

正视问题，把握尺度。发现学生有早恋迹象后，覃老师没有马上否定或指责这一行为，而是尊重小玉的感情，放下姿态，用心沟通，用恰当的语言给予正确的引导，促使学生打开心扉。这是解决问题的前提。

家校合力，恰当关注。每一个出现问题的学生的背后，一定有缺失的家庭教育。小玉的父母工作很忙，无暇顾及小玉；即使有时间，也可能是各干各的。孩子在家里得不到关爱，很容易倾向于从异性身上找慰藉。覃老师及时和家长沟通，提供解决问题的方法，双管齐下，力求最大程度地发挥教育的作用。

动态跟踪，后期管理。覃老师与家长长期保持联系，及时反馈成效，让学生在爱的包围下走出早恋泥潭，教育起到了较好的效果。

有一点值得思考，我们常常建议家长改变育儿方式，多学习。这固然是个好办法，但这是否适合所有的家长呢？小玉是幸运的，她的父母愿意放下手机看书学习。但是对于那些工作忙碌、疲于奔命、文化水平不高的家长，除了看书，还有没有更好的学习方式呢？这种家庭孩子的家庭教育如何开展，是全社会要长期关注、思考的问题。

点评专家：袁芳

孩子，追光的人生才精彩
——对性格需重塑学生的家访

田翠国

【家访背景】

2019 年 9 月，我担任了 706 班的班主任兼语文教师。这是学校和家长寄予厚望的一个班级，大家都希望孩子们成绩优异、全面发展、茁壮成长。

开学第一个月，我发现这个班的学生并不好管理，有许多学生个性鲜明，缺点明显。有的有“多动症”，一分钟也安静不下来；有的非常内向，上课从不举手发言，下课也不愿意与老师和同学交流；有的不爱学习，作业常常乱做或者不交……有一位 A 同学，行为举止更是非同一般……

家访片段一：“我偏不！”

【家访缘由】

开学不久，我就见识了 A 同学“非同一般”的调皮之处：军训第一天和别的同学打架，教官批评，他拒不认错，和教官对着干；上语文、数学、英语课的时候，能勉强安静听讲，上政治、美术课的时候，就“大闹”课堂，趁老师不注意朝全班同学做鬼脸、发出怪叫；大课间跑步时故意伸腿绊倒同学……对于他的各种错误，我都及时批评教育了，但收效甚微，过不了几天，他又会犯错。曾经教过他的一个老师说，他非常调皮，无法无天，经常和老师对着干。

他各种犯错，我各种批评，同学们嘴上不说，心里却暗暗觉得 A 同学很厉害，把老师折腾得“够呛”。

为了全面了解A同学的成长环境，探究他个性形成的原因，2019年10月18日，我走进了A同学的家，进行了第一次家访。

【家访初阶】

走进学生家庭，了解学生性格形成的家庭原因，以便在教育学生的时候有的放矢、对症下药。

【家访计划】

家访准备：

（1）心理准备：用班主任的力量帮学生改掉各种缺点，引导学生走上正确的人生之路。

（2）通过打电话与家长取得联系，选择家长都在家的时间去家访。

家访形式：

登门家访。

家访目标：

（1）了解亲子关系状况。

（2）引导学生正视自身缺点，找准方向，制订切实可行的成长目标。

【家访过程】

走进A同学家，发现他家条件挺不错：客厅、餐厅物件摆放整齐，干净明亮。通过交谈，我知道了A同学的家庭情况：在家，他是家里所有人的宠儿，又承担着光耀家族门楣的期望，所以父母对他是既溺爱又严格，吃的不少，打的不饶——当他做得好时就大加表扬、溺爱有加，做得不好时就痛打一顿。

得到这些信息，我对A同学性格和表现的原因进行了大胆猜想：这孩子莫不是因为在严爱与溺爱这“冰火两重爱”的重压之下难以承受，故有意选择用“叛逆”“任性”“自我”为自己穿上铠甲，以此来反抗家庭乃至整个家族的“甜蜜负担”？

回到学校，我与A同学进行了一次长谈，发现我的猜想是有道理的。

他说：“我最烦爸妈一天到晚说我，每时每刻都要搞学习，一点玩的时间都没有，动不动就说整个家族的希望都放在我身上了——这压得我气都喘不过来。哼，什么家族希望，关我什么事？想要我成为最优秀的人，我偏不！”

回想我第一次见到A同学的情景，是在入学考试的考场上。当时我发现他做语

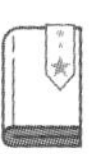

文试卷的时候注意力很集中，没有一点吊儿郎当的样子——从这个细节可以看出，他对自己其实是有要求的。于是，我说："一个人将会成为怎样的人，不取决于别人的期待，而取决于自己的梦想。你希望自己成为一个什么样的人呢？"

他淡定地回答："我无所谓呀！"

"原来你是一个对自己没有要求的人啊？那我看错你了——第一次看到你时，我以为你是一个很有上进心的小孩呢，而且你作文写得好，我每次都很认真地给你修改作文，看来我是多此一举啊。"

听到我语气中的失望，A同学不好意思地低下了头："我还是想凭自己的本事考取重点高中的……"

心结打开，问题就迎刃而解了。我说："那好，我相信你可以实现梦想。接下来，让我看看你为实现梦想会付出怎样的行动。"A同学笑了，我也笑了。

【家访效果】

这次家访之后，A同学发生了很大的变化。在所有科目的课堂上，都有他高高举起的双手，有他仔细聆听的身影；运动会上，有他跳高时为班级勇夺第二的瞬间；走廊里，有他礼让同学的声音；作业本上，有他越来越认真的字迹……我惊喜地发现，给他一份信任，给他一点支持，为他指点迷津，他完全可以变成另外的样子。

家访片段二："我也要成为飞得最高的白天鹅！"

【家访缘由】

这份努力坚持了大半年，到了八年级上学期期中考试的时候，A同学的表现却直线下滑了，成长过程中出现了"反弹"现象。他开始迟到，上课打瞌睡，不交作业，又变回之前玩世不恭的样子。我着急了，问他："你怎么又变回原来的样子啦？"他笑了一下，没有回答我。

一个周二的早晨，A同学没来上课，我收到他妈妈发的"微信"："田老师，我儿子近段时间迷上了网络游戏，天天一回家就要玩手机，根本不做作业。昨天他爸爸打了他一顿，他今天就不去上学了！"看到这样的消息，我心里很不是滋味，心想这孩子居然被网络游戏所迷惑了，真是前功尽弃。是继续管，还是放弃？深思之后，我决定再拉他一把——我拉他，他的成长就会一路花开；我放弃，这个世界上也许会多一个被游戏耽误人生的学生。

【家访进阶】

学生在成长的过程中出现反弹现象，需要教师及时纠正、及时鼓励，并采取相应措施帮助学生抵抗惰性、拒绝诱惑、重拾信心。

【家访计划】

家访准备：

这次家访，我本来准备邀请学校团委书记姜老师一起去，但后来想到，在家长看来，孩子不去上学本来就是不光彩的事，A 同学及其家长或许并不想让别人知道他“不光彩”的行为。我是他最信任的班主任，也许我一个人去，更有利于教育效果的实现，于是我决定自己一个人去。

家访形式：

登门家访。

家访目标：

帮助学生抵抗游戏的诱惑，用积极的心理暗示和有效的实际行动帮他从游戏的旋涡中跳出来，重归积极上进的成长之路。

【家访过程】

当天，我把课换到下午，立即去了 A 同学家里。

一开门，看到他的爷爷奶奶唉声叹气，爸爸妈妈愁眉苦脸。

“田老师，这个娃儿太不听话啦，为了阻止他玩游戏，他爸爸都砸了 3 部手机了。这可怎么得了，昨天他被爸爸打了一顿，就说要跳楼，好说歹说才安抚好，今天说什么也不肯上学了！”

走进 A 同学的卧室，我看到他还在蒙头大睡，我进去了他依然不起来。我掀开他蒙在头上的被子，摸摸他的头，说：“你跟我承诺了要上重点高中的呢，怎么连学都不上了？”A 同学自知玩游戏理亏，就顾左右而言他：“他们只喜欢姐姐，眼里只有姐姐，每次做的菜，都是姐姐最爱吃的；每次买衣服，姐姐的都最贵，在他们眼里、心里，根本就没有我！”

A 同学有个姐姐，在夷陵中学读书，乖巧懂事，成绩优异，他爸爸妈妈常常以有这么优秀的女儿而感到骄傲。

听 A 同学这么说，我顺势问道：“你知道他们为什么那么喜欢姐姐吗？”

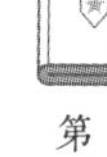

“还不是因为她学习好，是一只白天鹅；不像我，我就是一只丑小鸭。”

“其实，姐姐能成为一只白天鹅，是因为姐姐有成为白天鹅的特质：热爱学习，专注执着，懂得约束自己，不断提升自己。我听你爸爸妈妈说，你姐姐从来不玩游戏，从来不逃学，更没有因为沉迷网络游戏而不好好读书，所以才在夷陵中学名列前茅呢。”

“那就让他们喜欢姐姐得了，我反正不讨人喜欢。”

看他耍起赖来，我改变了策略：“可是你也可以成为飞得很高的白天鹅呀：你作文写得好，篮球打得好，跳高跳得高，跑步跑得快，对同学善良真诚……教室里没有这么优秀的你，老师们都觉得少了点什么呢。你一定要回去上课呀，老师还等着你写出精彩的好作文呢！”

“可是，我玩游戏上瘾了，不玩就心里痒，我控制不住自己啊。”

“那……你先把手机放在我这里，中考结束了我再还给你，我帮你一起战胜网瘾，可以吗？”A同学笑了，肯定地点了点头，从床上跳起来：“老师，我这就上学去！我也要成为飞得最高的白天鹅！”

【家访效果】

这次家访以后，A同学的学习态度、行为举止大有改善。我在平时的教育教学过程中也持续关注着他：上课经常点他发言，发言精彩时立即给予表扬和鼓励；作文写得好的时候，让他到讲台前读自己的佳作，让他在阵阵掌声中找到自信；尤其值得一提的是，他的语文学习状况越来越好，好几次在省、市级作文大赛中获得佳绩，赢得了一张张金灿灿的奖状……在鼓励中进步，在付出后收获，我看到他眼里不再有困惑和懈怠，而是常常充满了自信、喜悦。我有理由相信，他已经告别了过去那个顽劣、自我、任性、放纵的自己，变成了心中有梦、眼里有光的阳光少年。

家访片段三：“我考上了！”

【家访缘由】

到了九年级，学习越来越紧张，A同学的妈妈又发来了求助的“微信”：“田老师，我儿子下了晚辅导课到家已经是晚上九点了，他还要打篮球，回来就十一点多钟了，累得大汗淋漓，根本没时间复习；周末也是，一天到晚就是打球，眼看就要中考了，这可怎么办？”

我问 A 同学："你怎么花那么多时间去打篮球啊？要合理安排好自己的时间，劳逸结合才行。"A 同学说，他太喜欢打篮球了，将来要走篮球特长生之路。

【家访进阶】

当学生在成长的过程中不能很好地处理兴趣和学习之间关系的时候，教师要及时与学生交流，用智慧引领学生回归正途，免走弯路。

【家访计划】

因为 A 同学特别喜欢打篮球，我决定到篮球场实地探访一下，现场与他交流，力争让他心服口服，听从我的建议。

家访准备：

我提前了解到，他周末喜欢在我所住小区的中心广场打篮球，于是我决定做个"有心人"，先观察他打篮球的样子，再适时交流，择机引导。

家访形式：

"偶遇"式家访。

家访目标：

帮助学生正确处理兴趣爱好与学习之间的关系，让学生的兴趣爱好成为他学业的"神助攻"，而不是绊脚石。

【家访过程】

2021 年 11 月的一个周末，A 同学果然到我们小区的中心广场打篮球来了，于是我决定来一次"偶遇"式家访。我在观众席上观察了很久：这孩子弹跳力强，动作灵敏，反应迅速，投篮的准确率也很高——他确实是一个打篮球的好苗子。A 同学看到我，远远喊了声"田老师好"，我说："等你打完了休息的时候过来聊聊。"

一场球赛结束，他走了过来，我竖起大拇指："你的篮球打得真好！"他笑了，笑得很开心。我说："你成为篮球特长生还是很有优势的。你打篮球这么有天赋，真是不容易呢。"

他频频点头，我故意问道："要成为特长生，还需要怎么做？是不是对文化课就没有什么要求了？"

他说并不是，篮球教练说要每周三次课外活动加周末两次集中训练，其他时间自己可以好好学文化课。我说那就可以了，不能每天下了晚辅导课后回家还接着打

两个小时的篮球，这样就只是篮球成绩很好，文化课成绩掉下来了。中考的时候，要是文化成绩不过关，篮球打得再好也没有用啊。听完我的话，他觉得很有道理，说："好，我要文化课和打篮球两不误才行。"从此，A同学九年级的学习、训练、生活走上了正轨，他的爸爸妈妈也放心了，就这样一直坚持到走上中考的考场。

2022年7月13日晚上，收到夷陵中学录取通知的A同学通过"QQ"留言给我："田老师，我考上了，我考上了！是夷陵中学体育特长的统招生！谢谢田老师!"

我知道A同学其实是一个不善于表达感情的男孩，他用最简单的"谢谢田老师"和三个惊叹号表达了强烈的感激之情。我知道，此刻他的内心充满了骄傲和自豪；而我，也因为在他的成长之路上给予过帮助、保护和引领，而感到无限幸福、无比欣慰。

【家访反思】

回顾三年来对A同学的教育与引导，我有三点感受最为深刻。

一是教师对学生的关心和爱，不是一时一刻，而是长久持续的，教师要自始至终、始终如一地关爱学生、欣赏学生，看到学生的长处，让他们切身感受到教师的爱与关心始终陪伴在他们的身边。

二是当学生出现各种困惑或问题的时候，作为学生最信赖的班主任，不能听之任之，而要用最真的心和最智慧的策略帮学生拨开迷雾，让他们少走弯路。

三是关键时刻一定要进行家访，家访既可以了解学生的家庭状况、成长环境，又可以零距离接触学生，帮助学生解决问题，找到正确的人生方向。

总之，班主任的事业是爱的事业，是播撒阳光收获春天的事业；走近学生、巧妙家访，会让学生知道——追光的人生才精彩，而教师，就是陪着他们不断追光的人。

【专家点评】

本案例字里行间流露出田老师深深的教育情怀、无穷的教育智慧和对学生深沉的爱。我们不禁感叹：成为田老师的学生，享受着智者的爱的滋润与浇灌，是一种幸运，更是莫大的幸福。田老师是一位智者，是一束光，智者家访，传递给我们的是智慧的光芒。

1. 看似无意，实则用心良苦

一切成功都要有目标做基础。田老师对A同学的三次家访，每一次都有具体的小目标，每一次的达成都是精心准备的结果。第一次：了解学生的成长和生活环境，田老师明白了 A 同学是夹在严爱与溺爱两重爱的重压之下成长的孩子。第二次：帮助 A 同学抵抗游戏的诱惑，找回积极上进的学习劲头。第三次：帮助 A 同学正确处理兴趣爱好与学习之间的关系，助力中考。田老师每一次都用了不同的策略，巧妙达成了目标。这背后是田老师的精心准备，倾注的是教师的良苦用心。

2. 看似简单，实则智慧深远

田老师在家访过程中尽显教育智慧。第一次家访，田老师讲道理，A 同学说无所谓，田老师马上给他“戴高帽子”，说 A 同学作文写得好，并故意说自己错爱了，以激发 A 同学的好胜心；第二次家访，田老师为 A 同学树立榜样，希望他向姐姐学习，A 同学却耍赖。田老师马上改变策略，以退为进，不再讲道理，或是激将，或是鼓励，巧妙激发学生的内驱力，达成家访目标。

3. 看似巧合，实则有备而来

俗话说：“知己知彼，百战百胜。”教育是慢的艺术。看到 A 同学花了太多时间打篮球，田老师心里着急，但并不急于制止，不急于上前说教，而是充分观察、肯定优势，与 A 同学平等交流，引导 A 同学自主规划学业。纵观 A 同学的成长，一波三折。不管 A 同学出现什么样的情况，田老师总能用情、用心、用爱去化解，助力他成长。

师者应如田老师，蹲下来，靠近孩子，用最真的心、最智慧的法、最持久的爱滋养心灵，为孩子们绽放光芒积蓄力量。

点评专家：袁芳

唐同学“变形记”
——让深度家访促进深度学习

韩　杰

【家访起因】

做到家校互访一直是我的教育主张。《关于进一步减轻义务教育阶段学生作业负担和校外培训负担的意见》（以下简称“双减”）的落实落地，也要求我们重构教育关系，重建育人体系。例如，我校在学习上存在一定问题的唐同学（化名）的表现就引起了我的注意，我有了去家访的想法。原因有二：其一，唐同学的问题不仅是唐同学一家应该解决的问题，还有更多有类似问题的家庭需要指导；其二，我想通过深层的探访，引来合力，对唐同学开启一场深层次的改造行动。

【家访计划】

家访准备：

访前不错位，认真学习相关政策和管理制度，做到“四清四熟”，即对学生家庭地址、成员、背景、社会关系清楚；对学生学业、生活、困难、需求熟悉，同时还要计划访什么、怎么访、何时访等。作为个案，此次预期目标是：有效沟通—发现问题、实施良方—寻求策略、持之以恒—形成合力，最终促进唐同学健康成长，学会承担责任，实现多元、全面发展。

家访形式：“3＋X”，即三次登门家访，不限次线上沟通。从“如何转变观念”“培养什么品质”“担负什么责任”三方面，与家长讨论“双减”背景下，如何实现家校携手，合力共育。

【家访实录】

访前发现：早有耳闻，唐同学是有名的“瞌睡虫”。上网成瘾的唐同学在思政课堂上神思困倦，尽管老师讲得引人入胜，他却精神萎靡。我想定然是昨晚在游戏中“大战三百回合”，今日需要补觉。面对这样的情况，我该如何是好？“冰冻三尺非一日之寒”，我想对于唐同学的教育不能激进，须对症下药。

对我给他用的第一副药——“苦口婆心汤”（直面问题，让他迷途知返），他表示大道至简、可以认同，看在我这个有校长头衔的思政课老师的分上，自己会改正错误。但好景不长，唐同学只要想起“上网”，便心痒、手痒难忍，又开始了玩网络游戏……接着，我尝试了第二副药——“敞开心扉丸”（反思自我说教，换位思考找原因），他坦言，“从第一次玩电脑游戏被父母斥责后，父母眼中的‘乖孩子’就彻底成为‘坏孩子’……”唐同学从父母的眼神中看到了失望，他的内心也越来越叛逆、越来越堕落，但又十分悔恨，不止一次痛恨自己的堕落。我细想，问题出在学生和家长两方面，我应该走进他的家里，走进他的心里……

访中施策：进门时，我瞅见了唐同学的微表情——既惊喜又害怕，顿时决定“网开一面”，而不要“送状纸上门”，对着他的父母发牢骚。因为根据访前的了解，唐父是个直性子、急脾气的人，所以和唐父寒暄过后，我坦诚说出了此次家访的原因。而后，我看到唐父对着儿子翻了一个白眼，气氛紧张到空气似乎都凝固了……我站起来，拍了拍唐同学的肩膀说：“当着你父亲的面，我想和你‘过过招’，看看效果，你觉得怎么样？”唐同学惊讶不已，觉得我给了他台阶下。接着，我对唐父说：“我想对唐同学实施‘四自之招’帮他脱离网瘾，您且看效果如何？”看到我这样待孩子，唐父紧锁的眉头也松开了，不停地说着感谢的话。

首先是“自立”之招，让唐同学无论在家里还是学校，从细微的改变开始，逐步培养自理、自立能力，养成良好的生活、学习习惯；其次是坚持“自律”之招，让唐同学坚持吸收习惯养成后的“有益菌”，形成说话算数的诚信价值观，同时辅之以“他律”，即父母老师的监督；再次为“自尊”之招，让唐同学尊重自己，尊重父母之爱、严师之爱、同学之爱，学会友善和尊重；最后为“自信”之招，让唐同学相信自己的处事能力，离开网络游戏，培养灭掉“有害菌”的决心和意志力，迎来充满阳光的美好生活。

第二次电话访谈，我与家长沟通了第一次家访后孩子的改变，特别强调了坚持家校协同教育的必要性。同时给家长开出育儿“良方”：其一，父母给予唐同学积极的关注，在孩子面前尽量和善，不表现出让孩子觉得父母不信任他的眼神和话语；其二，选择适当时机和唐同学沟通交流，多听听他的心里话，尽量多花时间陪伴他，只有多交心、多陪伴，才能更加了解彼此；其三，多开展一些家庭亲子活动，如亲子阅读、一起旅游、共同完成家务等，和唐同学一起合理分配时间，帮助他养成良好的生活习惯，逐步戒网；其四，多肯定孩子的点滴进步，多鼓励，少打骂。唐母说我“一语点醒梦中人”，她采纳了我的建议后，原来放学后直冲电脑房的孩子在改变，变得可以和家人“围炉夜话”“呤天呤地”，谈谈学习乐趣，和父母一起阅读，与同学PK篮球……父母的熏陶潜移默化地改变了孩子、改变了家庭。

内驱力就是最大的动力源，永远不要怀疑一个学生的潜力。就在第二次访谈后，我乘胜追击，拓展教育时空，让唐同学体验自我价值。在思政课上，每节课的三分钟“时政评述”活动，我邀请唐同学做主持人，让他体验“我能行”。至此，唐同学开始显现出一个自立学习者的模样。接着我与科任老师配合教育，让唐同学发现“我有用”。如体育课上，让他领跑1000米，社团课中，辅导员帮助他养成固定的兴趣爱好（篮球），并常陪他一起练球，让他体验到现实生活其实比网络更丰富多彩，而且有许多事可做，有成绩可出，进一步增强他的自信心和自我认同感，引导他将兴趣迁移到有意义的学习中来。

带着这样的理想和期盼，唐同学的“变形记”着实让我欣慰不已，我期待着三访其家。

“对，现在伢子开始搞学习了，玩电脑也没有超过约定时间了。”“谢谢韩老师，感谢您没有放弃他，他确实变化大了。”唐父、唐母说。

让家长更懂教育，在孩子的教育中发挥主动作用，促进社会、学校、家庭、学生四方共赢，一直是我开展的大课题研究。

访后蜕变：三次家访后，唐同学真的变了，逐步戒掉了网瘾，各方面都进步了！一是成为榜样，激励他人。去年的12月，他被评为当月的班级“十佳进步生”，这样自律的唐同学真的带点“糖”味了。早操时，奔跑在最前面的人中一定有他；自习课上，读古今中外历史典籍的一定有他。二是课堂专注力提高了，主动举手发言、表达自己想法的一定有他；能进办公室找老师答疑解惑的一定有他。三是热情助人，彰显优势，擅长用电脑的他成了学校“科技发明之星”“网络达人”“电子制作之星”，各种荣誉称号纷至沓来。四是勇敢表现自己，元旦晚会上，他还上台独唱了《我相信》这首歌，从他的表演中，我看到了一个自信自强的唐同学。此时的我十分感动，职业幸福感涌上心头！

【家访反思】

第一，深度家访才能了解“第一手学情”。深度家访围绕“为什么访”“访什么”“怎么访”展开，做到学生知道教师家访的目的和原因，家长知道学生在校的表现及任课教师情况，教师知道学生在家表现及家庭成长环境，学校知道教师家访情况和家长意见，分析学生成长环境，确定家校双方配合的重点。在深度家访时，做到国家政策宣传必进家庭，学生资助政策必进家庭，学习上存在问题的学生转化措施必进家庭，家庭教育指导必进家庭，身心健康辅导必进家庭，教师个性化关爱必进家庭，寻求“深度教学＋”的最佳成效。同时，以家访为契机，深挖学校教育之外的、能够深层促进学生发展和家长进步的教育动力因素。

第二，要从个案中看到普遍性，以点带面，强化家访实效性。我认为，教育始于家庭。唐同学的案例，我聚焦两个问题：怎么帮助他？如何通过家访来促进“改变之旅”？这要求家访前的功课要做足，有针对性地开出“成长良方”；要求我们家访不是走过场。第一步，通过剖析问题，获得认同，让学生不反感你的家访；第二步，通过和家长沟通，让家长不做家庭教育的无证“司机”。这样就既得到了学生的认可，让他们希望老师来家里家访，又得到了家长的感激和支持；第三步，具体问题具体分析，一事一议，给出“育苗方”，例如“双减之下，家教何为”“男生如何养”等，不仅指明家教方向，还为家长提供科学依据，使得家校自然画出“同心圆”。

第三，用家校沟通推进家庭、学校、社会“三位一体”的协同教育。以“唐同学‘变形记’”案例推动全员家访，倡导“重家教、树家风、尊师教、共育人”的社会风尚，弘扬尊师重教的思想道德风尚，提升家长文明素质，进一步推动家庭对学校教育的支持配合、对教师工作的理解尊重，家庭和学校密切配合、形成合力、共同育人，帮助学生塑造美好心灵，养成热爱学习、热爱老师的品格，促进青少年学生健康成长和全面发展。

【专家点评】

21世纪是一个网络时代，未成年学生极易被纷繁复杂的网络世界所吸引，若缺乏有针对性的教育引导，会导致学生陷入自我封闭，从而影响学习，更有甚者，会导致精神抑郁，出现品行障碍、情感问题甚至走上违法犯罪道路等。学校对在校学生的“网瘾”问题应当予以高度重视。面对有“网瘾”的学生，最好的教育需要家庭与学校的完美配合，而家校互动就是将两股力量凝聚在一起的“黏合剂”。

古人云：“教也者，长善而救其失者也。”案例《唐同学“变形记”》讲述了一位尽责的思政课教师看到学生的异样，去追寻谜底，却意外发现了一个一“网”情深的“网瘾”学生，由此引发我们的思考：那些父母监管不到位或者监管缺失的学生，在信息化时代，他们的“放纵和沉沦”，我们应该如何面对？本案例中，教师从学生的角度去思考，在获得同意后，进行了深度家访，并与学生平等对话，在日常学习生活中对他特别关注。访前“对症下药”，用爱心感化学生；访中提出“四自之招”，用耐

心疏导学生；访后给家长“育儿良方”，用诚心引导学生，学生有所改变后又“乘胜追击”，直至唐同学彻底“蜕变”。让唐同学从“沉迷网络不能自拔”到能正确认识自我、肯定自我、发展自我，经历了“破茧—变形—成蝶”的艰难过程，用深度家访的实际行动解决了家长的困惑和困难，更换来了学生的重大转变。这种深度参与的家访，是育人亦育己的过程。教师积极探索新时代背景下的家校互动新思维、新技巧、新作为，努力加强对“个性生”的转化教育工作，可以看出家访教师的“一个不能少”的责任感，爱生如子的奉献精神，以及孜孜不倦的育人热情。

点评专家：汪宏军

不愿坐妈妈的车去上学
——对一个重组家庭学生的家访

聂　勇

【家访起因】

有一天，我看见小林同学妈妈在“朋友圈”发了这样一句话：“我上辈子欠他家什么？真是作孽!”并配了一张图片。图片上，小林同学背着书包在前面走，妈妈开着车在后面跟着。我很奇怪，也深深地感受到小林同学妈妈的无奈、无助。小林同学是个什么样的孩子？

小林同学是一名七年级的住读生，家离学校大约9公里。这么远的路程他应该坐车上学，何况有妈妈开车送他，为什么他宁愿走也不坐妈妈的车呢？我想他们母子之间肯定闹了什么矛盾。我平时观察小林同学，发现他课桌里的书籍摆放杂乱，寝室内物品的摆放也不规范整齐，不喜欢和同学交流，老师找他谈话，他也不爱搭理，做事我行我素。于是我产生了家访的念头。

【家访计划】

家访准备：

(1) 了解小林同学在小学时的情况，摸清学生的家庭情况，走进学生的内心世界，取得他的信任。

(2) 提前到家长工作的地方与之交流，拉近与家长之间的距离，取得家长的信任。

家访形式：

登门家访。

家访目的：

（1）了解学生与家长的相处情况，分析小林同学特立独行背后的原因。

（2）与家长坦诚交流，取得家长的支持与信任，共同研究帮助孩子的策略。家校携手，共同助力孩子健康成长。

【家访实录】

新学期开学第一天，小林同学顶着乱蓬蓬的头发，穿着未卷好衣领的衣服，踢踢踏踏地进了教室。我帮他整理衣领，他不耐烦地瞄了我一眼并用手甩开我。入学教育开始了，小林同学一个人站在队伍的最后，对老师的指令爱答不理，体育老师怎么说他都不听，拉他也拉不动。没办法，我只好把他带到操场边，关心地问他有没有什么不舒服，或者有没有什么不高兴的事儿。他既不搭话也不理我，眼睛木然地望着一边，把我当空气一样，气得我真想骂他一顿。我默默地做了几次深呼吸，平复了一下情绪，心想："这样相处怎么能行？我得先向他家长了解一下情况，看能不能找到突破口和小林同学说上话。"我拨打了小林爸爸的电话，电话响了半天，终于接通了。我介绍了下自己，就把小林同学当天的表现告诉他，谁知还没说到一半，小林爸爸不耐烦地说："他就那样，你不用管他，再不听你就揍他一顿好了。"我心里好不容易压下去的火又冒出来了："怎么碰到这样的家长？"看来这个工作并不容易做，我在心底默默做好了打持久战、攻坚战的准备。晚上查寝时，我发现小林同学的床上乱七八糟，被子也没套，衣服堆了一满床。小林同学澡也没洗，坐在床上发呆。我说："你这怎么睡？"就动手帮他叠衣服、套被子，他站在一边看着我忙。我收拾好后说："你看，这才能睡觉呀！离了家要慢慢学着照顾自己。你来上学，怎么不坐妈妈的车呢？"他说："我高兴，我就是不想坐她的车。"这句话很不好听，可我很高兴，因为我终于和小林同学搭上话了。

【第一步】满怀信心，走进学生的世界，读懂小林同学。

我逐渐从小林同学的小学老师和同学那里了解到了一些情况：小林同学生活在一个重组家庭，他爸爸对他的教育方式就是打。他贪玩，性格古怪，喜欢钻牛角尖，不合群，但是很聪明。我也发现他特别喜欢钻研数学题，在做数学难题的时候会完全进入忘我状态，且数学解题思路非常清晰，正确率高，搞定一个难题后可以感受到他发自内心的喜悦。为此，我在班上成立互助小组，小林同学负责为同学们讲数学题，其他同学则帮他整理课桌、收拾内务。慢慢地，小林同学身边有了朋友，不再是独来独往了。

【第二步】再接再厉，与家长交朋友，取得信任。

2020 年某个周二的上午，我骑着摩托车前往小林同学家，进行第一次家访。进入院子，我见到一个中年男子，叼着一支烟，头发、身上全是灰，正在细心地打磨一个木雕。我停好车走到他跟前，说："您好，我是小林同学的班主任。"他根本没有理睬我，继续抽着他的烟，聚精会神地打磨着他的工艺品。我以为他没有听到，又说了一遍，结果他还是没搭理我。我觉得很尴尬，自我安慰道："你不理我，我也要待在这儿。"我自己进屋找了一把椅子，坐在那儿，欣赏起他的木雕来。还别说，小林爸爸的木雕做得真不错，有点儿"大师范儿"。大约过了半个小时，他看我还没有走的意思，极不情愿地停下手中的活儿，说："我那孩子就那样，不听话，欠揍！"然后又忙活了起来，我干脆站起来，对着满院子的木雕欣赏了起来。他见我认真地看木雕，终于停下了手中的活儿，我发挥美术老师的专业特长，与他聊起了木雕作品，研究起几个树根可以怎么加工来。渐渐地，小林爸爸的话多了起来。

这一次家访，虽然没有多谈小林同学，但总算和小林爸爸有了正常的交流。

第二天下午5点多的时候，我又骑着摩托车到了小林同学家，小林爸爸依然在打磨他的木雕。不过，看到我来了，他还是大声冲着屋里的小林妈妈喊："小林的老师来了，倒杯水来！"小林妈妈赶紧端着一杯茶出来了，小林妈妈很健谈，主动和我说起了家里的事儿。"小林读一年级的时候我和他爸爸结婚的，他还有一个当兵的哥哥。我是真心想对小林好，可小林就是不认我，不喊我，也不坐我开的车。加上后来我又生了一个小的，小林就更不认我了，我说什么他都和我唱反调，他爸爸气得不行，就经常打他。"小林爸爸接过话来："我们累死累活地为他，不知好歹的东西，就是欠打！"我说："孩子就与你的木雕一样，要慢慢地打磨才行，不是几斧头就能做出一个精美的工艺品的。我们也耐心一点，共同努力，一起来教好孩子，你们看行不行？"小林爸爸说："老师，你是个实诚人，你说怎么办，我们配合！"我们商量了一番，决定这样做：第一，保证每周五小林回家，能吃上热腾腾的饭；第二，和小林一起把他的房间收拾整齐；第三，爸爸不再用打的方式教育他；第四，每次放假，让爸爸陪他睡一晚，在一起好好说说话，陪他做一次户外运动；第五，如果小林回家叫妈妈，妈妈要积极地答应；第六，下周六我和其他老师将再次家访，要求小林的爸爸能热情接待，不让小林同学觉得丢面子、难堪。小林的爸妈都答应说："老师放心，我们一定做好！"

那一周的周小结时，我表扬了小林同学所在的帮扶小组，特别表扬了小林同学学习有钻劲儿，能热心帮助同学讲题，号召其他同学向小林同学学习。随后，我通知全班本周六老师要家访，要求大家做好两件事：一是回家后整理好自己的卧室，老师家访时要参观，看看收得整不整齐；二是要尊重爸妈，每次回家要先喊"爸、妈，我回来了！"，并与爸妈聊聊学校的事儿。

【第三步】正式家访，善意的谎言，使小林坐上妈妈的车。

周六，我们如约而至，刚下车，就听到小林爸爸喊："老师来了。"他连忙招呼小林妈妈倒茶，小林同学也帮着搬椅子。我们表扬孩子在学校是如何懂事、如何帮助

同学，并且告诉小林同学，下次上学时他坐妈妈的车，帮我带盆花（已提前准备好，放在了他邻居家）到学校。第二天，小林同学第一次坐着妈妈的车来到了学校，小心翼翼地抱着花盆。小林妈妈高兴地说："老师，你们什么时候再来家访呀？"

【家访效果】

小林妈妈"朋友圈"的内容变了：和小林同学骑自行车、跑步，小林同学和爸爸一起练毛笔字、打磨木雕……2021年的教师节，小林同学跑到办公室，将一头小牛放在我的桌上，说："老师，这是我和爸爸一起做的哦！请您收下，祝您教师节快乐！"看着小林同学满怀期待的眼神，我笑了笑说："谢谢小林同学！谢谢小林同学的爸爸！"

【家访反思】

通过家访，我们逐渐改变了小林这个孩子，这让我认识到：真诚地沟通，拉近与家长、与孩子的距离是家访成功至关重要的一个环节。对情况特殊的学生的家访，前期一定要做足功课，然后抱着一颗真诚的心与家长沟通，用一颗真诚的心去关心学生、帮助学生，那家长、学生一定会欢迎并接受我们。正如苏霍姆林斯基所说："培养情感，这是个性形成过程中的一个极其复杂、细腻的问题。在这方面，精神生活中的思想和智力领域同情感和意志领域的相互联系，具有特别重大的意义。"

【后续家访】

2022年7月6日，期末考试成绩出来了，小林同学综合成绩年级第一。我再次和语文老师到小林同学家去家访。途中经过某个"网红"打卡地，我们心情愉悦，也准备驻足打卡。"看，那不是小林同学吗？"语文老师说。果真是小林同学和小林妈妈、弟弟在一起呢，他们十分和气，还似乎在聊着什么。我赶紧拿出手机，偷偷地给他们拍了一张照片。我和同事没有去打扰，在他们发现我们之前，默默地离开了……

【专家点评】

读完这则家访案例，我不禁为充满智慧的班主任老师"点赞"！身为一名男性班主任，他几乎是三下五除二地就把这个令家长头疼的男孩"打磨"成了一个好孩子。聂老师的家访取得显著效果，离不开他的勤思笃行。

认真观察，准备充分。当聂老师通过学生妈妈的“朋友圈”发现学生与家长相处的异样后，便留心观察这个学生在校的表现，并且通过其他老师、学生、家长等途径全方位去了解他。当几乎所有的信息都指向这名学生“古怪、不听话”时，聂老师也没有放弃要多了解学生的想法。

坚定信念，笃定行动。即便在前期做好了准备，在第一次家访的时候，聂老师还是碰了一鼻子灰。换作其他老师，在面对这么不配合的家长时，可能想要放弃，但聂老师不但没放弃，还越挫越勇。他发挥自己的专业特长，与学生爸爸聊起了木雕，打开了沟通之门。在看到进展以后，第二天接着去家访，家长也被他的真诚和执着所感动，同意配合他一起来帮助孩子。

小步推动，大步成长。聂老师在帮助学生时使用的方法简单易行，但效果显著。他从直观的行为训练入手，比如回家和父母打招呼、自己整理房间，不断强化学生的正向行为，增进其与父母的正常交往。巧妙设计，让学生坐上妈妈的车，更进一步增进亲子之间的感情。在学校里，也不断强化学生的正面表现，帮助学生树立自信。在具体的帮扶过程中，聂老师没有讲述太多的道理，而是用行动一步步来引领学生和家庭不断融合。在后续家访中，当看到学生与家人其乐融融时，便又悄身离去，不过多打扰。

读完聂老师的家访案例，我们深深感受到了教育的魅力，润物细无声，促万物之生长。

点评专家：曹曼琳

开学第一天就想辞职的班长

——对遭遇家庭变故学生的家访

徐轶群

【家访起因】

新学期，我新接手了八年级一个班。开学第一节课上，我组织了一场班干部“就职”演讲，大多数同学都表现出了开学初的兴奋之情和“撸起袖子加油干”的拳拳之心，唯独身为班长的孙同学却眼神游离，貌似一切都与她无关。下课后，她来到讲台上对我说这学期想辞去班长职务，理由是这个职务不适合她，因为她不擅长与人打交道。她一边说一边流泪，样子让我心疼。由于才开学，我就和她商量让她再坚持一段时间，等我物色好了人选再辞职，她勉强答应了，但叮嘱我尽快考虑人选，还说最多干完第一周。她眼神里的坚定不容我拒绝，不等我答话，她就径直回到了座位上。

下课后，我向本班之前的班主任打听情况，知道了孙同学是一名成绩优秀、聪明能干、热爱班级的优秀学生，深得老师们的信任和同学们的喜欢。那是什么原因让她如此坚决地想辞掉班长职务呢？她的心里究竟有什么难言的苦衷呢？我不禁陷入了沉思。后来我在检查学生们的暑假作业时，发现有一本作业竟一字未写，甚至连名字也未写，经查，正是班长孙同学的。作为一班之长，竟然是唯一不写作业的人，这也太让人意外了。“事出反常必有妖”，我决定对孙同学进行一次家访。

【家访计划】

家访准备：

向前任班主任详细了解孙同学家庭情况及七年级时她各方面的表现，包括她在班级管理上的突出表现和历次考试的成绩。

家访形式：

电话沟通、“QQ”交流、见面交流。

家访目标：

走近学生和家长，了解学生家庭及成员之间的基本情况，了解学生暑期学习、生活、社会交往的情况和家庭亲子育人方面的困惑和需求；探寻学生近期思想行为出现巨大反差的原因；通过与家长平等、坦诚地互动交流，共同研究，想办法解决孩子不上进甚至厌学的心理及行为问题，帮助孩子走出困境，回归到健康成长的轨道上来。

【家访实录】

孙妈妈婉言谢绝家访：了解孙同学情况后，我主动打电话联系了她的妈妈，询问孩子假期的表现，也告知她孩子开学时的一些反常情况，并表达了我想去家访的想法。没想到的是，孙妈妈婉言谢绝了。我百思不得其解，莫非是有什么隐情？我正在思考面对这样的家长我应该怎么家访，突然发现孙妈妈通过“QQ”给我发来信息：“老师，谢谢您对我孩子的关爱，以后我会与您联系的，共同关注她的成长。最近我们家发生了很大的变故，一言难尽，请原谅我谢绝了您的家访……”原来家长并不是拒绝和老师交流，而是不愿意老师去家里。我赶紧回复：“没关系，我理解您，您哪天有时间了，欢迎来学校和我交流，或者我们在校外找个地儿见面也行……”“好的，谢谢您！”在我看来，这是家长又一次礼貌的拒绝。该怎么办呢？我决定先找孙同学谈一次话，看能不能打开她的心结。

孙同学的第一次流泪：第二天课间操跑步时，孙同学因来例假请假，我悄悄地提醒了她例假期间的注意事项，想以此拉近和她的距离，顺便了解她假期发生了什么，学习和生活中有没有什么困难。她对我的关心表示感谢，但对我问的两个问题，她只轻轻地摇了摇头，眼里噙满泪水，任凭我怎样劝说，她都是憋住眼泪只摇头不说话。无奈，我只得放弃和她的交流。孙同学的泪水和她母亲拒绝我的家访的行为，让我意识到孙同学的家里肯定发生了什么事情。我查阅了相关心理学、教育学资料，广泛搜集相关案例，对孙同学更是处处留心，关怀备至。一旦发现她有什么进步或异常我都主动通过“QQ”与她妈妈沟通联系。

与孙妈妈的“秘密”会谈：金秋十月的一天，孙妈妈和我约定在公园见面，想和我谈谈孩子的情况。在公园的草坪上，我们进行了长达两个小时的交谈。原来，孙同学的爸妈在她小学三年级时离婚，亲生父亲从此不知去向，但父母离异并没有给孩子留下多少阴影。在孙同学读五年级时，母亲再婚，新的家庭其乐融融，相处甚欢。后来夫妻二人倾尽所有开办了一家经营二手房的公司，生意也还不错。可万万没想到的是，由于继父经营不善，公司倒闭，家庭背负了一百多万的外债，要账的不离门，这些事孙同学全部亲历了。为此，孙同学假期没有心思学习做作业，还有了自残行为。

所有的谜团有了答案。我和孙妈妈约定：不要告诉孙同学我们的这次见面，但我与孙妈妈的沟通要一直保持。家庭的债务绝对不让孙同学知道，家长要告诉孩子困难是暂时的，要给孩子生活的信心。在学校，我也会创造一切条件让孙同学重拾自信！

孙同学的第二次流泪：就在我和孙妈妈见面后的一个周末，全班同学都背着书包离校了，教室里只剩下了我和孙同学。总结完当周的工作，我关切地询问起她在家的学习生活情况，她显得有点手足无措，吞吞吐吐说了一些关于家庭的情况，接着就哽咽起来，她那双泪光闪烁的眼睛似乎在告诉我，她有许多话要说，她需要理解和爱抚。我拭去她眼角的泪水，轻声和她交谈起来，先是肯定她为班级所付出的努力，接着谈到老师和同学对她的关心，母亲对她的呵护，还谈了她身边的一些亲人。最后，孙同学悲伤的眼睛变得明亮起来，对我说："徐老师，我知道了，大家都很关心我，希望我好，我会振作起来的……"那一刻，她脸上露出了久违的笑容。花儿一般的孩子，多么可爱！

【家访效果】

在之后的日子里，我对孙同学倾注了更多的爱。为促使她积极与人交往，我尽可能为她营造温馨的活动氛围，指导她顺利进行各项班务工作，她在工作中愈发自信和成熟。在她的主导下，班级管理规范有序，全体同学凝心聚力，我们班在各项活动中都取得了优异的成绩，多次被评为学校"星级班级"。学习上，除了激发她重拾信心，我更多的是寻找一切机会辅导陪伴她，她的学习状态一天比一天好。一度沉闷的家庭又恢复了昔日的欢笑，孙妈妈从女儿的变化中看到了生活的希望，时常主动和我交流女儿在家的各种表现和家庭情况。真诚的付出换得的是感恩和信任，在学校期末考试表彰会上，孙同学牵着我的手让我以家长的身份陪她走过"彩虹门"，登上领奖台。那一刻我泪流满面，百感交集，我觉得我是世界上最幸福的教师。是啊，我所有的努力不就是为了学生的快乐成长吗！

【家访反思】

适时的家访，认真的聆听，真诚的沟通，悉心的指导，终将换得家长的认可和学生的进步。教好一个孩子，就是幸福一个家庭。孙同学的案例，给我们提供了通过教师家访促进家校共育的新思路。

1. 学会聆听，用心搭建爱的桥梁

教育是一门爱的艺术。将心比心，以心换心，家长心里在想什么，学生心理情况怎么样，这是为师者首先要清楚的问题。家访就是要在学校和家庭之间搭建一座爱的桥梁。教师先要尊重家长，学会聆听，了解他们的家庭和生活，理解他们的苦衷甚至无奈，帮助他们用积极的心态和正确的方法教育孩子，为孩子的健康成长营造一个良好的教育环境。开学之初电话联系时，家长并不愿意和我多谈，我也只是隐约感觉到这个家庭可能出现了什么变故，在见面聆听了孙妈妈的倾诉之后，才终于了解了背后的细节，发现了真正的问题所在，也由此开始了对孙同学更亲近、更细心的呵护。教师要聆听学生的心声，用真诚的关爱去开启学生的“心门”，触及他们的内心世界，让学生感受到爱的温暖。认真的聆听拉近了学生和老师的距离，终将换得学生的理解和信任。在与孙同学的几次交流中，我听到了家庭变故带给她的痛苦和恐惧，也听到了真诚的关爱带给她的成熟和坚强。爱就是用心聆听，孙同学的转变，正是从一次次聆听开始的。

2. 善于沟通，让爱直达学生心底

人都渴望得到别人的理解和赞美，对于像孙同学这样遭遇家庭变故的学生，她们渴望理解和安抚的程度要比其他学生大得多。作为教师，要满怀爱心去面对学生和家长，让爱直达学生心底。我们要站在学生的立场上，设身处地地为他们思考，选择适当的时机、采用适当的方式与他们沟通，理解他们的处境，发现他们身上的闪光点，适时地给予表扬，激发他们对美好事物的向往。用赞赏去改变学生，用关爱去感化学生，用沟通去化解学生身上存在的问题，促进学生转化进步。另外，教师还要善于和家长沟通。和家长沟通前要做足功课，想好约见家长的目的，从多方面收集信息，计划和家长交谈的全过程。在与家长沟通时，首先要夸奖学生，拉近与家长之间的距离，适时指导家长如何配合教师，多了解孩子，找准切入点，深入孩子的内心世界，逐步引导学生向真、善、美发展自我，促进学生全面发展。

3. 愿景相同，方能形成家校合力

每一个家长都希望自己的孩子能成人成才。转变学生很难，转变家长更难。教师要把目光放在学生的进步上，把学生进步的原因归在家长的转变上，一步一种方法，一生一个策略，让家长形成自我反省、自我进步的内驱力，家校共育的目标就能达成。对一个敏感、自尊心强的学生，要取得她的信任，一定需要长时间的坚持，滴水石穿，绳锯木断，最后终于使得她对我敞开心扉，我认为这是一个教育工作者的巨大成功。

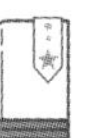

为实现家校共育，家长的人格需要得到尊重，家长的处境需要得到理解，更需要的是学校将先进的教育观念、科学的育人方法传输到家庭，并使其入脑入心，外化为教育子女的行为。只有家长与教师彼此理解、相互信任、目标一致，能够做到勠力同心，才能获得家校共育的完美效果。

【案例点评】

教育家苏霍姆林斯基说过："生活向学校提出的任务变得如此复杂，以致如果没有整个社会，首先是家庭的教育素养，那么不管教育付出多大的努力，都收不到完满的效果。"可见，家校合育是促进学生健康成长和家庭教育和谐发展的必由之路。如何让家长的教育观念、教育方法紧跟时代的步伐，形成家校合力，这正是我们广大教育工作者一直在思考并探索的问题。案例中的孙同学是一班之长，更是一名品学兼优的学生，在突遭家庭变故后发生了很大变化，开学第一天就想辞职，整个人突然变得自卑、无心学习，这种情况，在我们日常教育教学活动中经常碰到。面对这样突然发生变化的学生，我们应该怎么帮助他们？

本案例给我们提供了一个成功的示范。一是用耐心去唤醒坚强。面对家庭的变故，孩子容易产生低落、抑郁、孤僻、自卑、敏感等问题，因此在教育方面，家长和教师方法要得当，一定要有足够的耐心，不可以粗暴地对待孩子，更不能挖苦讽刺。我们要善于从孩子身上发现亮点，并及时地给予孩子鼓励和表扬，唤醒孩子潜意识中的积极乐观。让孩子全身心地投入成长当中，这样有利于唤醒孩子的个性，从而促进孩子朝正确的方向发展，保证心理健康。二是用爱心去抚平创伤。案例中班主任老师从家访入手，用聆听架起心理互通的桥梁，面对孙同学，始终不放弃，用爱育爱，用爱育心，一步一个脚印，用爱心重塑学生的自信，让学生重回到健康成长的轨道。面对孙同学的家长，班主任将心比心，以心换心，用真情赢得了家长的支持，用坚持换来了家校和谐共育，让孙妈妈重拾了生活的自信。三是用诚心去激发家长。案例中班主任老师把目光放在学生的进步上，把学生进步的归于家长的转变上，一步一种方法，一生一个策略，让家长形成自我反省、自我进步的内驱力，最终达成了家校共育的目标。

点评专家：汪宏军

只有走近，才能走进
——单亲留守学生家访案例

郑福新

【家访背景】

九月开学季，我又迎来了一群可爱的小天使。仅仅两周，一个孩子就引起了我的关注。课堂上读书，他要么不张口，要么扯着嗓子怪叫；课间休息，他要么一个人躲在角落里抠指头，要么在走廊上大声号叫；体育课上，他要么呆呆地站在那里，要么挑衅其他同学……更让人难以置信的是，第一次数学公开课上，他全然不顾讲台上授课的老师和教室后面二十多个听课的老师，与同桌大打出手，还破口大骂。这个孩子就是小文。

【家访初阶】

走近学生，让学生信任。

【家访计划】

家访准备：

（1）收集整理学生在校情况的资料：我首先询问了小文的小学同班同学，接着找各位科任老师多方面了解了小文的课堂表现和作业情况。

（2）列出访谈纲要：向家长反映小文的在校表现；了解家长对小文的教育方法；提出家校协同育人的要求。

（3）确定家访时间：提前与家长商定好合适的时间，并准时到达。

家访形式：

登门家访。

家访目标：

（1）了解小文的家庭状况、成长环境、性格特点以及在家的各种表现等。

（2）了解家长对孩子的希望、要求以及教育方法等。

（3）帮助家长解决家庭教育方面的一些困惑，增强家长的责任意识，使家长主动参与到家校协同育人中来。

【家访实录】

中午在食堂吃饭时，看到小文一个人坐在食堂的一角埋头吃饭，我端着餐盘在他身边坐下来，找话题和他聊起来。

教师：食堂的饭菜好吃吗？

小文：嗯。

教师：你家里经常是谁做饭？

小文：爷爷。

教师：爷爷做的饭菜好吃吗？

小文：还行。

教师：为什么家里是爷爷做饭呢？你爸爸妈妈呢？

小文：……

教师：一定是爸爸妈妈忙，没时间照顾你，对吗？

小文：我爸国庆节放假时才会回来。

教师：国庆节放假时，老师去你家“度假”，尝尝你爸爸的手艺，可以吗？

小文：嗯。

教师：说话算数，我可是一定要去的哟！

小文：嗯。

……

虽然这次对话时，小文都是一个字一个字地往外“蹦”，但聊天过程基本是顺畅的；虽然小文对我主动到他家做客并没有表现出欢迎，但好歹有了铺垫。

国庆假期时，小文爸爸按计划回来了，我也如约来到了小文家，小文对我的到来一脸无所谓。我们围绕小文开始了谈话。在谈到小文身上存在的问题时，爷爷和爸爸发生了争执，互相抱怨着对方对小文教育的不足，甚至说话的声音也大了起来。我看了看小文，只见他满脸通红，嘴唇不断颤动，但就是说不出一句话来。我示意他先回自己的房间，我与他的爷爷和爸爸继续进行谈话。

教师：孩子还小，在成长的过程中出现一些问题很正常，你们家长平时要多与他沟通，了解他的内心想法，而不是他一犯错误，你们就互相指责，这对小文良好性格的养成是极为不利的。

爸爸：唉，家庭负担重，我得在外面挣钱养家。我把孩子交给爷爷带，心里其实也是很担忧的，担心老爷子的火爆脾气对他有影响。现在看来，真是怕什么来什么。

教师：他妈妈为什么不在家照顾他呢？

爷爷：孩子三岁时，他们就离了婚，是我这个当爷爷的把娃带大的。

爷爷：（对学生爸爸）帮你带娃，你还嫌我带得不好。以后你自己带孩子，我不管了，我回老家去，和你妈在乡下还逍遥自在些……

父子俩你不让我，我不让你，争吵不休。

教师：既然爷爷也不管了，那就让孩子自生自灭吧。我也不多说了，准备回去了。

爷爷、爸爸：那不行，我们还指望他多读点书，有出息呢！要不然，我们怎么会让他从乡下转到城里来念书呢？可是，自从转学后，这娃娃就不听话了。

教师：那你们能配合老师对他进行教育引导吗？

爷爷、爸爸：一定！一定！

教师：爸爸要外出务工，为家庭创造更好的物质条件，爷爷应该支持。怎么支持呢？那就是尽量帮忙把孙子带好，让爸爸能够安心工作。

爷爷：可我一个庄稼汉，也只能保证他吃饱穿暖，别的不会啊。

教师：这个您不能急，得慢慢来。你们家离学校不远，步行也就 8 分钟左右，我建议您每天接送他上学、放学，利用和孩子在一起的时间，陪他多说说话，问问他在学校生活得怎么样，与同学关系处理得如何，有没有新的收获。如果遇到什么困难，您也可以随时和我联系，我会帮忙解决的。总之，您要学会倾听他的心声，走进他的内心世界，不能一味地靠暴力解决问题。

教师：（对学生爸爸）虽说你要外出，但教育孩子终究是你的责任，爷爷是在帮你减负，所以你也要主动担责。坚持每 2—3 天给孩子打个电话，每个周末一定要保证和他视频聊天一次。青春期的孩子很敏感，你作为父亲必须关心他的身心健康，要让他知道，他也是有人疼、有人爱的孩子。

……

做好家长的工作后，我走进小文的书房，拉起他的手。他双手冰凉，却在出汗。

教师：以后无论是在家里还是在学校里，有什么事情你都可以来找老师，老师会帮助你的。而且，我希望你每天能来我办公室，和我谈话至少 5 分钟，行不？

小文：您不嫌我烦吗？在家里都没人愿意听我讲话的。

教师：怎么会呢？与朋友聊天是很幸福的事情啊。

小文盯着我的眼睛，缓缓地点了点头。

离开他家时，我的心情十分沉重，但也有那么一丝等待曙光的期待。

【家访效果】

家访之后，因为有了“每天聊天 5 分钟”的要求，小文开始慢慢地主动靠近我了。一个月后，他来找我聊天时情形有了变化：有时带给我一颗糖，有时送我一个苹果，每次我都高高兴兴地接受，而且一定回送给他一件小礼物。听说我会打乒乓球，他还煞有介事地把一个爱好乒乓球的亲戚介绍给我。最为可喜的是，我了解到小文每天都能够坚持给爷爷讲学校里发生的事情，从开始的被动回答到现在的主动讲述，从起初的三言两语到如今滔滔不绝地讲自己的感受。

【家访进阶】

走进学生心灵，让学生依恋。

【家访计划】

家访准备：

（1）准备喜报。

（2）和学生确定合适的家访时间。

家访形式：

登门家访。

家访目标：

充分肯定学生的变化，增强学生的成就感，增进亲子之间以及师生之间的感情，让学生融入班集体。

【家访实录】

期末考试之后，我再次走进小文家中，他十分腼腆地冲着我笑。见此情景，我摸摸他的小脑袋，大声对爷爷说：“爷爷，今天我是专门来给你们送喜报的，恭喜小文在本学期获得了最大进步奖。”我话未说完，就掏出了一张大红的喜报，上面盖着学校的大红公章。小文拿起喜报，坐到我身边，开心地笑了。

接下来的交谈十分顺利，小文甚至还主动跟我讲起了班里的趣事。我及时肯定了他的进步，并向他承诺，如果下学期能够遵守校纪班规，并与同学建立良好的关系，我还会来看他。他说："我盼望着那一天早点到来！"我隐隐约约感觉到小文开始对我有了一点依恋。

爷爷也十分高兴，说自从用了我给他的"锦囊妙计"之后，他和孙子的关系越来越好了。我开玩笑说："爷爷，您功不可没。年终儿子回来了，也应该给您颁发家庭最大贡献奖。小文的思想、行为已基本正常，也能与其他同学正常交往了，但要养成良好的学习、生活习惯，树立正确的人生价值观，成为一个有作为的人，您还任重而道远呢！"

"我一定继续努力！"爷爷爽快地说道。

离开他家时，我暗自高兴，我和小文不仅能正常沟通，而且已经有了情感上的交流了。

【家访效果】

七年级下学期，小文在学习、生活各个方面对自己的要求越来越严格。听他爷爷说，他每周在家里会主动做一次彻底的大扫除。八年级班委会改选时，他主动请缨，当上了生物课代表；每周的清洁大扫除，他成了班上的技术指导员，把所有工作都安排得妥妥当当。小文渐渐没有了以前的自卑、自闭，慢慢融入了班集体，与更多的同学建立了良好的关系。

【家访反思】

小文只是成千上万个单亲留守学生中的一员，通过几次家访，我惊喜地看到了他的变化与进步。回顾几次家访工作，我有如下体会。

1. 做好充分准备

开展家访工作时，"为什么访""访什么""如何访"是我们应该思考的首要问题，只有访前认真思考了这三个问题，家访才可能收到实效。为此，我在访前认真分析了小文的情况，从科任教师那里了解了小文的课堂表现和学习情况，更是找小文的小学同班同学了解了他在小学的情况，为制订家访的策略收集了全方位、立体化的信息。同时，访前还充分预设了可能遇到的困难，做好了克服困难的心理准备，针对学生的具体情况列出谈话提纲，力争从容不迫、有条有理地进行谈话。

2. 赢得学生信任

单亲家庭的留守学生有着双重特殊性，在这样的环境中成长起来的学生，大多

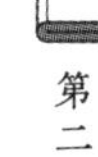

敏感，常常将自己的心封闭起来，外人很难进入。第一次家访前我的主动要求做客，家访后的“每天 5 分钟聊天”都是为了取得学生的信任，便于走近甚至走进学生封闭起来的心。

3. 选择最佳时机

我选择在小文、小文爸爸和爷爷都在家时展开首次家访，目的在于全面了解情况；选择在期末考试之后进行第二次家访，是为了让小文感受到自我价值与成就感，使其逐步消除自卑，让爷爷也看到希望，这样更有利于沟通。

4. 讲究谈话艺术

不管是对家长，还是对学生，谈话时都要做到多鼓励，少指责；多肯定，少批评；多引导，少说教。但原则性的问题，教师必须一针见血地指出来，以引起家长和学生的充分重视。

【专家点评】

当我们看到“单亲”“留守”这两个词时，就知道孩子成长环境的特殊性了。这类孩子大多面临着家庭教育力量薄弱、亲子关系疏远等问题，容易形成自闭、叛逆等心理。对于这类孩子，教师需要付出更多的努力，还需要家校携手形成合力。只有这样，才能真正促进孩子全面、健康成长。

郑老师班上的小文就是这样一个既“单亲”又“留守”的孩子，多重不利因素使他形成了学习习惯不好、人际关系不佳、自闭、叛逆等问题。“问题孩子”不可怕，关键是我们要找到孩子出现问题的原因以及解决问题的策略。郑老师以家访为抓手，通过家校协同将一名“问题儿童”慢慢引上健康成长之路。小文的转变，应该说是得益于郑老师开展的几次充满情怀、智慧和期待的家访工作。该案例带给我们如下启示。

第一，家访要充满情怀。很多家访常常发生在学生出现问题之后。这时候的家访，孩子和家长会有一种被“兴师问罪”的感觉。如此情景下的家访，存在着家访主体地位不平等、家校双方话语权不平等等问题，故难以开展深入而有效的交流。这就需要教师用博大的胸怀来宽容学生和家长的问题甚至是过错，需要教师用极强的耐心来陪着学生慢慢转化，而且这种胸怀与耐心需要贯穿家访工作始终。本案例中，郑老师通过在食堂进餐时与小文“套近乎”、第一次入户时拉着小文的双手说心里话、第二次家访时将喜报亲自送到小文家中等充满情怀的举措，为成功家访奠定了坚实的情感基础，这也是小文行为有所改善的重要外因。

第二，家访要充满智慧。家访是一项具体的育人工作，更是一项充满智慧的育人艺术，成功的家访必须讲究方法与策略。郑老师的家访做到了准备充分：访前问学生、问老师，问现在、问过去，目的是摸清情况；注重语言艺术，多鼓励少指责，多肯定少批评，多引导少说教；还注重了家访时机的把握，采用策略缩短了与学生的距离，在被学生信任后家访；还利用了在场原则，即等待家庭人员在场、信息对等时家访……这些家访策略与智慧，是家访成功的关键。

第三，家访要充满期待。皮格马利翁效应告诉我们，美好的期待能助力成功，期待对“问题孩子”的转化有极大的帮助作用。家访工作对“问题孩子”及“问题家长”的转化，不可能一蹴而就，教师要做好多次家访、多形式家访的准备。向好和向善是人的本性，我们有理由相信每个孩子都是愿意学好的，每一个家长都是希望孩子向好处发展的，因此当一次家访效果不明显时，教师们不能放弃，而要充满期待，不断调整家访策略，力争通过多场次、多形式的家访再求新突破。

点评专家：谭国发

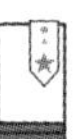

“家”与“访”齐头并进
——结合家庭辅导的系统式家访

刘兴惠

【家访起因】

张梅（化名）的大女儿婷婷 14 岁，上初三，小女儿 9 岁，上小学三年级。在一次家庭教育公益沙龙上，张梅就大女儿的问题向我咨询，她倾诉的问题有：大女儿喜欢玩手机，不喜欢妹妹，基本不跟父母交流，朋友也很少等。根据张梅反映的问题，综合考虑，我决定采取结合家庭辅导的系统式家访的方式来解决。

第一阶段——明理

【家访计划】

家访准备：

（1）事先和家长交流，了解亲子关系状态。

（2）约定家访时间。

家访形式：

面谈。

家访目标：

了解学生的家庭环境和成长经历，探寻学生问题的根源；督促家长正视问题，纠正家长不当的育儿观念；引导家长改变养育方式，疗愈学生成长中的创伤。

【家访实录】

目标：在与很多家长交流的过程中，我发现家长大多数是为孩子全心付出的，但最终结果却不尽如人意，委屈又茫然。问题就在于家长的付出没有和孩子的成长需求很好地契合，甚至做得越多，错得越多。对于张梅的满腹委屈，我计划通过1—2次面谈，让她明白家庭教育的重要性。

我：你为什么翻婷婷的书包？

张梅：她那个样子，我看着就受不了，老是鬼鬼祟祟的，躲着我。我猜她书包里肯定藏了什么不好的东西，比如说男生给她写的纸条。

我：如果你发现有这样的东西呢？

张梅：那就说明我想的没错，我早就知道她会这样。

我：知道了又能怎么样呢？你会怎么处理？

张梅：我不知道怎么处理，说她也不听。（沉默）前不久，我在她书包里发现了一张明信片，我就知道她为什么要躲着我了。以前她买东西没有节制，买了很多小东西，乱花钱，还容易分散注意力。头上的小发夹她可以买50个，弄得家里到处都是发夹。家里有她买的100多支笔，买了却又没怎么用，就在那里放着。

我：你思考过她躲着你的原因吗？

张梅：可能是怕我责怪她吧。虽然我知道我的做法不太好，但是她的问题很严重，我实在是控制不住自己。

我：既然你也知道这种做法不好，那以后就不要这样做了。我听婷婷说，你以前答应过她不翻她的东西，但是说了却做不到，孩子现在都不太相信你的承诺了。另外，孩子为什么喜欢买这些小东西？是因为她缺少和他人交流的渠道，内心寂寞空虚，想要用物质来填补。堵不如疏，解决方法是让她更多地和父母、朋友交流。另外，根据我的观察，我觉得这孩子还是有自控力的，她比你想象的要好很多。

张梅：也许是吧，看来我需要重新去认识她。其实说起来，有时候她和我顶嘴，可能是我太心急，说话太重了。

我：我们是成年人，孩子是未成年人，和他们交流时，我们要控制自己的情绪，自己情绪不好的时候尤其要注意这一点。还要注意，不能因自己不开心而迁怒于人。

张梅：是啊，您说得很有道理。其实认真想想，这孩子其实很不错，有时候还是很体贴我的。前天下午我要她送妹妹去舞蹈班，她开始不愿意。在跟她说话的过程中，我感觉有点不舒服，头晕，她注意到后就问我怎么了，然后就答应去送妹妹了。那一刻，我觉得她跟平常完全不一样，很懂事，也很可爱。

我：是啊，人都需要理解和尊重，你尊重她、理解她，反过来，她也会尊重你、

理解你。孩子们真的很可爱，我们走一步，他们就走十步。请你按照今天我们谈话的内容，改变和女儿相处的方式。同时请完成一份“家庭作业”：一个星期后，交给我一份描述这一个星期女儿和你的相处情况的日记。

【家访效果】

家长日记：老大今天从学校回来时，竟然给妹妹带了一块面包，妹妹开心地从床上跳了下来。我发现老大在翻自己的书包时，就凑过去看，老大立马把书包拉上了。她洗澡时，我实在忍不住，去翻了一下她的书包，结果什么都没发现。后来，我在老大书房里发现了一张明星的签名照，我想起以前我说过不让她追星，也许她是因为这个原因在躲着我。

下午一家人送老大去上学，我提到惠子老师，老大说：“惠子老师没要你跟我多讲道理，教育我好好学习吗?”我笑着说：“她没说要你好好学习，而是提醒妈妈要多学习，你看妈妈是不是有改变了?”老大没再说什么。到了学校附近，老大下车后挥手对我们说：“你们要想我哟。”一下子，全家人心情都好起来，妹妹喊着：“我会想你的!”这种气氛好久都没有了，以前老大都是一下车就头都不回地阴着脸走的。

【家访反思】

通过家访时的深入交流，张梅已经注意到了一些自己不当的思维和行为，并作出了改变：对婷婷越来越理解和接纳，沟通方式也有很大的改变。最重要的是她认识到控制好自己的情绪对改善家庭氛围来说很重要。张梅的改变，立竿见影地影响了婷婷，从家长日记可以看出来，张梅甚至有点不敢相信婷婷的变化，这无疑是一个良好的开始。

第二阶段——觉察与清理

【家访实录】

目标：通过深入交流，让家长逐渐认识到自己负面情绪的危害，学会控制负面情绪，从而进一步改变与婷婷的相处方式，让婷婷更好地成长，家庭更加和谐。

张梅：（语气弱弱的，有些无助）最近老大学习不努力，经常拿我的手机玩，我心里可难受了。

我：她拿你手机是为了做什么？

张梅：有时候是要拿我的手机做口语作业，有时候查查资料，看下新闻。

我：查资料、看新闻都是可以的。如果她拿了手机后不是在做作业，而是在偷偷地玩别的，那她就是在找借口，这时候要及时纠正。她用手机的时间长吗？

张梅：不太长，每天40分钟左右吧。

我：从内容和时长来看，我觉得她没有沉迷于玩手机，因此你不用太过担心。建议你和她针对手机使用的问题交流一次，做好约定，相信她能够合理使用手机，同时，家长也要做好示范。

张梅：我也想相信她，但有时候还是担心，就想要一直在家监督她，盯着、守着，怕她玩手机。

我：现在是信息化时代了，我们也要适应时代的发展，现在有些学习和任务也需要手机来完成。另外，我们肯定不想让孩子学成书呆子，看看新闻，开阔视野、增长见识，也是必要的。

张梅：（思考）看来还是我太过焦虑了。今天回去，我就会和老大就使用手机的内容和时间进行约定，我也要相信她能够合理地使用手机。

【家访效果】

家长日记：老大作文获第一名

老大下晚自习到家，高兴地向我汇报："妈妈，你知道这次月考，我的作文是我们班第几名？"我看她那么开心，心想肯定考得很好，说："前十名？"她说："第一名！"我开心地说："哎呀，这是我姑娘吗？要'逆袭'了呀！"她爸爸听了说："'逆袭'是要付出很多努力的，不是光喊口号就行的。"孩子爸爸嘴上这么说，能看出他内心也是开心的。孩子在进步，我和孩子爸爸要把这进步放大，用"珍珠眼"看孩子。

家长日记：女儿的飞跃

两个月后的某天。

刚才老大做完英语口语作业，把手机还给我时说："这样下去不行。"我问她："什么不行？"她说："有时候我控制不住自己，想偷偷玩手机，做作业时你要监督我。"

听到她这样说，我觉得好笑又开心。我告诉她："我不想监督你，我还有我自己的事情要做。"她说："你可以一边做你的事情，一边监督我呀。"我说："我相信你能

做好，你也要相信自己。”她说：“那好吧，不过你看到我走神的时候，还是要提醒我一下。”

我此刻好开心呀，孩子能有这样的想法，证明她真的成长了。

一开始，在与婷婷相处的过程中，张梅对婷婷过于关注，自己过于焦虑。而婷婷对妈妈这种时刻盯着她的行为很反感，不仅内在学习动力没有被激发，有时候还会和妈妈产生争执。

通过提醒，张梅学会了消除自身的焦虑，不再对婷婷过于关注，而是在做好约定的基础上给予婷婷充分的信任、尊重和爱。而婷婷的表现也不负所望，不仅能规范节制地使用手机，而且学习的主动性有了很大的提高，学习成绩也有了明显进步。

【家访反思】

本次结合家庭辅导的系统式家访，过程虽然曲折，但最终圆满完成了任务——家长不焦虑、不发火了，婷婷不顶嘴、更自觉了，家庭更温暖、更和谐了。对于本次家访，我有如下一些思考和收获。

1. 做学生和家长沟通的桥梁

家庭教育的本质是父母和孩子共同的改变和成长。现代社会压力很大，家访者要理解家长、理解学生，做好他们之间的桥梁。既不能只站在家长这边做审判官，也不能只站在学生这边让家长自责。

2. 家访可以形式多样化、持续进行

持久的家访效果是要实现家长的持续进步，这往往需要多次家访才能起效，要长期跟踪，持续解决。家访不一定要去学生家里，也可以在学校进行，或是通过电话、“微信”等开展家访。

3. 家访要讲究方法

家访时，不要和家长、学生讲太多道理，更重要的是给予有效、可实施的建议。家访最好不要大张旗鼓，因为一般来说，学生最害怕老师给家长打电话，更不用说来家里家访了。所以，最好不露痕迹，在最合适的时候进行家访而非突然造访，更能了解最真实的情况。

4. 家访的本质是一种高效真诚的交流

“家访”的“家”是家庭的家，家人的家；“访”是沟通交流，因此家访的本质是

一种高效真诚的交流。家访以家长为突破口，重点访家长而不是访学生，最终达到家长和学生共同进步并解决问题的目的。

【专家点评】

从众多家访案例中我们可以看出，“问题学生”身上的问题，解决的根源不仅在学生，更在家长和家庭。本案例最终解决了学生的问题，一个重要措施是通过一系列巧妙的方法，由表入里了解问题，由浅入深解决问题，逐步促进了家长思想和教育行为的改变，进而改变了学生的行为。

本案例的巧妙之处体现在如下几个方面。

一是准备充分。通过与家长的充分交流，深入了解了家长的教育理念及亲子关系状态。

二是循序渐进。通过“明理”“觉察与清理”两个阶段，让家长认识到孩子问题的根源，进而作出了改变。

三是方法巧妙。通过给家长布置“写日记”作业的方式，促进家长去细心观察细节，开展自我反思，触动家长内心。

尽管本案例中家访次数不多，但能让家长充分了解家庭教育的本质，促成了家长的成长。这只是开始，最终目标是引领家长走上自我成长的道路，从而更好地增进亲子关系，进而促进学生的自我塑造和成长。

点评专家：潘素容

高中篇

处于青春期中后段的高中生，因千军万马抢过高考“独木桥”，多数人精神高度紧张，学习压力极大。很多家长倾己所有支持孩子的学习，甚至停下工作陪读，更加重了孩子的心理压力。少数学生因在小学、初中阶段未打好学习基础、未养成良好习惯，跟不上高中学习节奏而过度焦虑，加上孩子追求独立与家长不愿放手、不会放手之间的矛盾，使少数学生出现行为偏差、交友不当、心理异常、沉迷游戏、亲子关系紧张等问题，给高中阶段教师的家访工作带来了更为严峻的挑战。引导家长和学生保持适度的心理预期，以平常心面对高考，科学、合理地疏导学生的情绪，减轻学习压力，为学生的身心健康保驾护航，成为高中教师家访的重要目标。

Yes，I can!
——我的“3X”家访课

鲁红梅

【家访起因】

小欧是个文静内向的女孩。她父亲常年在外跑运输，她随母亲租房住，偶尔去爷爷奶奶家。高一期中考，她考得不理想，脸上的笑容更少了。在“蓄力·启程”主题班会课上，小欧领到了属于她的“定制奖状”——一件由妈妈亲自绣了“Yes，I can”的白色卫衣。晚上，我和小欧妈妈分享颁奖照片，谈及小欧略显停滞的学习状态，约好去家里上一节“3X”家访课，以期通过家访课，增进亲子沟通，进行积极对话；缓解心理压力，唤醒目标意识。寻找几束光，汇聚几股力，鼓励小欧追求音乐梦想。

【家访计划】

家访准备：

（1）与小欧父母交谈，深入了解其亲子关系、成长环境、性格成因等，从而寻找家访课切入点，确定家访课目标。

（2）与小欧交谈，发现其愿景、学情困境、动力构成，捕捉教育契机，确定家访课的重点和实现方式。

（3）联合科任老师，更全面、真实地了解小欧的学习状态，分头挖掘家访课资源，各自做好准备。

（4）给小欧父母布置任务：每人给小欧写一封信，家访课的时候，在小欧面前朗读。

（5）联系小欧初中的好闺蜜“吴姑娘”，请她拍一段视频给小欧，鼓励小欧追求音乐梦想。

（6）联系两名优秀毕业生，家访时请他们随行，或写一段关于学习音乐心得的寄语。

家访形式：

“3X”家访课，即发现——分析生本实情，寻找教育契机；实现——汇集家访资源，分头做好准备；呈现——上好四十分钟家访课，写下育人故事。

家访目标：

（1）打开学生心扉，使其真切感受到父母的关爱和鼓励。

（2）增进亲子沟通，进行积极对话。

（3）明晰学生高中阶段的奋斗目标，唤醒自信。

（4）与家长合力，明确共同的教育愿景，做有实效的努力。

【家访实录】

实现：照进第一束光——“闺蜜”吴姑娘

当视频点开，久违的“闺蜜”出现在眼前时，小欧又惊又喜，落下泪来。“真的好想你啊，好几次打你电话，你都没有接，我就想，哇，小欧又去练琴了……”吴姑娘话语亲昵，俏皮可爱：“选科选了物理，太难了，学到快要秃头，但我不会放弃，因为这是我自己选择的……一定要好好努力呀，上次让你给我写个谱子，你才听了两遍就写出来了，太崇拜你了！希望将来小欧做一名优秀的钢琴教授，带我周游世界——靠你啦。”视频看完，小欧非常感动。她问我：“老师，可以把这个发给我妈妈吗？我想保存下来仔细地看。”我说：“视频就是妈妈联系吴姑娘的妈妈拍的，妈妈很了解你哦。平时你在周记里常提到的‘闺蜜’，不在一起读书了，还这么关心你，好羡慕你有这样的好朋友。”

实现：照进第二束光——师者群体

年级主任詹姐朗读了她写给小欧的“定制寄语”，关键词是“飞翔”。飞翔需要高度，思想也是。我拿出林语堂先生的《给思想一个高度》一书，送给小欧，并告诉她，一个人对自我和世界的认知决定了其眼界和方向。有了坚定的方向，才能经受风雨，大风大雨能成为我们搏击长空的助力。同行的专业老师梅梅非常认可小欧的专业实力，她用“珍珠”来比喻、赞许小欧，拉着小欧的手鼓励她：路一旦选定，就要坚持走到终点。

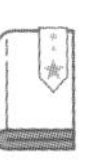

实现：照进第三束光——学姐学长

婧文是本次家访课的特邀嘉宾。她 2015 年考入广西艺术学院，毕业后回到家乡，致力于钢琴教育。婧文和小欧都是黑白键上的精灵，婧文有更多的成长阅历和专业经验，正好可以帮到小欧。两个女孩围绕专业方向、专业联考与校考等话题进行了交流，并互留了联系方式。除了邀请婧文同行家访，我还请首都师范大学在读的我校毕业生朱小文给小欧写了一封信。这位进了大学就组建了“万向轮乐队”的大二男孩，用首都师范大学的信纸写了两页的信，给学妹加油打气。

实现：照进第四束光——父母至亲

轮到小欧爸爸读信了，我请他坐到女儿身边读。满满当当三页信纸，拙于表达的父亲是如何写出来的，我不得而知，但他握着信纸的手在微微颤抖，读信的声音也在微微颤抖：“亲爱的小欧，我的宝贝女儿：小的时候，你常趴在爸爸背上，喜欢爸爸背你。渐渐地，你长大了，不知从什么时候起，我们的交流越来越少，有时说不上几句话，你就烦了，不再愿意和爸爸交流。爸爸跑运输，努力挣钱，回到家就算很累，也还是很想和你聊天，听你聊聊你的朋友，谈谈你的困惑。我有太多的话，太多的叮嘱，不管你愿不愿意听，我都会把我积累的有益的人生经验记下来，等到你需要的时候告诉你。无论是什么时候，发生了什么，请你不要有顾虑，我的心扉任何时候都是对你敞开的，爸爸的怀抱永远是你可以停靠的港湾。不管你多大，你都是我最亲爱的孩子，爸爸永远爱你！”

大家安静地陪着小欧倾听，父亲不善表达的爱，还有他的几度哽咽，都令我们动容。小欧红了眼，爸爸妈妈也几度红了眼。信读完，我们给予了热烈的掌声。都说父爱如山，无论是开头长长的称谓“亲爱的小欧，我的宝贝女儿”，还是末尾那句承诺“我的心扉任何时候都是对你敞开的，爸爸的怀抱永远是你可以停靠的港湾。不管你多大，你都是我最亲爱的孩子，爸爸永远爱你”，都诉说着拳拳老父心，殷殷舐犊情。

如果说父爱是铠甲，母爱又是什么呢？小欧妈妈是位医生，她以医生式的严谨要求自己，也给女儿写了点东西。只见她掏出一个粉色笔记本说：“我都写在了这个小本子里，这样比较好保存，但我的字可能有点难认。”我打趣说：“没关系，医生的‘神仙字体’医人又医心呢。”没想到她又掏出一叠打印好的信，说：“我怕读不好，想请老师帮我读信，所以打印出来了。”——这位母亲哪里是怕读信，她是担心自己掉眼泪呢。

于是我们请詹姐帮忙读信。

“亲爱的女儿：你是妈妈生命中最重要的人。还只有 7 个月的时候，你就可以含含糊糊地叫出‘妈妈’了，真是让妈妈感到新奇又欢喜。你的童年、小学以及初中时期，妈妈陪伴你的时间都比较少，基本上是爷爷奶奶在照顾你的生活，每每想到这些，妈妈都感到无比地难过。原谅妈妈，妈妈有时是迫于无奈，有时是事与愿违……”小欧听到这里，已泣不成声，妈妈流着泪，爸爸也红了眼眶。

小欧妈妈引用余光中的“朋友四型”的说法，告诉女儿择友和惜缘的重要性；她提出四个底线，告诉女儿处事的原则。“读书是辛苦，但比起艰辛生存的苦，读书的苦就不叫苦，哪位优秀的人不是这样经历拼搏和努力，才换来有价值、有尊严的体面生活的呢？只是从目前的学习状态来看，你还欠缺一点点专注和自信。还记得老师让家长给你们准备的‘奖状’吗？那件卫衣上绣的字，其实就代表了妈妈的心声，妈妈相信自己的女儿是最棒的，而且，你也应该有充分的自信，只要全力以赴，只争朝夕地、一门课一门课地攻克，相信你一定可以对全世界宣布‘Yes，I can’!”

小欧很喜欢卫衣上绣的字，听说要上家访课，特意在羽绒服里穿上这件卫衣。她给我们看妈妈绣的字，小欧妈妈欣慰极了。

最后，我们一起拍了合影。寻找几束光，照亮前行路，愿小欧在自己的人生舞台上做闪亮的主角，永远能够自信地说：“Yes，I can!”

【家访效果】

时光见证了家访课的效果。家访后，小欧父母给我发来感言和感谢，明确了奋斗方向的小欧渐渐开朗起来，她开始在班级舞台上展示青春风采。在高二的体育艺术节舞台上，她与同学表演了斗琴，博得如潮掌声。小欧父母分开多年，终能为了孩子的成长和发展坐下来，平和沟通，审慎决策。教师团队更加了解小欧了，大家达成共识，帮助小欧克服学业上的各种困难。“Yes，I can!”正在悄悄改变着一个孩子的现在，正在书写她美好的未来！

【家访反思】

基于“发现·实现·呈现”的“3X”理念，我反思本次家访课的全部过程，小结如下。

1. 敏于“3X”，精心准备

“3X”家访课既然被称为“课”，就需精心准备。缘何家访？发现了学生表现出来的哪些端倪？这堂课的目标是什么？想要解决什么问题？四十分钟的时间，如何高效完成目标？发现了哪些人或事或物的关联点？结合既往的、当下的、未来的不同阶段，可以指定哪些动态的预设点？如何呈现这个过程，并产生第二次发现的生成点？

2. 发掘资源，“众筹”力量

做家访准备的时候，我总是问自己：还能发掘出哪些教育资源？哪些更有针对性，更能激起家长和学生的情感共鸣？在设计家访课的过程中，我尤为重视利用毕业生这一优质教育资源。请毕业生给学弟学妹写一封信，讲一堂“微课”，录一段视频，这是母校的特别“索取”，是毕业学子的一次反哺，一份责任，也是母校和学子情感的纽带。从学校里走出去的千千万万个人，都是我们教育实效的延续性呈现。以他们为榜样，成为新的引领者，是教育的生生不息的生命力。

3. 巧借载体，赋能成长

捕捉一些记忆点，借助实物，不断强化其积极功效。比如对“Yes，I can”这句话的循环赋能：作为定制奖品，这件卫衣成了一件附加了亲人的鼓励的物品；通过家访，卫衣上的这句话成为小欧明确奋斗目标、自我认同的信条；小欧生日，班级举办了一场生日会，也用到了“Yes，I can”，班集体也受到正能量的引导；面对困境时，小欧通过这句话可以串联起家访课、生日会等成长经历，能够从这句话中汲取力量，努力克服困难，一次次用实际行动证明“Yes，I can”；在反复的强化中，小欧受到积极的心理暗示，达成一个又一个的成长小目标。

与时光做伴，待生命成长，看教育风景，听爱的回响。在“3X”家访课的推进下，我们一路欣赏了家校协同育人的感人风景。一封有温度的书信，一本有意义的书籍，一沓有共鸣的寄语，一段有泪点的告白，一个有力量的拥抱，一场有深度的对话，一次有效果的唤醒……什么是教育的幸福？这就是。

【专家点评】

看到这个案例，我们是如此地欣喜！这是一节不可多得的、符合德育课程理念的、润泽学生心灵的家访课，是一次家校社协同育人的创新性探索和实践！

欣喜于对“3X”育人理念的鲜活实践。通过“发现·实现·呈现”三个环节，结构化实施家访过程，即发现——分析生本实情，寻找教育契机；实现——汇集家访资源，分头做好准备；呈现——上好四十分钟家访课，写下育人故事。

欣喜于对德育课程的精心设计。鲁老师把家访当课程精心设计，通过“3X”核心理念的引领、灵活的组织形式、丰富的教育资源、真实的场景呈现，找到几束光，汇聚几股力，将“人人是老师、事事是教材、处处是课堂”的育人理念生动地融合于家访之中。

欣喜于教育活动的不断生长。教育发生的最有效的时候是学生的心灵受到触动的时候，鲁老师围绕妈妈给小欧的一句鼓励“Yes，I can”，将教育活动不断延伸，从班会课到家访课、再到生日会、学生成长的大舞台，一次次给予学生心灵的滋养，让学生从这句话中汲取力量，克服困难，一次次用实际行动证明了“Yes，I can”！

点评专家：秦慧

从“心”开始，重“新”出发

向春玲

【第一次家访】

了解情况，送《告知书》。

【家访起因】

小尧同学（为保护学生隐私，文中名字都是化名）选科分班时进入我班，有一天和家长在电话中起了争执，她的情绪很激动，并且在宿管阿姨那里闹到很晚，不肯回寝室睡觉。第二天，我找小尧单独了解情况，她说了要请假回家后便一直保持沉默，不愿多说。我只好找小尧之前的班主任了解情况，得知孩子的问题主要在心理方面。她性格比较孤僻，和同学相处得很不愉快。本来以为她请假回家只是短暂的调整，没想到后来家长打来电话要请长假，还在电话中简单说了孩子的情况，发来一纸“重度抑郁”的诊断书。看着医生下的结论，我的心情格外沉重，正是花样的年华，究竟是什么让小尧的心情如此低落以致要中断学业呢？

【家访计划】

家访准备：

（1）与小尧之前的班主任交谈，更全面地了解小尧在校学习及生活情况。

（2）与小尧分科之前的同班同学交谈，了解她的人际交往状况。

（3）邀请年级主任和心理教师同行，以便给予学生及家长更专业的指导。

（4）准备《心理健康状况家长告知书》。

（5）与家长商定上门家访的时间。

家访形式：

登门家访。

家访目标：

（1）将《心理健康状况家长告知书》送至家长手中。

（2）了解学生在家休息、治疗及学习状况，家庭基本状况，寻找帮扶的切入点。

【家访实录】

这个学生在我班上仅待了三天，我们交流不多，所以我心中有着一连串的疑问。去家访的途中，我与两位老师的话题一直围绕着小尧同学展开，因为看到了医生的诊断书，我们的心情都比较沉重。不知道这个孩子会以怎样的状态出现在我们面前，而我们又能为她做些什么呢？

小尧的家在市郊一个安置房小区，小两居室虽然有些拥挤，但是整体看起来比较温馨。通过交流，我们了解到，小尧8个月大的时候，父母就外出务工了，爷爷奶奶将她带到三年级。她在初中时有被同学欺凌的经历，被辱骂并且取了难听的外号，说她长得丑、胖，嫌弃她臭。虽然与现在班上的同学相比，她的中考分数差了50多分，但在初中，她的成绩是优秀的，有着自己的骄傲，承载着父母的期望。自进高中以来，她的基础不牢固的问题立马凸显出来，尤其表现在数学和英语两门学科上，学得非常吃力，再加上在爱美的年龄却身形稍显臃肿，还有高血压和一只眼睛弱视，她有了沉重的心理负担。身体上的自卑和学习上的困难压得孩子喘不过气来，父母不能理解她的心情，多次的争执让小尧觉得爸爸妈妈不爱自己，所以小尧才会情绪异常。

让人欣慰的是，小尧同学与我们分享了她闲暇时用平板电脑画的画，并告诉我们，她有走美术特长路线的想法。我们当即鼓励她可以为之而努力。因为小尧仍处在遵医嘱服药阶段，家长希望小尧在家把身体和心理调理好，也提到小尧在家依然会情绪失控，和家长起冲突。我们反复向家长强调要重视孩子的问题，听取专业医生的建议，及时和学校心理老师、班主任及学工处沟通，多给孩子关爱，给孩子提供必要的心理支持。

【家访效果】

通过家访，我们了解了学生在家治疗及生活状况，并对学生及家长就学生在学业上的困惑给予了指导性的建议。家长也意识到之前对孩子的情况没有足够重视，孩子发展到现阶段，家长自觉也有一定责任。

【第二次家访】

跟踪回访，说服学生。

【家访起因】

在高一下学期开学后不久，小尧提出希望能够休学重读高一。就她陈述的各种困难，我和她爸爸做了初步沟通，达成了基本共识。为了让她重拾继续学习的信心，我决定再次家访。

【家访计划】

家访准备：

（1）购买水果。

（2）和家长确定登门回访的时间。

（3）联系分管德育的校长、小尧的德育导师及心理教师同行。

家访形式：

重访面谈。

家访目标：

向学生介绍学校课程进展的基本情况，以及老师们能够提供的帮助和支持，增加学生返校继续学业的信心。

【家访实录】

那是一个周五的下午，平时事务繁忙的靳校长也特地抽出时间一同前往。我们再次走进了这个虽然不大，但是充满了浓烈生活气息的温馨小家。看到小尧在和小鸟玩，我们都很好奇，所以家访就围绕小鸟的话题，轻松愉快地展开了。

“这只小鸟是你买的吗？”“它会不会飞走？”“它吃什么呀？”“到处拉屎会不会很臭呀？”没有人能拒绝这样可爱的小动物，小鸟乖乖地站在小尧的手上，顺从地接受我们的抚摸，睁着一双圆圆的眼睛，小小的脑袋灵活地转着。我们连珠炮似的发问让小尧兴奋不已，她高兴地为我们一一解答着。

“照顾小动物就像养育一个孩子一样，需要足够的耐心和责任心呢！你对自己的学习有要求有期望，也是有责任心的体现。”靳校长抓住时机夸赞小尧同学。

小尧眨了眨眼，觉得不好意思，说：“我的数学和英语太差了，跟不上，我想……我想重读高一。”

看到她还是迷失在自己的困难中，畏难情绪又上来了，我赶忙说：“你看，我是你的班主任和英语老师，英语学习上的困难我们一起来面对，相信办法一定会比困难多。你之前提想转学日语，你爸爸也是支持的呢。”小尧同学的爸爸在旁边忙不迭地点头，为了孩子能够健康成长，哪一个父母不是义无反顾呢？

“小尧，你看这么多老师一次又一次地来家里看你，爸爸在学校附近把房子也租好了，你安心去上学，晚上回家我和你妈妈都可以陪着你。”听到这话，小尧转头看向爸爸，眼中闪烁着光芒，是欣喜也是意外。

我也没想到经过上次的初步沟通后，小尧爸爸的动作这么迅速，已经租好房并作好了下一步的安排。考虑到小尧初中时不愉快的经历，以及上高中之后对集体生活的不适应，为了帮助她度过返校适应期，我建议家长陪读一段时间。对于请假期间落下的课程，我们老师当场承诺在最短的时间内帮她赶上来，心理教师李老师也欢迎小尧在不开心的时候去找她聊天。

小尧答应在本周日重回课堂。临走的时候，我再次回头，小心地询问：“你要在我们约定的时间回来哟，我会在学校等你。”“嗯！”听到小尧肯定的答复，我如释重负。父母和老师无私的爱，对孩子来说就是最坚实的后盾和支持。

【家访效果】

小尧同学如约返回了校园。应她的要求，我把她的座位安排在教室里最后一排的角落里，并叮嘱同学们要善待她，同时请了一个热心的同学同她保持交流，想以此让她慢慢融入班集体。但她不参加集体活动，如集会、大课间、体育课等，总是独自在校园里徘徊，我每天进班的第一件事情就是看她在不在。还有同学反映，她存在自伤行为。她在学校的每一天，我都是忐忑不安地度过的。虽然小尧还未完全融入班集体，和同学们也保持着距离，但是和关心她的老师交流没有任何问题。科任老师也普遍反映她在学习上比较用功，学习态度相当端正。

【第三次家访】

直面问题，指明方向。

【家访起因】

正当我觉得情况在慢慢变好的时候，一天晚上的十点多钟，小尧爸爸突然发来一张照片。照片中的小尧双手被绑躺在病床上，周围站着几个护士。当时我只觉五雷轰顶——小尧被送入医院强制治疗了，严酷的现实粉碎了我的期望。怎么突然之间就住院了呢？我只觉内心隐隐作痛，顿感所有的努力化为了泡影。

【家访计划】

家访准备：

（1）和家长确认面谈时间。

（2）理清谈话思路：作为班主任，我相信有家长和教师用心的陪伴，孩子进步是必然的。

（3）确认参与面谈的人员。

家访形式：

家长进校。

家访目标：

（1）了解学生住院后的康复状况。

（2）让学生重返校园，学习、生活重回正常轨道。

【家访实录】

小尧同学出院后在家休养了一个月，我和她一家人约在校园见面。看到她低着头蹒跚而来的身影，回想起照片中的场景，我不禁潸然泪下。

“小尧，你看向老师来了，快叫人呀！”在进校的林荫大道上，孩子爸爸看到我迎上来，立马对跟在身后的女儿说道。

小尧缓缓抬头，喊了我一声，又低下了头，看不出情绪，声音中也听不到任何波澜。我应了一声，同是为人父母，看到孩子这样不免心疼。近一个月的住院治疗，一些精神类药物的使用，给孩子的身体造成了明显的影响。

进了接待室坐定后，我关切地问道：“出院之后，你觉得怎么样呀？”

“我写字会手抖，不能自控，走路也有些摇晃，晚上需要服用安眠药才能睡得着。”她黯然神伤。

“可能还需要一段时间来恢复，一切都会好起来的！”我忙安慰道。

“好端端的，怎么突然就住院了呢?”

“放五一假之前，她闹着要给手机充流量，要和同学联系，我没有答应，她就闹个不停，在家发脾气，行为过激，我就打了110……”坐在旁边的妈妈连忙解释。

联想到之前小尧妈妈没有注意到孩子的自伤行为，而且小尧也有提到妈妈嫌弃她胖，看来妈妈无意的言语和做法对她造成了莫大的伤害。于是我建议，在现阶段的教育中，孩子爸爸更多地参与，让有些急躁焦虑的妈妈更多地关注孩子的生活，做好后勤服务工作。

作为数学老师的年级主任，在给小尧加油打气的同时还分享了自己的心路历程，希望能减轻她的心理负担。老师们的安慰和支持让她再次答应重返校园，这次的回归需要我们老师付出更多的耐心与爱心。

【家访效果】

小尧同学再次返回校园了。让人惊喜的是，在老师们的共同努力下，她不仅开始参与集会、大课间等集体活动，还主动坐到了同学们的中间。我和同学们说笑时，她也会跟着一起笑，主动登上“喜迎二十大 诗韵满华夏”红诗会的舞台，和同学们一起为班级争得了第一名的好成绩。虽然她现在依然会有情绪失控的时候，但看到她的生活、学习逐渐进入正轨，我悬着的心终于稍稍安稳了一点。

【家访反思】

小尧同学之前被诊断为双相情感障碍，针对这种特殊的情况，几次的家访让我们意识到，她的康复是需要学校、家庭和社会给予长期的关注和帮助的，我会一直努力下去。在帮助小尧的过程中，我有以下几点感受。

（1）家庭环境是影响学生心理的重要因素之一。家长过分严厉、歧视孩子、经常贬低孩子、挫伤孩子的自尊心等，都会带给孩子过大的压力和精神负担，长期不能排解就会导致各种精神疾病。然而家长要意识到自己的问题，调整养育态度和方法并不是一件容易的事。

（2）为保障存在心理问题的学生能得到及时的、有针对性的、专业的心理治疗，对有严重心理问题的学生，学校需要建立转介制度；学生复学后也要制订心理干预方案，心理教师进行定期跟踪咨询、风险评估，建立档案，一生一卷。

（3）学生在治疗、康复期间，家长要针对学生实际，寻找家庭中的积极因素，比如养鸟、画画等，并引导其发挥作用。学生返校后，老师要注意管理好班级氛围，建立心理互助小组，同时成长导师、心理教师在教育和心理等方面多给予学生支持和呵护。

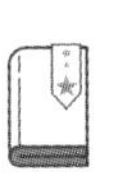

【专家点评】

阅读向老师的家访案例，是看见老师的微光照亮学生心灵的过程，也是我们的灵魂受到洗礼的过程，因为这个案例中凝聚着老师赤诚的教育情怀，书写了一颗真诚善良的助人之心。

助力心理状态异常的学生走出困境，真的是一件不容易的事，即使是专业的心理咨询师或治疗师，都需要耗费大量的时间和心力。但向老师不抛弃、不放弃，以一个班主任的责任和真心、坚持和韧性，向学校领导、心理教师、家长等不同渠道不断寻求资源，去找到那几束能照进学生心底的微光，帮助学生逐步走出困境，这种伏下身子、沉下心来、千方百计做好摆渡人的情怀和境界，让人动容。

当然，从这个案例中，我们也看到，即使是重度抑郁的学生，只要周边的老师、同学、家长的支持一直都在，能看见他们的苦难，看见他们的挣扎，能及时递给他们几根橄榄枝，在他们偶尔打开的心门里照进几道光，他们也就会逐渐打开通向世界的门。

但愿能多一些这样的向老师、靳校长、李老师……

不得不说的是，对于像小尧同学这样心理状态严重异常的学生，教师的力量是有限的，必须有专业人员长期的介入、教师和家长的积极配合，才能从根本上解决问题，难度较大。所以，最重要的是加强预防，“治未病”，让学生不生病，“治未病”最好的药就是家长的成长，而这需要全社会的共同努力。

目前，我们国家以立法的形式高度重视家庭教育，护航孩子们的成长，相信生病的孩子会越来越少。

点评专家：秦慧

探索看不见的冰山

谭雪梅

【第一次家访起因】

2022年3月，我开始担任班主任。开学第三天，音乐课后，班长跑过来告诉我，班上有四个男生逃了音乐课去打篮球了。我们学校的学生逃课，我还是第一次听说，十分震惊和愤怒，但我还是冷静了下来，直到中午学生们吃完饭才去教室把这四个男生叫出来。这次，是我和王萧（化名）的第一次交锋。

四个男生走到教室外，小心翼翼的，显然是知道所为何事，耷拉着脑袋，不敢看我。但其中有一个男生，斜脚站着，头高高昂起，时不时还抖抖脚，一副吊儿郎当的样子，他便是王萧。在我的追问下，另外三个男生说是王萧课间带着他们去打篮球，音乐课的上课铃响起后，他们本要回去上课，但王萧撺掇他们留下来，他们没有抵抗住诱惑，就发生了开头的那一幕。王萧对此并无辩解，一脸无所谓，点头表示情况属实。一番教育过后，我告诉他们逃课不是小问题，需要告知家长。其他三个男生都带着哭腔恳求我不要告诉家长，并保证自己绝不再犯，唯独王萧不为所动，呆呆地站在原地，眼神空洞，丝毫没有认错的意思。

当天晚上，按照程序，我请来了这四个男生的家长，告知了家长前因后果，对学生进行了批评教育。在这个过程中，其他三个学生都低头认错，并作出了不再犯的保证。但是王萧即便是面对自己母亲的批评，也并未表现出任何悔过之心，甚至还不耐烦地顶嘴。我对这个学生与其家人的关系产生了一丝疑问，但在当时的情形之下，我并没有多问，只是默默提醒自己：这个学生，需要多加关注。

转眼两个星期过去了，有一天下午，班长过来跟我说，王萧课间与班上的某位同学发生了争吵，差点动起手来。我又紧张起来：这个学生怎么接连惹事？

我找来几个同学了解情况。原来王萧与同学之间的矛盾是刚结束的一次数学考试导致的。这次数学考试题目非常难，班上学生的分数都不怎么高，平时数学成绩优异的学生也只考了110分左右，但是王萧却考了135分。王萧在发试卷的时候把大家的分数大声念了出来，嘲讽其他同学。有一位学生十分不满，站起来说："你抄答案，有什么可'嘚瑟'的?"就这一句话，双方开始争吵、互相谩骂，最后王萧冲过来要动手，好在被其他同学及时劝阻了。同时我也旁敲侧击地问了下大家对王萧的评价，总结起来大家对他的印象是：言语粗俗，爱讲脏话，行为极端。

这些评价并不让我惊讶，与我的观察基本相符。这个学生身上表现出来的问题恐怕只是冰山一角，深层次的原因都隐藏在看不见的地方，仅靠我在学校与他的沟通是无法了解的。所以，我想有必要进行一次家访，去深入了解他的家庭生活环境和家庭教育情况，探索那"看不见的冰山"，从而更好地发现和解决问题，引导其健康成长。

【第一次家访准备】

（1）找到王萧上学期的班主任，了解其之前的表现，并做了重点事件记录。上学期他和班上一位同学因为一个U盘，发生了争执并打架。

（2）提前打电话与家长沟通，确定家访时间。

（3）准备家访活动记录本，提前熟悉王萧的基本家庭情况。

（4）构思要沟通的内容，拟出谈话提纲，准备好沟通策略。

【第一次家访实录】（片段）

当天中午，我一个人前往王萧家里，家里只有他和他母亲。进客厅坐下后，王萧给我倒了杯水。王萧的妈妈说起儿子，又爱又恨："他上个星期去看了初中班主任，班主任说他很有礼貌，他还自己跟班主任讲上学期没有好好学习，这学期要努力了。以前老师都说他聪明，就是太懒了。"我问到王萧小时候的生活，他母亲告诉我，因为他们夫妻工作都忙，没有时间带孩子，平时都是爷爷奶奶帮忙带的。爷爷奶奶就这么一个孙子，非常宝贝，总是惯着，要什么给什么，说什么是什么。

讲这些事的时候，王萧偶尔插句话表示反驳。等他母亲说完，我便打趣他道："弟弟今天不在家，是不是少了点乐趣啊?"他说："不在家才好，不然吵死了，烦得很。"他妈妈接话道："我还不是害怕你以后成年了一个人孤单？我给你生个弟弟，以后你们可以互相帮助啊。"王萧突然站起来，激动地喊道："是我让你生的弟弟吗？你生之前问我了吗？不要又说什么是为了我!"我见状赶紧打圆场，劝了几句，他才冷静下来。

【第一次家访效果】

本次家访的主要目的是了解王萧的家庭情况，尤其是他小时候的成长环境，以便能够更好地分析他现在出现问题的根本原因。两个多小时的家访，总体来说我们交流得很顺畅，在我的引导下，王萧和他的妈妈讲了很多，我也了解到了很多信息。根据这些信息，我也设想了今后在教育他时所能够采取的更加合理和更有针对性的方式方法。

接下来的一段时间，王萧在学校里的表现明显好了一些，看到老师会主动问好，也没有再和同学发生争执。

【第二次家访起因】

转眼到了暑假，八月的某天，晚上十一点，王萧的母亲突然给我打来电话，听起来情绪十分激动。原来王萧和她因为手机问题发生口角，王萧在家里动手打她，把她推倒在地，还试图拿拖把砸她，最终在弟弟的哭喊声中，王萧将拖把摔断作罢。当晚，王萧的母亲在电话中边说边哭，讲述这些年来为王萧的辛苦付出和不被理解的辛酸。半个多小时的电话，从开始的伤心无奈，到最后的愤怒，甚至放出狠话说以后再也不管这个没良心的儿子了。我认真听她诉说，慢慢安抚好了她的情绪。挂断电话，已是深夜，我却睡不着了，思来想去，觉得有必要在这个暑期再进行一次家访。

【第二次家访实录】

提前沟通好后，次日晚上我又一次来到了王萧家里。她的母亲开门，招待我到客厅坐下，客厅里还有王萧的弟弟，他正在一个人玩玩具。她的母亲指着房间门，向我使了个眼色，我看懂了她的意思：王萧把自己关在房间里打游戏。

我去敲了敲房门，叫了一声。王萧打开房门看到我，脸上带着一丝惊讶和惶恐的神情，问道："谭老师，你怎么来了?"我示意他出来，到客厅坐下。

坐定之后，王萧的母亲借口去给弟弟洗澡，让我和王萧单独相处。

"我妈又向您告状了吧?"王萧率先开了口。

"不是告状，而是说明情况。关于昨天晚上发生的事情，你有什么要解释的吗?老师想听你说。"

"没什么好说的。"

"老师就想知道，你是不是真的动手打人了?"

“是的。”

“那你觉得这样对吗？”

“不对。”

“老师平时怎么教育你们的？什么是最重要的？”

“……德行最重要。”

“那你为什么要这么做？”

“……”王萧半天没有说话，室内一片寂静。

“以后还动手吗？”

“不会了。”

“那是不是要跟妈妈道个歉？”

“我……”

在我的耐心引导下，他偶尔开口说几句。在不多的言语和表情中，我看到了这个男孩身上的倔强和对母亲的极度不满。我只好尽我所能跟他讲道理，告诉他动手打人的严重性和危害，尤其是他打的对象还是他自己的母亲，这更是错上加错。我劝诫他“百善孝为先”，以后要注意控制自己的情绪和行为，不能冲动，绝对不能再发生同样的事情。作为高中生，学业繁重，虽然平时不能为父母做很多的事情，但是最起码要做到尊敬和爱戴父母。他认真听着，不时点点头。

跟王萧聊了半个多小时之后，我起身离开，他母亲送我到小区楼下，又聊了许久，我了解了更多的信息。原来，王萧第一次对母亲动手是在初三，也是因为手机问题。那次王萧对母亲动手之后，不仅把家里的玻璃门砸碎了，还跑到车库把车子的两个大灯和后视镜都砸坏了。第一次动手之后，父母并没有采取什么有效的教育措施，事情就这么不了了之了。一次关键的教育契机就此错过了。我想，发生这么严重的事情而没有得到应有的教育和惩罚，这正是孩子后面一而再再而三动手的原因，但是王萧的父母似乎并未意识到这一点。

【班会集体教育】

这两次家访虽然起到了一定的作用，王萧的行为有所好转，但他身上的问题并没有得到根本解决。他的冲动和暴力倾向是长久以来家庭环境的不和谐造成的，需要更多的教育、提醒和督促，才能让他发自内心地作出改变。所以，我开始准备新学期的第一次班会课，计划进行一次集体教育。学生返校之前，我发布了第一次的班会课的主题——“分享暑假和爸妈的故事”，让大家提前准备。

开学后的第一次班会课，同学们十分活跃，积极分享发言。有的同学分享了和父母间温馨的故事，也有同学讲述了和父母之间的冲突，如假期时父母不许自己接触电子产品，从而产生了一些矛盾。每当有同学讲述自己和父母之间的争吵后，我都会问他们三个问题：第一，争吵的激烈程度怎么样？第二，争吵中有没有说过令父母伤心的话？第三，争吵过后有没有后悔？待同学们都讲完后，我也分享了自己的成长经历，讲述我在高中时期如何叛逆、如何跟父母置气，成年后体会到父母的艰辛与不易，每每想到从前都感觉羞愧万分。

在其他同学和我进行分享时，我留意了王萧，他在一直都在认真地听，没有开小差，在听到一些话的时候还点头表示同意。我感到一丝欣慰，也松了口气，这个孩子并非不可救药。

在接下来的日子里，我以班级集体教育和单独谈心的方式，多次教育王萧要尊重父母，关爱同学，他渐渐改变了往日吊儿郎当的做派。在学校里，他主动担任了班级的课间操的领操员和体温测温员；平时他会热心地帮大家做一些清洁工作或者体力活儿；在课堂上变得非常积极，经常举手回答问题，得到了科任老师们的一致好评。在家里，他有时会主动送弟弟去幼儿园，或者带弟弟去公园玩；在母亲生日时，他还用自己的零花钱给母亲买了生日礼物。

王萧的彻底改变，让我深感欣慰，更让他的父母惊喜异常。王萧的父母多次给我打电话，感谢我教育好了他们的儿子，深深感激我所做的各种努力。我想，这正是为人师者最大的幸福吧。

【家访反思】

王萧的故事已经告一段落，但却引发了我深刻的思考。

为什么王萧会出现极端行为和暴力倾向？通过家访，我分析有三个方面的原因。第一，王萧小时候跟着爷爷奶奶长大，老人在他的教育上没有掌握好度，长期溺爱孩子，使得他习惯通过哭喊和发脾气来达到目的，也不懂得尊重长辈尤其是父母；第二，王萧和父母之间存在隔阂，关系本来就紧张，又因为母亲生了弟弟而进一步恶化，弟弟的到来使得他的心理十分不平衡，不满心理加重了他性格上的偏激；第三，王萧的成长过程中长期缺少父爱，导致他缺乏自信、急躁冲动，再加上母亲性格也有些急躁，教育过程中以说教为主，很少倾听他内心的想法，严重缺乏沟通，导致他内心郁闷，只能通过一些不当的行为发泄出来。

王萧的问题，应该如何处理呢？我认为需要家社校协作，多方发力。首先，学校的德育工作是关键，教师可通过主题班会课、心理课程，或者成长导师结对的方式，教学生一些与人相处和控制情绪的方法。其次，家长在与孩子相处的过程中要注意自己的言行，以身作则，不发脾气，不摔东西，多倾听孩子内心的真实想法和感受，良性沟通，积极引导。再次，从社会层面讲，需要进一步完善妇女生育政策、产假政

策、男性的陪产政策以及父母双方的育儿假期政策，使相关政策更人性化，落到实处，减少生育给夫妻双方带来的巨大压力，从而让更多的孩子能够在父母双方的共同呵护下健康成长。

教师在学校里接触学生时，只能看到、了解到他们行为和思想的“冰山一角”。要想真正了解问题、探究原因、寻求解决办法，还得借助各种手段，力求发现冰山下隐藏的世界，而家访就是探索冰山的一个有效方法。教师要善于通过家访去获取信息，从而在后续的教育中做到有的放矢，达到事半功倍的效果。总之，德育之路，道阻且长，行则将至。

【专家点评】

谭老师此次家访工作做得十分细致，家访流程严谨科学。前期准备充足，两次家访高效连贯，后期又采取了有效的教育措施，达到了较好的育人效果，是一个优秀的家访案例，具有很高的参考价值。

家访前期，谭老师找到王萧之前的班主任和任课老师，通过沟通，多方了解王萧同学的性格特点和行为习惯，在这个过程中谭老师得知了之前该生也有过类似的极端行为。充分的前期准备，为后期的家访和教育工作奠定了坚实的基础。

第一次家访过程中，谭老师主要了解了王萧的家庭情况，尤其是他小时候的成长环境，从而更精准地分析他现在一系列行为的根本原因，在后续的教育中采取了针对性措施，使得王萧同学有了一些积极的变化。但是谭老师并没有止步于此，后来王萧同学与家人发生冲突后，又立马进行了第二次家访，与学生和家长进行了更深层次的沟通，随后利用班会集体教育的方式，帮助王萧同学树立了正确的人生观和价值观。这些举措取得了不错的效果，王萧在之后的学校生活中能够与同学和老师融洽相处，在家里对父母也更加敬重和孝顺。

学校教育和家庭教育在孩子的健康成长中都扮演着至关重要的角色，但是家庭生活环境和家庭教育情况对孩子的影响更为深刻。所以，当王萧同学在学校出现种种问题时，谭老师能够敏锐地察觉到这和他的家庭有很大关系，从而精心开展家访工作，为进一步开展家校协作打下基础，形成帮助孩子的合力。此次家访有预案、有方法、有跟踪、有反思，方法得当、效果突出，展现了谭老师优秀的个人素养和出色的工作能力，体现了真心关爱学生的师德师风，值得借鉴学习。

点评专家：姚倩

信任和鼓励是最好的解药

杨焱媛

【家访起因】

小琪学习刻苦，阳光向上，有一天却哭着跟我说觉得没有人爱她，活着没有意思。她说小时候爸妈经常吵架，爸爸甚至还动手打过妈妈。妈妈也是一个脾气特别暴躁的人，经常因成绩不理想而责骂她，初中时，妈妈曾因她数学成绩不理想，在街上追着她打。

由于亲子关系、家庭关系不和谐，小琪的心理出现了异常，还产生了轻生的念头。为了让小琪走出阴影，健康成长，我很快联系了小琪的妈妈，和她约定时间，进行家访。

【家访计划】

家访准备：

（1）与家长约定家访时间：小琪父亲长期在外地，节假日才会回来，但事态紧急，我需要了解的事情又涉及隐私，为避免尴尬需要回避小琪，我先电话联系了小琪的妈妈，约定了家访时间。

（2）准备家访资料：总结小琪在校的基本情况以及谈话记录，做好家访表格。

（3）制订家访策略：了解学习与小琪的问题相关的家庭教育、心理健康方面的知识，制订家访的谈话策略。

家访形式：

登门家访。

家访目的:

(1)了解小琪的成长经历、家庭环境。

(2)与家长沟通小琪的现状,家校协作,讨论解决方案。

(3)督促家长重视小琪的心理问题,寻求专业人士的帮助。

【家访实录】

第一次家访——让父母读懂孩子

按照约定时间,我到了小琪家里,简单寒暄之后,小琪妈妈就迫不及待地问我:“杨老师,小琪是不是又在学校惹麻烦了?”我回答她:“不是的,我今天来主要是想了解下小琪的成长经历,并跟您沟通一下她最近的一些情况,希望您不要介意。”小琪妈妈有点局促不安地说:“不会的,其实我也一直想跟您交流,但是知道您工作很忙,所以就一直耽误到现在。”

随后,小琪妈妈认真地介绍了家庭情况以及小琪的成长经历,我一一做了记录。我随后翻开和小琪的谈话记录,开始跟小琪妈妈交流。一番交谈下来,我发现小琪并没有撒谎,所说的都是事实:爸妈长期争吵、爸爸家暴妈妈、妈妈当街暴打孩子,这些都是小琪的真实经历。我的心情很沉重,郑重地告诉小琪妈妈:“这些经历给小琪带来了挥之不去的阴影,发展到现在,已经严重影响了她的身心健康,甚至让她产生了轻生的念头。”

小琪妈妈听后却用怀疑的语气对我说:“会吗?她当时那么小,这事也过去很久了,我们现在也复婚了,她爸爸现在每个星期都回来陪她,我以为她早把过去的事情忘记了。”对于打骂孩子一事,小琪妈妈说:“她不努力,很贪玩,考试考得实在是太差了,我不得已才打骂她的。”同时也说出了自己的困惑:“老师,这孩子大了,我们现在也没打她了。其实骂她打她也都没有用了,我和她爸爸也不知道该怎么办。其实我们为了她,也付出了挺多的,好好的孩子,不知道怎么就这样了。”

听了小琪妈妈的话,我内心着实为小琪感到委屈,也感觉到家长没有认识到问题的严重性。作为家长,只强调自己的付出,一味指责孩子,却没有反思自己不恰当的家庭教育给孩子带来了多大的伤害和压力。家长没有走进孩子的内心,一直忽略孩子的感受,到现在还没有发现孩子的情绪波动和心理异常。

我斟酌了一下措辞,告诉小琪妈妈:“其实在我看来,小琪真的是一个非常勤奋刻苦的孩子,她热爱班集体,积极参与学生活动,是个非常优秀的孩子。但是高中学业压力大,她又好强,平时在学校受了委屈,或者没考好时,她不仅不能从你们这里得到一丝安慰,还要承受你们的指责。她现在正处在青春期这个特殊阶段,多愁善感，我们要有十足的耐心，多点理解，多加鼓励，少做指责。”听了我的话，小琪妈妈沉默了，似乎明白了什么。

我继续询问：“小琪最近在家里有没有什么过激的举动或言语?”可能是意识到了问题的严重性，小琪妈妈说了一件事：“杨老师，这孩子最近经常跟我们吵架。中秋节的时候，我们本来是计划出去游玩的，结果不知道为什么，她突然跟我们说她想去死，然后就把自己关在房间里，也不理我们，好好的一个假期就因为她的任性给浪费了。我们也尝试过跟她沟通，但真的没什么用，我们也不知道该怎么办了!”

看到小琪妈妈的泪水，我拍着她的背安慰她道：“小琪妈妈，小时候的心理阴影加上学业的压力，已经超过了小琪所能承受的极限，她又无处诉说自己的痛苦，无法释放压力，想让你们满意，又感觉可能永远都不能让你们满意，所以导致她对自己产生了深深的怀疑，从而有了一些极端的想法。我们不能总指责孩子任性，而是要看到她的心理需求，帮她缓解压力，提供支援，做她坚实的后盾。”

小琪妈妈说：“那您觉得我们应该怎么做呢?”

“我提几点建议，供您和小琪爸爸参考。首先，要改变跟她相处的方式，多肯定她的努力，不轻易去否定她。其次，当遇到困难时，要和她一起面对，不要指责她，而是和她一起去寻找解决问题的办法。再次，因为她目前情绪控制能力较差，遇事容易产生极端的想法，我觉得可以带她去找专业机构评估一下，一起制订更科学、更有针对性的疏导方案。最后，爸爸还是要多关注和参与小琪的成长。这件事情您和小琪爸爸商量一下，做了决定后我们再沟通，你们夫妻之间也要和谐相处，力往一处使。”小琪妈妈含泪答应了。

【家访效果】

这次家访之后，小琪爸爸很快安排好工作，父母认真交流后，一起来了学校。为提高谈话效果，我联系了小琪很信任的心理教师李老师一起和家长进行交流。听了李老师和我描述的小琪的状况，小琪爸妈认识到了孩子心理问题的严重性，决定抽时间带小琪去专业的机构给她做心理疏导和评估。

【家访实录】

周日晚上，小琪妈妈给小琪请了假，说是约好了专家带小琪去看看，我既欣慰又担心。第二天，小琪来到了学校，看起来心情不错，情绪也很稳定。还没等我给家长打电话，小琪妈妈的电话就打过来了：“杨老师，我们昨天去看了心理医生，医生说她没有什么大问题，还好发现得早，定期做几次心理疏导就可以缓解了。我们也

咨询了专家如何正确和现阶段的小琪相处，我们一定会谨记专家和老师们的建议，也希望老师在学校帮我们多关注小琪，给您添麻烦了。”我暂时放下心来。

一段时间后小琪又跑来找我，说自己成绩太差了，想重新去读高一。我和她认真交流后，安抚好了她，又找来了和她关系很好的两个女生，了解了她最近的情况。根据所得到的信息，结合我自己的观察，我决定约小琪父母再次来学校交流，同时请两个学生和我一起参与这次谈话，让小琪家长能够更好地了解孩子的内心想法。

第二次家访——遇到新问题

教师：“小琪爸爸、小琪妈妈，最近学业难度较大，小琪可能学得比较吃力，她有跟你们提过要去重新读高一的事情吗？”

小琪妈妈：“说过，我觉得是这孩子有畏难情绪，又吃不了苦，所以成绩跟不上。现在她闹脾气，如果非要再学一年，那就随她吧。”

小琪爸爸：“杨老师，我一直在外地工作，确实亏欠了她，只要她想，就按她的要求来吧，我跟她妈妈意见一致。”

教师：“两位不要急着做决定。今天我请了两位和小琪关系很好的同学，你们也听听她们的看法吧。”

同学1：“叔叔阿姨，其实小琪学习真的很刻苦。她分班后第一次考试是第一名，又是从重点班出来的，同学们对她挺关注的，她对自己要求也特别高，但是最近学习难度大，她觉得自己发挥得不好，没有达到自己的预期，所以压力比较大。”

同学2：“叔叔阿姨，我其实学习压力也不小，尤其是我努力了却又没有很好的结果的时候，我也怀疑过自己。小琪其实也跟我一样，很想证明自己，尤其是想向你们证明她自己。她经常会和我们讲你们的事情，我觉得你们给她的信任和鼓励太少了。”

同学1：“叔叔阿姨，我觉得小琪遇到的困难是暂时的，我们会跟她一起度过这段困难的时间的。我觉得，小琪现阶段放弃，去重读高一，不是最好的选择。”

同学2：“我也觉得去重读高一不能解决小琪的问题。她其实并不是真的想重读，只是想逃避现实。就算去高一了，她对自己的消极的看法不改变，成绩就不一定会有很大的提升，她依然会对自己不满意，到时候会不会再次逃避现实呢？现在草率地答应她重读高一，我觉得不是在帮她，反而是在害她。”

同学1：“叔叔阿姨，她说得对。小琪跟我们住一个寝室，很多话她不会和你们讲，但是会跟我们讲。我们觉得她现在最主要的问题是不相信自己，有点钻牛角尖，但这真的只是暂时的，你们应该好好跟她谈谈，充分地肯定她，在她困难的时候给她支持和帮助，一起渡过难关。”

听了两位同学的话，小琪的父母若有所思。我又跟小琪父母谈了我的看法，告诉他们不要着急决定，一起了解孩子真正的困难，不要给她太大的压力，家校合作，帮助她一起度过这段艰难的时期。

【家访效果】

小琪父母回到家后，认真思考了和孩子交流中出现的比较突出的问题，又咨询了相关专家。他们整理出了与孩子交流时的注意事项，努力改变自己家庭教育的方式方法。一段时间后，我们发现，小琪走出了困境，再也不提重读高一的事情了，又斗志昂扬地投入到高中生活中去了。

我和小琪爸妈保持沟通，小琪妈妈也调整了对小琪的期望，他们的关系因此而改善了很多。在高考中，小琪发挥出色，考入了理想的大学，她和我加了“微信”好友，时常向我讲述自己新的生活，我看着她精彩纷呈的“朋友圈”，知道她开始了自己新的精彩人生。

【家访反思】

我很庆幸，小琪在遇到困难的第一时间是找我倾诉，而我很快和家长进行了沟通，同时借助了专业人士和小琪同伴的帮助，最终比较圆满地解决了小琪的问题。但是小琪的故事让我陷入了沉思：如果学生没有第一时间找我倾诉呢？如果家长一意孤行，认识不到问题的严重性呢？如果在我们干预之前学生就走了极端呢？如果任由学生重读呢？

作为班主任，我们既要关心学生，善于发现学生的问题，又要善于进行家校沟通，帮助家长了解学生在校的情况，自己也要了解学生在家的情况，而家访无疑是实现家校沟通的最佳途径之一。通过家访，教师和家长近距离接触，了解家长的看法和思想动态，教师追踪学生的成长轨迹，才能发现学生问题的根源。通过家访，转变家长的观念，获得家长的支持和配合，做到家校共育，方能形成合力，目标一致解决孩子的问题，促进他们的健康成长。

【专家点评】

父母长期争吵、不和，让小琪敏感、脆弱、自卑，人际关系差。小琪在学业上遇到困难时，不仅不能得到父母的帮助，反而还要承受父母不断的指责和奚落，她终于因承受不住压力而崩溃，觉得孤单、没有人爱她，认为“活着没有意思”，产生了轻生的念头。庆幸的是，杨老师及时发现了问题，通过家访与家长真诚交流，转变了家长的观念，改变了家长的教育方法，再借助于医疗专家、心理教师和同学的帮助，使得小琪走出低谷，走向光明。

家庭是孩子的第一个课堂，也是孩子终身的课堂；家庭是孩子的幸福之源，也是孩子的避风港。很多时候，学生出现问题，问题表现在学生身上，但根源在家长和家庭。家访的意义就在于高效及时地联通家校，引导家长认识到孩子的问题，转变错误、陈旧的观念，让家长能够积极配合学校，采取合适的方法，共同解决孩子的问题。

本案例对一线教师尤其是班主任，具有重要的参考价值。

1. 不打无准备之仗

在每次家访前，杨老师都做了充分的准备：准备谈话记录、学习必要的教育知识和方法、提前考虑家访中可能遇到的问题、认真设计家访对话，等等。这些措施，让她在家访时游刃有余，顺利完成既定目标。

2. 深入了解情况，才能解决问题

家访时，杨老师不是一上来就提出问题并寻求解决，而是先和家长、学生认真交流，了解学生思想动态、成长经历、家庭情况，挖掘问题背后的深层次原因，再提出有针对性的解决方案。

3. 多方合力，解决问题

在解决小琪问题的过程中，杨老师借助了心理专家、心理教师、同学等的力量，多方合力，共同解决问题。

4. 家访方法多样

根据实际情况，杨老师综合采用了教师登门家访、学校约谈、电话和“微信”交流等多种方式进行家访，提高了家访的效率。

5. 家访过程全面

面对复杂的学生情况，杨老师没有试图通过一次家访解决所有问题，而是通过多次家访，逐步解决复杂问题，并及时、有效地应对学生成长过程中出现的新问题。

点评专家：周春华

有爱亦有度，宽严需相济

李雪梅

【家访起因】

小洋（为保护学生隐私，此为化名）是新班级的“重点关注”对象：小时候父母离异，由外婆带大。父母各自重组了家庭，之后母亲再次离异，目前租住在某社区民房。分班前他曾与班上同学发生严重的肢体冲突，头部受伤，疗养后返校。分班以来，他常常表现出烦躁易怒、情绪化等特征，对一些生活琐事想法、言论偏激，认为别人对他有偏见。

【家访初阶】

化解矛盾。

【家访计划】

家访形式：

电话家访。

家访目标：

（1）及时化解学生与家长的矛盾。

（2）引导家长、学生学会以心换心，冷静处事。

【家访实录】

“老师，你把我妈从家校群‘踢’出去，以后我的事不用找她了，她不是我妈!”

某次放小周假，放假还不到半小时，我就接到小洋的电话。他情绪激动，语气极为愤怒。

“发生了什么事吗？你先冷静一下。”

“我很冷静，也不想解释。平时我已经很忍耐了，没想到换来的是这样的结果。我下午就出去找房子！我跟她过不下去了!”

听他这样说，我知道必定又是因为一些琐事，母子俩闹翻了。小洋生活在单亲家庭中，母亲重组家庭后再次离异，独自打几份工抚养他。这位要强的母亲对孩子生活上要求高且琐碎、苛刻，孩子达不到要求，产生矛盾便成了必然。这种情况自分班以来屡屡发生，每次放假甚至只是在校互通个电话，母子俩都不欢而散，以母亲委屈哭泣、孩子焦躁烦恼收尾。经过多次开导，小洋在处事上已经理智很多，没想到这次小周假再次“爆发”了。

我先试着稳住小洋的情绪：“没满 18 岁是不能独立租房的，你先冷静一下，吃过饭没有？先吃点东西，约小睿打一场球或者好好睡一觉我们再谈，你可以做到吗?”

他顿了顿，说：“可以。”

接着，我给学生小睿打电话说明了情况，让他联系小洋，随时关注他的情况，最好能约他出来散散步、打打球。

之后，我赶紧给小洋母亲发了一条长长的信息：

“小洋妈妈，您又跟小洋吵架了对吗？刚刚他给我打电话说看到您哭闹他也很内疚，只是情绪上头控制不住自己，后来试着跟您解释，也没获得您的谅解，导致他情绪更加失控……其实亲人之间产生矛盾，无非就是各自认为自己占理，想要争赢对方，才导致争吵。但是亲人之间怎么会有输赢呢？争吵只会导致两败俱伤。在处理与孩子的矛盾时，作为家长的我们，要显露出作为成人的沉着冷静，才能让孩子在耳濡目染之下更加理性成熟……有时候我们还要站在孩子的角度换位思考，青春期正是孩子自尊心最强的时候，一直被否定、打压难免产生逆反心理……要多发掘他身上的闪光点，优秀的孩子常常是夸出来的。比如他是我们班扛水次数最多的男生，看到他左肩扛一桶右手提一桶饮用水上五楼，很难有人不动容；在体育锻炼方面他也堪称典范，主任多次在年级大会上表扬他，号召其他同学向他看齐……您真的是一个很了不起的妈妈，能独自将一个男孩养育得这样既坚毅又有担当。但是，为了让他能有更好的发展，我们不能将眼光放在这一方小小的宅院里，孩子将来要走的路还很宽很远，您还得引导他关注大格局上的问题，抓大放小，那些细节就让未来的生活来打磨他吧……”

过了不久，小洋妈妈就回复了消息，向我表示了感谢和歉意。于是，我又给她打了一通电话，了解了矛盾始末，劝慰一番后，建议她给小洋做点吃的，再主动放下身段把孩子请出卧室，将话说开，矛盾也就这样解决了。

【家访反思】

复杂的成长环境、焦躁易怒的母亲，无可避免地对小洋的性格产生了深刻影响。通过与他的多次沟通，我了解到他情绪崩溃的导火索大多是与母亲的矛盾。而引起母子俩激烈争吵的缘由多是小事：比如母亲会因他没将袜子放到规定的位置就破口大骂、激愤数落，即使已经回到学校，母亲仍会不依不饶，打电话骂他；家长“什么都不懂”（没上过大学）却张口闭口让他考“985”“211”，达不到要求就骂他不努力、不争气……每当诉说这些的时候，小洋语速极快，表情痛苦又愤怒，对老师的劝说之词，真正听进去的并不多。这让我意识到，即使时时安慰、刻刻关注，也始终无法改善这种局面，因为仅仅对学生做工作是远远不够的，登门家访势在必行。

【家访进阶】

引导转变。

【家访计划】

家访准备：

（1）与学生多次沟通，了解其情绪化的表现、与家长多次争吵的原因。

（2）向上级汇报学生情况、向心理教师征询建议。

（3）上网查询类似案例资料，以求更好地说服家长。

家访形式：

登门家访。

家访目标：

（1）反馈学生在校表现，引起家长的重视。

（2）分析学生问题根源，引导家长配合教育。

（3）探索改变学生的方法，形成家校合力。

【家访实录】（片段）

趁着有次放假，我电话联系了小洋母亲，确定了家访时间。

去了他家，我首先告知了家长家访目的，分析了小洋在校情绪化的表现和种种不良后果。没想到，家长听完我的分析并没有真正理解我的意思，而是似乎找到了一个倾诉对象，表面附和着我的话，“老师说得对，他呀在家里那就更……”接着便如机关枪一般，开始数落起小洋的各种不是。在这个过程中，小洋听着难免产生抵触情绪，母子俩就在我面前“针尖对麦芒”地互“怼”了起来，气氛一度十分尴尬。

我并未当“和事佬”，而是等到两人情绪都发泄完了、冷静下来了，再继续做家长的工作。我告诉她：“您也看到了，这样的教育和沟通方式完全无法达到您想要的效果，因为在您开口数落他的时候，他已经下意识地产生了应激性的防御机制，第一反应就是想着要怎么辩解以及通过反驳您、攻击您来达到自我保护的目的。这种防御性倾听让他觉得您的话都是在攻击他、否定他、指责他，以致您的教诲他根本就没法听进去。”

家长说：“您说得太对了，我现在简直没法跟他沟通，我一说话他就反驳，动不动就讽刺我，搞得我也很恼火，真不知道别人家的孩子怎么就那么听话，他怎么就变成这个样子……”

我告诉她：“这种性格其实反映了孩子人格上的不成熟，对一件事的评价就是非黑即白，当别人提出不同看法时，他们没法认同。就像您评价他的时候，他只片面地认为您在攻击他。还有一个重要原因就是他内心太敏感，在学校的时候，小洋有一次和地理课代表发生矛盾，起因就是地理课代表之前催他交作业、当时又提醒他不要讲话，他就觉得地理课代表在针对他，当场翻脸与对方吵了起来……别的孩子如果被提醒，可能就平静地接受了或者一笑而过，他为什么会比一般的孩子更敏感呢？这可能就与成长环境有关了。比如有的孩子从小就经常被苛责、否定，动不动就挨骂挨打挨批评，这样的孩子对别人的不满情绪和评价会非常敏感，会下意识地将别人的话投射到自己身上、曲解别人的本意……”

“那老师，他这样的性格已经养成了，要怎么才改得过来呢？”

“这种情况恐怕不光是他一个人需要改变，您也可以想想：在与他的交流中，您是不是也存在和他一样的表现？如果有的话，我建议今后你们俩交流的时候试着做到以下三点。第一，根据信号及时换思路，你们现在在对方在讲话的时候，头脑里一直琢磨着如何组织语言去反驳对方，你们可以把这个看成一个信号，提醒你要换一种思路了——换成‘我要认真听他讲完，看看他到底要表达什么，我不能断章取义’；

第二，如果没办法做到转换思路，建议你们心平气和地把自己感受到的敌意告诉对方，给对方一个解释的机会，比如‘你说得这么难听，我心里很难受，导致我没法听到你的建议’；第三个是要试着转变沟通的话术，我们可以选择一些没有攻击性的方式去表达自己的看法，比如我在跟学生沟通的时候通常会先肯定对方再提出我的观点——‘你说得很有道理，我很认可，但是我有个不同的观点想补充一下，你是不是愿意听一听呢?’青春期正是孩子自我意识膨胀的时候，他们最渴望的就是得到认可与尊重，在跟他们沟通的时候，尽量不要贴标签如‘你从来没有怎样怎样’‘你为什么总是怎样怎样’，这种绝对否定的话语是很容易激怒他们，使他们产生防御性的应激反应的……”

“老师，您这样一说，我发现我确实经常这样跟他说话，一说起来他就要跟我抬杠，我本来是想让他变得更好一点，将来我不在身边，他也能照顾好自己……”

“我相信您的本意肯定都是好的，他也能体会，但是不恰当的表达容易将爱变成伤害，亲子关系如果想维持亲密，势必有一方要让步。未成年的孩子毕竟心智都还不成熟，这就只能由做父母的先转变说话方式，产生矛盾时尽量以柔克刚、以静制动，我相信经过长期的耳濡目染，您的改变一定能影响到他。”

接着，我又跟她细致地分析起青春期孩子的心理特点以及家长正确的应对方式，又列举了其他家长教育引导孩子的案例。最后，我告诉她，高中阶段的孩子在学校面临各种压力以及青春期的各种烦恼，家庭应该是他学业压力之下的“避风港”，平和、轻松的家庭氛围对孩子的成长、对家长自己都有好处，谁都不愿孩子在怨念中长大……

小洋妈妈听完沉默了许久，承诺今后与孩子一起努力改变。

这次家访过后，我经常与小洋交流，与小洋妈妈联系，了解母子俩相处的情况和小洋在家的表现，并时时向小洋妈妈推荐一些有针对性的教育专家的视频，供她学习。

【家访效果】

慢慢地，这位焦虑的母亲掌握了与叛逆期孩子相处的技巧。同时，我发现小洋在待人接物上也改变了很多。这学期刚开学，他一脸自信地告诉我：“老师，我现在只想好好学习，考一个好点的大学……”看着他明媚的笑容，我突然领悟了家访活动的意义。一位教育家曾说，现代教育如果没有取得家庭的支持，学校许多工作都将变成一句空话。诚哉斯言！

【家访反思】

（1）我们首先要努力做一名被学生信任的老师。学生有问题、有烦恼，若首先能

想到向老师求助，那班级一般不会出现大问题。

（2）班主任要“每临大事有静气”，并且以这种“静气”去感染学生、引导家长。学生间、师生间、家长与孩子之间产生矛盾是不可避免的，班主任要学会以静制动，先引导矛盾双方冷静下来，再来分析解决问题。

（3）要有共情能力。青春期正是学生自我意识觉醒的时期，也是家长对孩子的未来最焦虑的时期。学生最渴望的是什么？是被认可；家长和老师最希望的是什么？是苦心不被辜负。而班主任作为桥梁，更需要引导双方将心比心、以心换心。

（4）班主任要引导家长重视家校共育的重要意义，增强家长在教育过程中的主体意识。单亲家庭、留守等学生常常是班主任重点关注的对象，家庭教育的缺失常常是这类学生敏感、孤僻、偏执的根源。因此，除了教导学生，作为班主任我们还要加强对家长的引导，将家长的眼光从成绩转换到教育中的“育”，关注孩子长远的发展。

【专家点评】

读完李老师的家访案例，最佩服的就是她的定力，用文中的话说就是“每临大事有静气”。青春期的学生以及单身的母亲，二者长期由于生活琐事争吵不休，相信很多教师都会很烦恼，并且情绪也会受到影响。长此以往，便会疲乏，甚至厌倦。但是李老师不但坚持了下来，并且用她冷静的处理方式化解了母子之间不断升温的争吵。

回看李老师的家访，没有出奇制胜的“绝招”，成功就源于她的稳定，情绪的稳定、表达的稳定。而她的稳定无疑也是给案例中的母子的最好示范。“温柔而坚定”的力量在李老师的身上体现得淋漓尽致。

点评专家：曹曼琳

第三章

我们怎样看家访

学生谈家访

被摇动的云

李昱霖

人们常说，家访是连接学校教育和家庭教育的纽带，是学校与家庭共同教育好孩子的一座不可缺的桥梁，是密切师生感情的直通车。家访能让老师及时了解我们学习和生活的情况以及思想动态，了解家长对学校工作的意见和建议，从而加深老师与家长之间的信任和理解。

上周二，班主任陈老师通知我将会在周末对我进行一次家访。这突如其来的家访让我有些措手不及。当晚放学后，在回家路上，我告诉父母老师即将造访我家的消息，这让他们也是既期盼又感到些许压力。虽然父母就我的学习、生活状况与老师通过电话、聊天软件等方式常有沟通，但大都是非正式的谈话，话题可以说是零散而且琐碎。我父母也一直期望能通过家访这种面对面、零距离的沟通活动，让他们能更详细地了解我在校内的各种表现，让老师了解我生活和学习的环境，以便之后有针对性地施行有效手段和方法来教育我。而另一方面，对于父母和我而言，家访也确实算得上是一件“新鲜事”，我对家访一事，虽从班上同学口中已有所耳闻，也难忍住内心的忐忑与激动。

时间一点点过去，日子悄无声息地来到了周六。那天，我们一家三口虽然对于如何迎接陈老师的家访有些许不知所措，但还是尽力做了一番准备：母亲急匆匆地把客厅收拾整齐，水果、点心摆得整整齐齐，父亲提前准备好了一壶热茶，而我也抓紧时间下功夫把自己的房间整理了一遍。

待一切准备就绪，太阳早已西斜。不等我们多歇两口气，“咚咚咚”几下轻轻的敲门声让我冒了一身冷汗，不用想，肯定是陈老师来了！抬头看了看墙上的大钟，咦？离我们商定的时间还差几分钟呢！我们一家三口只好放下手中的美餐，齐刷刷地去门口迎接陈老师的到来。想着陈老师已经上来了，我的心都要跳出来了，脑子里不停思索着：“我在学校里有没有表现不好让老师印象深刻的地方？他会向爸爸妈妈‘告状’吗？最近有没有因为学习状态欠佳被老师点名？……”带着一大串问号，我上前去迎接老师。当我小心翼翼地打开家门，一抬头便注意到老师那带着汗珠的脸上没有了平日的严肃，竟挂上了一抹灿烂亲切的微笑。也正是老师的这一抹微笑，让我惴惴不安的内心回归了平静。看到桌上未吃完的饭菜，他边抹去额上的汗珠边解释，来早几分钟是担心耽误我们吃晚饭的时间，没想到还是“快了一步”。

想到时间已经不早了，陈老师还在外奔波，为了家访连晚饭都没来得及吃，我们全家都觉得非常感动。进门后，陈老师水也没顾得上喝一口，就开始了谈话，老师随和的笑容，拉家常式的交谈，使屋内的气氛一下轻松了很多。我那“狠心”的妈妈，见我半天没有开口，于是十分“贴心”地把我深藏不露的小秘密一股脑地抖了出来。陈老师听罢也是忍俊不禁，我真是尴尬得无地自容。然而，事情并未就此结束，妈妈的滔滔不绝似乎也激起了爸爸的兴致，没想到他也“唾沫横飞”地说了起来。我别无选择，唯有静静地坐在一旁，把他们的话当歌听！我无意间向一旁瞟去，只见陈老师一边倾听、沟通，一边仔细地做着家访笔记，他们从我在校内的学习状况一直谈到我在课外及家庭的表现，一同对我的优缺点进行细致耐心的分析。

老师语重心长地说：“昱霖同学学习很认真，但缺点也很明显，那就是学习的效率不太高，但我相信你肯定能把握好时间，改正这小小的缺点。还有，我听说你和某某同学闹了一点小矛盾，‘冤家宜解不宜结’，希望你们能够尽快重归于好，两人相互支持，共同进步，而不是彼此心存芥蒂……”

我点点头，心里暗暗想：“我肯定会付出努力，不辜负老师对我的信任和期待。”至于和那位同学的关系，我想，我还是大度点，主动找她认个错吧，虽然我觉得我并没有做错什么，但两个人和好才是现在的主题。

我觉得我和老师的距离近了很多。我个性腼腆，平时主动与老师交流，仅限于请教学习上的问题。“师者，所以传道授业解惑也”，我相信老师是我们学习上的教导者，却从未曾想过让他们走进自己的心灵，哪怕几年来，老师曾无数次与我谈心。可是，今天，老师走进我的家门，当最初的拘谨与尴尬消失，我们和陈老师的沟通越来越顺畅，越来越深入，我觉得老师变成了我的亲人。学习上的压力，害怕高考失败的焦虑，弱势学科带来的挫败感，和同学相处时的幸福与烦恼，我都一一地倾吐出来，老师微笑着倾听，很少打断我，像一条安静的河流，只是倾听着我的诉说。“每一个老师都不会拒绝学生。”“所谓‘传道’，不仅是传授知识，更是传授真理；所谓‘授业’，不仅是传授学业，更是传授智慧；所谓‘解惑’，不仅是解学科之惑，也解人生的痛苦与迷惑。”这是陈老师常说的话，家访的这一天，我深切地体会到了这些话的内涵。我有些后悔，以前老师找我谈心时，我总是害怕耽误写作业的时间而随意地敷衍。我想，从今天开始，我将不再拒绝任何一个和老师进行心灵交流的机会，因为学习，不只包含知识的学习。

我同时也更深刻地感受到父母的爱和辛劳。做饭、照顾我的日常起居、送我上学、接我放学、陪我旅游、日常的表扬和批评，这是我感受到的父爱和母爱的全部。可是，今天，在和陈老师的交流中，父母情不自禁地说起了我成长过程中的点滴，我早已忘掉的趣事和“糗事”，他们都“如数家珍”；讲到我曾经的叛逆，他们泪花闪烁；而讲到我遇到的困难、承受的压力，他们也痛苦不堪，辗转难眠。我突然意识到，多少次，我让父母充当了我情绪的垃圾桶，我任性地“输出”烦恼，而他们却不得不消化我的一切不良情绪，包容我的坏脾气。父母爱我疼我，绝不是因为义务和责任，而仅仅是爱，纯粹的、无保留的、刻入血肉中的爱，可是我只是心安理得地接受着，仿佛父母从来就应如此，必须如此。家访，因为一个同样爱我、关心我的人的到来，因为最为我的成长操心的三个人的有效沟通，热诚、真诚、坦诚的交流，产生了奇迹一样的效应。

陈老师向我父母讲述了我在学校里勤奋刻苦学习的细节，分享了他拍摄的我担任班干部处理问题、组织活动的一些照片，十分恳切地对我父母说，在高三的关键一年，务必多鼓励、多呵护、多关注我的身心健康。父母十分感动，他们意识到，我的一些学习、心理问题，实际上也与他们的教育方式、教育态度有一定的关系，他们没有充分了解和理解我的意愿，我们之间因此产生了一些不必要的隔阂。接着，他们向陈老师虚心地请教和学习，耐心地询问我的个性应当如何培养、独立自主能力应如何锻炼、自信心应如何建立、他们应该如何更好地和我相处、未来应该如何选择大学和专业等。我从父母的笑容与语气中清晰地感受到他们的焦虑减轻了很多，对我的信心也增加了很多。

我觉得我更热爱我的学校了。学校为了我们的健康成长，确保我们有一个宽松、和谐、共进的学习环境，可谓煞费苦心：开设劳动课程，举办远足活动，安排心理导师，建设心理健康乐园……家访则是学校为全面了解我们的学习生活状况而采取的又一举措。当老师叩开我的家门时，面对亲切微笑着的老师，我和父母所感受到的是一种别样的温馨，是来自学校的无微不至的关爱。在学校的学习生活中，我常常因为较重的学习负担而忽视了日常反思与总结，也少有时间和父母分享自己在校学习的种种经历与感受，导致自己在一定程度上处于漫无目的“瞎忙”的状态当中。而这次家访可谓给这一状况画上了句号，让我对自己的状态进行了一次及时的剖析。这次家访，也让我的父母学会了一些科学的教育方式方法，有理有据地转变了他们的一些错误观念。“教育的本质是一棵树摇动另一棵树，一朵云推动另一朵云，一个灵魂唤醒另一个灵魂。”今天我才算真正理解了这句话的含义。“思方行圆，家国天下”，未来，我一定会将校训牢记于心，将学校给我的爱传递出去，做一朵云，去摇动另一朵云。

时间过得很快，墙上大钟的时针已经悄悄地从 6 走向了 9，我却全然不觉。这次的家访，在一片欢声笑语中走向了尾声。送走老师后，我一人坐在自己的房间里，内心久久不能平静。我的生活翻开了新的一页。

（作者系湖北省宜昌市夷陵中学学生）

点评：

李昱霖同学的家访心得，是一次家访过程的最真实的记录，让我们从学生的视角看到了家访这一教育行为的重要意义。

家访的目的，从根本上说，就是彼此交流，达成教育的共识。陈老师的家访活动在很大程度上实现了这一目的。家长坦诚表达教育过程中的困惑，学生真诚讲述自己的焦虑，教师适时耐心地引导，在最真实的教育情境中达成了共识。

在家访中了解真实的学生、真实的家庭教育环境，倾听是最有效、最诚恳的方法。家访中不仅要用眼睛去看，更要用心灵去倾听。陈老师的倾听，不仅让一个腼腆的女孩打开了心门，也让家长的焦虑得到了纾解。

教师在与家长、学生的交流中，寻找最合适的教育契机。陈老师在家访过程中向家长讲述了学生在学校里勤奋刻苦学习的细节，分享了他拍摄的学生成长的瞬间，深深感染了家长。此时，陈老师再提醒家长，孩子成长过程中最重要的就是鼓励，这样一来，教育效果就格外明显。

一次家访，让学生更爱自己，更爱家人，更爱教师和学校。家访，将学校的爱、教师的暖、家长的情与学生的心紧紧连在一起，让教育更具温情和深度。

点评专家：赵华

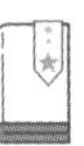

春风化雨入家门

——记一次家访

孔文博

对家访，我一直有一个非常偏执的看法——家访就是老师告状，是不听话的学生才会享受的“待遇”。所以从小到大，我就非常排斥老师家访，而且固执地认为家访离我很遥远。没想到在高考之前，我也经历了一场不一样的家访。

这次家访的起因，是一件极不愉快的事。几周前的一节晚自习时，已经是六点半了，当时我的内心很焦急，距离英语晚自习只有半个多小时的时间了，身为课代表的我却忘记在课前通知一位组员誊写作文了，而这是老师布置的今晚英语自习需要展示的内容。整理好脑中的万千思绪，我决定直接下位去告诉那位同学，不就是几句话的事嘛，应该也没什么大不了的！于是，我悄悄离开座位，溜到那位同学桌边，和他小声说着英语作文的安排。

突然，教室后门被推开，班主任陈老师从后门进来了。他径直走到我的身旁质问我：“昨天才强调了自习课不能讲话不能下座位，你今天就又下座位又讲话，为什么明知故犯？”我虽然知道自己做得不对，但心里也委屈，毕竟我也不是故意违反纪律的。于是我鬼使神差地回了一句：“我就下个座位怎么了？”话一出口，全班同学的目光似乎齐聚在了我的身上……然后，我被请到了老师的办公室接受单独教育，并且被告知周六要去我家家访。

长久以来，我自认为我并不是一个喜欢违规违纪的学生，更是从来没接受过家访。也正是因此，这次突如其来的家访让我在那之前的几天总是心神不宁、惴惴不安。我甚至不敢想象：这次家访将会是怎样一番可怖的“批斗”啊！

时间一天天地挪到了周六，我平日里万分期待的周末似乎也因此暗淡了下来。回到家，母亲早已接到了老师将要来家访的通知。家里的钟一秒一秒地走着，窗外的夜色渐深，钟表的时针已经快要指向 7。正在此时，一阵不急不缓的敲门声传来。妈妈赶快打开了门——是陈老师熟悉的面庞，只是与他平日里严肃的表情不同，这次老师的脸上多了一抹亲切的微笑。这也一下化解了我内心对这次家访的担忧。

“这次家访，诱因是前几天文博同学在学校的一次违纪，但这不是本次家访的主要目的。其实我早就想来文博同学家里看看，一是了解一下文博平时在家里的一些情况，二是和家长交流文博在校学习生活的情况。”刚一落座，陈老师就带着亲切的笑容对我们说。

“你是一个有上进心的孩子，但是个‘慢热型’的性格，虽不耀眼，但是很刻苦、肯下功夫。”陈老师这样评价我。诚如此言，从小学到初中再到高中，我的成绩在入学时总是不尽如人意，但也总会随着自己逐步深入地学习和思考而提高，小升初和中考我甚至考出了自己意料之外的好成绩。高一到高二的两年时间，我的状态也正是如此。

“一定要对自己充满信心，虽然成绩暂时不是班级里最优秀的，但努力从来都不会白费。”陈老师还提醒我要注意调整心态，更多地着眼当下，认真完成好当天的学习计划。任何事情的成功都非一日之功，基础打好了，结果也自然水到渠成。陈老师的一番鼓励，让我觉得心头暖暖的，甚至忘了自己还要接受批评。

接下来，陈老师提起了这次家访的起因——那个让人不愿回首的傍晚。当着母亲的面，陈老师再一次提起此事，让我手心冒汗，心跳加速。“孔文博在学校大部分时间还是遵规守纪的，不过这一次确实要提出批评，”严肃的神情再次出现在陈老师的脸上，“虽然你可能认为这是一件小事，但明明是自习时间，大家好不容易可以全神贯注地投入学习，你一下座位，自己浪费了时间不说，全班其他同学的状态也都被打乱了。”听闻此言，想起当时和陈老师顶嘴，我感到羞愧难当。看到我的表情，陈老师严肃的神色稍微缓和了一点，语重心长地对我说道：“不浪费自己和别人的时间，不违反班规，不影响班纪，做一个全面发展的人。要真正对自己的行为进行反思，你才能从过失中找到纠正和进步的方向。”

听了陈老师的话，我重重地点头。正所谓“风起于青萍之末”“浪成于微澜之间”，若不深刻地进行反思，而只是对这次不愉快的经历耿耿于怀，我又怎能从中取得收获呢？我不得不由衷地感谢陈老师对我的春风化雨般的教诲，让我进一步认清了自我的不足，也为我指明了前进的方向。同时也让我明白，生活上的问题都应该及时与老师沟通，不藏着掖着，只有放下包袱，才能轻装上阵。

时间一分分过去，陈老师和我母亲不停地说着，我在旁边听着、思考着，收获了很多。陈老师询问我和母亲对学校和老师的看法，对于这个问题我抢先母亲一步回答了。从进校到现在，能在这样优秀的班级学习，遇上这么多厉害的教师，我感到非常幸运。班上老师各有各的风格，但无一例外都对教学非常严谨，对待学生都一视同仁。也许因为我的家庭教育氛围比较轻松，我一直喜欢幽默亲切的老师。而在高一下学期选科分班以后，陈老师便成了我的班主任。最初，陈老师给我的印象是不苟言笑、直言正色，制定了严格的班规管理班级，对违纪的同学会加以处罚，所以有一段时间我很不适应，每次看到陈老师到班就战战兢兢，生怕违规受罚。而我对陈老师看法的转变发生在一次家长会后，母亲告诉我：陈老师在谈到班级管理时，说自己经常晚上睡觉都在想班级的事情，思考如何才能把班级管理得更好。惊讶之余，我的内心更是受到触动，没想到平时“气场强大”、辞色俱厉的陈老师为了我们竟在背后付出了这么多。

两个多小时的家访很快过去了，我的思想在这次家访中得到了淬炼。我很庆幸在高考之前能够经历这样一次难忘的家访。这次家访首先解开了我心中的“疙瘩”，让我体会到了学校及老师对我的关心和爱护；还让老师更加了解我的家庭情况、思想动态、在家的学习表现和生活习惯；也让母亲对我的在校表现、学习情况有了更深一步的了解；更让我深深体会到教师责任之重大；也让我在高三第一轮复习备考过半的时间节点上做了一次全面的自我反思，为我在这最重要、最特殊的时间能够全副武装、赢得胜利创造了必要条件。

星光不问赶路人，时光不负奋斗者。坚信在老师、父母、班级同学的陪伴下，我定能抛弃对着晚霞幻想的不切实际，而在对着晨光的实干中收获累累硕果！

（作者系湖北省宜昌市夷陵中学学生）

点评：作为一名教育工作者，读完了孔文博同学的家访感悟，我在欣慰之余又有了很多的困惑。欣慰的是此次家访达到了预定的目的——在高考之前解开了师生之间的疙瘩，增进了家校之间的了解与互信；困惑的是：我们的家访是否变味了？我相信，孔文博同学最初对家访的看法应该具有一定的代表性，但家访不应该是诉苦、告状、批评，而应该带有温情，带有希望。

身处互联网时代，我们与家长交流沟通的方式更加多元和便捷，但我始终认为，登门家访是最有意义的教育活动之一。一次成功的家访，可以让师生的心走得更近，可以让我们对学生有不一样的认识和思考，这些远胜千万句空洞的说教。

从明天起，走进每一个家庭，倾听不同的故事，彼此温暖，相互成就。

点评专家：邹少峰

家长谈家访

追求一种幸福完整的高中生活

——多元化家访带来的思考

周　靖

谈到教育，没有谁会比我们这群中学生的家长更能体会其中的酸甜苦辣！面对孩子，我们不情愿他们被考试、升学绑架了童年的快乐，却又每日焦虑于他们会“输在起跑线上”，会因为不够努力而造成遗憾，或在高考的“独木桥”上失足落水。虽不甘，又不得不跟着风向随波逐流，开始无奈、纠结的“鸡娃”生活！

“女儿幸福吗?”作为一个高中生的母亲，我真正意识到这个问题并开始自我反思，是在女儿进入高一下学期时。当时，我们发现她出现“螺旋式下降”的势头，而班主任袁爱民老师为此多次主动家访、与我们进行交流。袁老师的话语如一本好书，用深入浅出的语言，以“四两拨千斤”的姿态，轻轻点亮我们家长心头的“灯芯”，让我不断审视自己的内心，更注重孩子的成长，与老师携手帮助孩子去追求幸福完整的高中生活。

一、深度家访促成长

“经师易求，人师难得。”教育的过程不仅仅是教授知识，更应注重于育人。家校合力教育的重点，更应该是以人为本，从“心”育人。

总有这样的声音：“我一直都很了解孩子，可进了高中后，他判若两人！”在女儿高一时，我也有类似的感觉，觉得她有点叛逆和懒散，不太能适应高中生活。那时班主任袁爱民老师及时家访，与我们促膝长谈，他说：“一个孩子的健康成长，除了学校教育，更重要的是家庭教育的态度，父母要尊重孩子，要能既着眼当下，又放眼未来，抛开成绩的攀比，注重孩子全面自主发展。我们应该一起帮助她、鼓励她找到向上而生的力量，学会独立思考，努力成为最好的自己。”

家访后，袁老师的话让我反思：女儿进入高中这个“小社会”，是没有独立生活经验的她，第一次离开家住校。她一直没有找到自己的生活和学习节奏，而作为家长的我们，还是抱着“分数定成败”的态度，让本来就很迷茫的女儿更加无奈了。我们已经忘记，高中阶段要更注重孩子自主能力的培养，忘了健康成长才是最重要的事情。从这之后，我们和袁老师保持了密切的沟通交流，也开始在袁老师的帮助下改变自己的心态，从其他方面去了解“陌生”的女儿。

学校的多元化家访促进了我们家庭教育理念的更新，我们的教育态度开始转变，也有了切实的行动。我们开始学习做一名合格的高中生家长，闲暇时学习夷陵中学的“家长云课堂”，多阅读教育类的书籍。我们相信只有父母好好学习，孩子才会天天向上。正如家长会上袁老师所说：“孩子成绩好，不是没有可能，是我们家长没有耐心给彼此这个可能。有责任感的家长，会理性地爱孩子，才会让孩子不断成长！”我们以前简单地把好的学习环境、舒适的家、令人满意的成绩分数当成女儿需要的幸福，把养育女儿的目的想得简单而功利，忘记了女儿更需要拥有一个幸福完整的高中生活，她想追求自己的梦想，她需要我们的耐心与陪伴，需要家庭的包容，更需要我们的尊重与信任。而我们过多地关注考试成绩，女儿集体生活的幸福感、想努力实现梦想的心，都在我们不合理的埋怨中耗尽了！

每周放假，女儿“唱主角”，儿子扮演“男二号”，我们夫妻除了鼓掌就是“跑龙套”。当然，我也有忍不住的时候，但每当我想为女儿代劳的时候，我会提醒自己，停下手上的动作；每当看见她玩手机超时的时候，我会想起袁老师的话，亲切地提醒她；每当我和她“针尖对麦芒”的时候，我也会咬咬牙，深呼吸，反复告诉自己：“这是亲生闺女，这是我豁出了性命难产生下的！”我尽力地回想她的优点，不断地自我提醒：“袁老师说了，青春期，家长少说多倾听！”与孩子在一起时，我给自己定目标：每天发现她一个优点，学会倾听与鼓励，停止“碎碎念”。把工作中的耐心用来对待女儿，努力做到“偶尔治愈，常常帮助，总是安慰”。在夷陵中学特色家访的帮助下，我们的家中重新有了和谐向上的氛围。

二、自主改变“心”启航

“教育过程中要充满爱和期待，如果把一份爱心放在家访中，就会取得意想不到的效果。”高一下学期，班主任袁老师多次的不同形式的家访，让我逐渐变成一个愿意接纳女儿的不足，愿意鼓励、赞美女儿的进步，对她付出关爱和时间，主动担起责任的好脾气妈妈。这段时光里，我和丈夫彼此鼓励，互相提醒。

当然，很多时候还是班主任袁老师给我们指点迷津。比如女儿“对集体生活不适应，体重暴涨，反复生病”的问题，袁老师不止一次地提醒道：“家长代劳太多，她就不爱思考。日子一复杂就千头万绪、理不顺，产生压力和焦虑，这是高一的大关。”

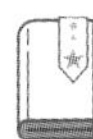

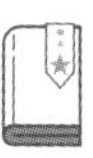

对于女儿，我明白她内心渴望改变自己，却又无力改变的烦恼。我先按照袁老师所说的“减少代劳，让她独立，平时多倾听她的困扰”的要求来做，在倾听中，寻找她改变的契机。我发现女儿对高二的体能测试特别担心，但让她听我的话开始提前训练，却不太容易。为了带动她，我开始每天中午健身，因为我相信：只要我坚持、我改变，在我的影响下，女儿肯定也会跟上。经过许多个大汗淋漓回家的日子，有天女儿终于按捺不住内心的好奇问我：“你健身干吗？”我内心窃喜，表面平静道：“一为了自己的健康，二为了给你找适合的教练，运动会让你的身体状态逐渐改善，让你更好地迎接高二。要不你试一下，只当为了体测做准备？”她看了我一会儿，点头答应了。暑假期间，女儿每天坚持健身，自己安排学习、锻炼和休息，寻找适合自己的生活节奏，她的学习状态和精神状态也不断好转。

作为家长，我一直认为：孩子的养育过程中更要注重家庭幸福感的培养，让孩子学习在幸福和遗憾中成长！去年7月的一个凌晨，我们去见临终已经昏迷的爷爷，女儿也第一次见到了泪流满面的爸爸。她哽咽着说：“妈妈，人走的时候好可怜！”我难过道：“是啊，你快去安慰下爸爸，这是他最难受的时候。拥有不是人生的常态，失去才是常事，生活往往也是责任与遗憾相伴，你也要学会珍惜眼前的幸福。”后来，女儿主动帮忙处理爷爷的后事，承担家庭的责任。家庭中的幸福，需要我们用爱与责任去创造！

半年过去，老师的教育让我们不断改变，也带来了女儿的转变。我们不再主动提及成绩，理性地对待成绩，努力做到彼此不埋怨，鼓励她平时加把劲，不偏科，每科多一分！她开始主动告诉我们考试的情况，哪门有失误还可以再努力……我们重回了互相尊重的生活轨道。女儿又开始爱笑了，说话的语气变得柔和，讨论事情学会商量，班级活动也愿意参与。周六回家时，她上车会自然地问：“爸爸，我妈呢？”晚上出门散步时，她会挽着我的手说：“妈妈，我们一起走！”遇到问题时，她会拉着我的手问：“妈妈，你说该怎么办？”

三、家校携手育未来

“教育的艺术不在于传授的本领，而在于激励、唤醒和鼓舞。”随着多元化家访不断深入，我们成了家访的受益者，家校双方在女儿的教育上达成了共识：帮助女儿追求幸福、完整的高中生活。在家里，我们与女儿在思想上认同袁老师明确目标、培养习惯、勤奋进取的教育理念；在学校，女儿跟随老师的脚步，也逐渐适应了班级的“自主学习、自主管理”的“双自主”管理模式。全班师生与家长人人参与班级的管理，进行班级综合素质评价记录、阶段汇总，表彰先进，激励后进，从而促进家校共育工作取得学生、老师、家庭的三方支持，形成了家校共育下的“比、赶、超、帮”的良好氛围。

女儿的成长，让我体会到，教育的本质是人的培养，而人的追求是为了获得幸福。以人为本的教育，不能把家庭教育和学校教育分开，不能把孩子完全地交给老师，而忽视家庭教育。在亲子关系中，家长尤其要重视对孩子的鼓舞与唤醒。首先，我们家长要不断学习、成长，不断挖掘自己的可能，用自身的示范告诉孩子，我们立足于社会的根本，源于个人幸福的能力——努力与热爱！其次，与孩子的相处中学习做“减法”：在孩子的学习上少插手，让他自己多经历；在成绩上，少些急功近利的盲目攀比；在成长上，少苛责，多鼓励他改变。在孩子的养育中学习做“加法”：多关注孩子的身心健康；多与老师沟通交流；多鼓励孩子寻求老师的帮助。孩子的成长离不开家庭与老师，家校之间要彼此鼓励、积极乐观地投入养育的过程，重视孩子们的经历体验，唤醒他们对生命的热情，鼓励他们自我探究，不断努力改变自己，去发现生命中的“小确幸”！

四、家校共育在路上

幸福，看似遥不可及，却又唾手可得！我们要立足当下，给孩子营造幸福的家庭、温暖的校园，让孩子能时刻感受幸福，主动寻找幸福，甚至愿意去创造幸福。这样，孩子们幸福的高中生活，是不是变得近在眼前了呢？

在家校共育的路上，可以利用家访工作，推动家长学校的内涵建设，推动“家校共育”理念进家庭，提升家长的家庭教育水平。

一是在制度的指引下，利用学校及家长群体等多方资源，成立由名师团队、心理专家、家庭教育专家、法律专家、学校骨干教师等组成的家庭教育专家团队，定期举办家长会、教育讲座、经验交流座谈会等，推进学校及家庭教育理念的更新。

二是利用“微信”“钉钉”等线上平台，开展多种形式的座谈，开展家庭教育指导；鼓励家庭与学校互动，多参与学校生活管理，注重收集汇总留言板块的意见，持续改进。

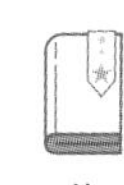

三是在家校共育过程中，做到“老师—学生—家庭”三者的密切配合，观念一致、思想统一、目标一致地做好孩子的个性化教育。可以定期开展多种形式的预约家访，场地可以不局限于家里，方式可以是电话、“微信”等，重点是展开学校与家庭的对话交流，学校听取家庭的诉求、建议、意见，只有重视并且开展了，才谈得上家校共育工作稳步推进。

四是轻言辞，重实践。老师要多学习、多培训，以便为家庭教育提供指导，在家

访活动中要重内容轻形式，简化文书，减少大篇幅的报告，注重指导家庭成长，帮助孩子拥有幸福的教育生活。

夷陵中学的多元化家访是家校共育的起点，它引领家庭、老师走进和思考新教育理念，它将帮助孩子们在这个丰富多彩的世界上自主成长，向上而生，追寻最好的自己！

（作者系湖北省宜昌市夷陵中学熊奕雅同学母亲）

课外访万家，浓浓家校情

佚名

家有儿女初长成，一转眼，孩子已近成年。处于青春期的他，自主意识越来越强，对我们的依赖逐渐减弱，与我们的交流也不再频繁。很多时候，孩子在学校的表现，我们并不能从他的口中及时得知，因而心中总免不了有些不安与焦虑。所幸的是孩子的班主任和各科老师都非常关注孩子的成长，也很了解我们的需求，经常与我们联系，并通过定期家访，将孩子在学校的学习情况和思想动态及时告诉我们，与我们一起分析孩子目前存在的问题，提出合理的改进措施，及时调整未来的学习方向。每次老师家访之后，我们都感觉对孩子的了解又多了一些，也能够站在新的角度去思考更为科学的教育方式，并尝试寻找教育的突破点。

前一段时间，高三联考较为频繁，孩子的学习压力很大，每次回家都眉头紧锁，不愿说话。作为父母，我们是看在眼里，急在心上，却又不敢过多地干涉，害怕适得其反，增加孩子的心理负担。于是我通过“微信”把自己的顾虑告诉了孩子的班主任。班主任孙红波老师立马热情地给我打电话，并约定周末和科任老师一起来家访。孙老师的安排仿佛一颗定心丸，让我不再焦虑，对这次家访特别期待。

2 月 4 日下午，带着帮助孩子的良好心愿，孙老师一行四人来到了我们家。刚坐定，还没来得及喝一口水，孙老师就开始将孩子近期的学习情况和思想动态一一说明，与我们进行交流，其他科任老师也将自己掌握的情况与我们分享。通过老师们的讲述，我们也了解了孩子最近存在的一些问题。例如，在阅读时理解文意的方向有时会出现偏差；审题时对细节的把握不够精准；答题时总力求完美，有时碰到一些变数不能灵活处理；平时的训练中对新题型的适应程度不够；考试时有些患得患失，害怕名次倒退等。孩子在旁边听到老师们的分析，也特别感动，情不自禁地说了一句：“没想到老师们这么关注我、了解我，我感觉自己不再无助，也有了继续努力的信心。”可以看出，孩子的话是发自内心的，他此时眉头舒展，仿佛换了一个人，

不再沉默寡言，而是兴致勃勃地和老师们一起探讨解决问题的方法，并在老师的帮助下提出了一些操作性很强的改进措施。看到孩子的反应，我们非常欣慰，这一段时间的焦虑与不安瞬间消散，心里也感觉暖洋洋的。

不知不觉，交流持续了两个多小时，老师们始终热情洋溢，对孩子的指导也语重心长。离别时，每位老师都给了孩子一个热情的拥抱，并说了鼓励的话，孩子眼中也泛起了泪花。我想，此刻他心中应该充满了温暖，对未来前行之路，不再迷茫，不再彷徨。

这次家访之后，孩子的学习状态越来越好，眼中始终闪烁着坚定而自信的光芒。而我们也不再不安，充分相信孩子在老师们的关怀和帮助下，会更好地展现自己的能力，迎接未来的曙光。

对于老师们的家访，我们真心表示感谢。可以说，家访作为一种有效的家校交流方式，其作用是不可忽视的。它使学校教育和家庭教育形成合力，不仅可以给孩子的学习提出建设性的意见和建议，同时也能为家长释疑解惑，帮助家长化解矛盾、缓解焦虑。希望家访活动可以一直开展下去，无论是家长还是孩子都将获益匪浅。

最后，再一次对孩子的班主任和科任老师们表达真诚的谢意：老师们，辛苦啦！

（作者系湖北省宜昌市第一中学管聪哲同学家长）

教师谈家访

家访，助力处于困境中的孩子的成长

秦 慧

由一组数据说起：2022 年 3 月，在宜昌市教育局开展的家访案例评选活动中，全市共收到中小学家访案例 354 篇，评选出一、二、三等奖共 96 篇。获奖案例中，涉及身心障碍、留守、单亲家庭、经济困难、务工随迁、心理行为异常等处于困境中的孩子的有 94 篇，占比 97.9％。

2022 年，湖北省教育厅办公室印发了《湖北省“万名党员教师家校协同行动”实施方案》，其中主要任务第一条就要求“每名党员教师有针对性地走访 1—2 户学生家庭”，重点是身心障碍学生、农村“留守儿童”、单亲家庭学生、家庭困难学生、务工随迁子女、心理行为异常学生等特殊群体。

在家访案例评选活动的通知中，对家访对象并没有作出限定，可实际案例中的家访对象，老师们几乎不约而同地选择了处于各种各样困境的孩子，这本身就是一个值得研究的现象。

当今世界，随着通信技术的飞速发展，入户家访逐渐被电话家访、视频家访所取代，也有很多人认为入户家访已经没有必要了。宜昌市教育局的家访案例评选活动，对我触动很大，我有了几点思考。总的来说，我感觉入户家访不仅依然有必要，而且比过去更有意义和价值。特别是对处于困境中的孩子，更有不可替代的作用。

思考一：为什么老师的家访对象多是处于困境中的孩子？

很多老师在案例的反思中写道：对有些孩子，我在学校想尽办法去关心、爱护、鼓励、帮助，法子都用尽了，可孩子依然我行我素。老师感到“弹尽粮绝”，很是无力、无助。而当老师们通过家访，走进了孩子们的家庭后，老师们发现每次家访都非常有价值，能了解孩子生活、学习的不同方面，如果不去家访，有些情况永远无法了解。例如根据家庭的布置可以感受到家庭的氛围、审美情趣、消费水平等，通过家长与孩子交流时的状态可以了解亲子关系、家庭养育观念等。在家访过程中，老师们细心看、仔细听、耐心问、静心感受，无形中找到了很多问题的原因，通过和家长的配合，慢慢就找到了解决问题的方向，有的问题甚至迎刃而解了。在对处于困境的孩子的教育中，家访有时候有“四两拨千斤”的作用。

究其原因，受诸多因素的影响，学校教育更多的是共性和通识教育；随着时代的发展，家庭差异越来越大，孩子的现实表现和真实心理的差异也越来越大，个性化教育越来越受到重视，教育更有针对性，才能更有实效性。而家访是针对不同孩子进行的个性化教育，老师和家长不仅可以就孩子在校、在家的情况进行沟通，还可以就孩子的成长环境、家庭教育理念等进行深度交流，是开展个性化教育的良好契机。而处于困境中的孩子，最需要个性化辅导，所以老师和教育行政部门不约而同地选择优先对处于困境中的孩子进行家访，以期真正提升教育的质效。

思考二：处于困境中的孩子，被什么所困？

美国心理学家马斯洛的需求层次理论认为，“自我实现”是人的一种基本需要。每一个个体天然有“竭尽所能，使自己趋于完美”的倾向，有向完美靠近和奋斗的愿望。那是什么阻碍了孩子前进的脚步呢？

通过对案例的阅读和分析，结合老师的日常工作，不难发现：处于困境中的孩子，表面上是留守、单亲、经济困难、务工随迁等因素导致其身心出现问题，可是如果我们去追问为什么同样受到这些因素的影响，有些孩子阳光健康，而有些孩子会陷入困境，就不难发现原因之一就在于教育中社会情绪能力的缺失。

先来看两个孩子的故事。

故事一：“非同一般”的调皮

军训第一天，A同学和别的同学打架，教官批评的时候他拒不认错，和教官对着干。课堂上，A同学会趁老师不注意时朝全班同学做鬼脸、发出怪叫声。大课间跑步时，他故意伸出腿绊倒同学……他各种犯错，老师各种批评，同学们嘴上不说，心里却暗暗觉得A同学很厉害，把老师折腾得“够呛”。

走进他家，发现他是家里所有人的宠儿，又承担着“光耀家族门楣”的期望，所以父母对他是既溺爱又严格，他做得好时就大加表扬、溺爱有加，做得不好时就痛打一顿。

老师在和孩子深入交流后发现：这孩子是因为在严爱与溺爱这“冰火两重爱”的重压之下难以承受，所以故意选择以“叛逆”“任性”“自我”为铠甲，以此来反抗家庭乃至整个家族的“甜蜜负担”。

这个故事让我们看到，父母不当的爱的表达，使孩子陷入了困境。处于困境中的孩子，并不一定是真的不想学好，而是他遇到了问题，或走进了困境，暂时无法脱身，于是也用不当的方式来表达，以此来表现他们的无奈与挣扎。

故事二：农村“留守女孩”上北大

湖南女孩钟芳蓉，父母在她不满 1 岁时便南下打工，她每年和父母只能见一两次面。她的父亲仅有小学文化，虽然很少陪伴她，却用自己独特的方式和她沟通交流。每隔一段时间，他都会用短信给女儿写一段话，然后发给女儿的班主任，让她读给女儿听。父亲这样做，是想让女儿知道，虽然父母不能陪在她身边，心里却一直牵挂着她，父母是爱她的。高中文理分班、高考填报志愿时，钟芳蓉确立了研究文物的志向，并报考了北京大学考古专业，与获取世俗意义上的“功名利禄”相去甚远。父亲尊重女儿的意愿：“只要你喜欢、快乐就好！”钟芳蓉说，她最感激的是父母，尤其是爸爸对她的支持，以及对她每次选择的尊重，否则她是不会取得这样的好成绩的。

同是农村“留守儿童”，钟芳蓉的幸运，更多的来自父母遥远的牵挂、支持和尊重，这些都是父母良好的社会情绪能力的表达，这些表达又培育了女孩良好的社会情绪能力，成为托举孩子一生成长的重要力量。

中国工程院院士、教育部原副部长韦钰曾经提出：“所有教育机构，还有家长，一定要注意对孩子社会情绪能力的培养，决定孩子一生成功的并不是智商，而是社会情绪能力。”

思考三：家访，如何助力处于困境中的孩子的成长？

家访，是教育者的躬身入局，是去看见全面、真实的孩子，看见孩子在意识或关系里的困境，理解孩子的不易，以增强工作的责任感和解救孩子的使命感，从而生发创造性解决问题的教育智慧。所以，家访是用社会情绪能力的传递来助力孩子成长的重要渠道。

在很多案例中，我们都能看到，当老师将处于困境中的孩子列为家访对象的时候，心中是带着真诚和善意的。走进孩子家庭，看见孩子真实生活的场景，就可以看见孩子困境背后的原因，就会对孩子的境遇感同身受。而这种感同身受，会让孩子感受到理解和尊重，感受到爱的温度，就有了建立良好关系的前提，也就有了打开孩子心门的钥匙，就能生发教育智慧。

故事一续集："非同一般"调皮的A同学，当老师看到他的难以承受之重后

A同学说："我最烦爸妈一天到晚说我，每时每刻都要搞学习，一点玩的时间都没有，动不动就说整个家族的希望都放在我身上了——这压得我气都喘不过来。哼，什么家族希望，关我什么事？想要我成为最优秀的人，我偏不！"

回想我（教师）第一次见到A同学的情景，是在入学考试的考场上。当时我发现他做语文试卷的时候注意力很集中，没有一点吊儿郎当的样子——从这个细节可以看出，他对自己其实是有要求的。于是，我说："一个人将会成为怎样的人，不取决于别人的期待，而取决于自己的梦想。你希望自己成为一个什么样的人呢？"

他淡定地回答："我无所谓呀！"

"原来你是一个对自己没有要求的人啊？那我看错你了——第一次看到你时，我以为你是一个很有上进心的小孩呢，而且你作文写得好，我每次都很认真地给你修改作文，看来我是多此一举啊。"

听到我语气中的失望，A同学不好意思地低下了头："我还是想凭自己的本事考取重点高中的……"

心结打开，问题就迎刃而解了。我说"那好，我相信你可以实现梦想。接下来，让我看看你为实现梦想会付出怎样的行动。"A同学笑了，我也笑了。

这次家访之后，A同学发生了很大的变化。在所有科目的课堂上，都有他高高举起的双手，有他仔细聆听的身影；运动会上，有他跳高时为班级勇夺第二的瞬间；走廊里，有他礼让同学的声音；作业本上，有他越来越认真的字迹……我惊喜地发现，给他一份信任，给他一点支持，为他指点迷津，他完全可以变成另外的样子。

在案例里我们看到，对处于困境中的孩子的家访，是找到问题根源、寻求解决方法的一种办法。在孩子面对的困境里，从多个角度去寻找能照亮孩子的那几束光，用信任和鼓励温暖孩子，支持家长。孩子和家长看见老师的真诚和善意，往往会用自己的努力作为回报，也让老师感受到真诚和欣喜，从而反哺教师，提升教师工作的价值感和幸福感，赋予其前进的力量。

家访，形成互相温暖的、社会情感力量的良性循环，让老师的生命状态和孩子的生命状态相互影响，用一场爱的双向奔赴，最终实现关心、爱护、助力处于困境中的孩子成长的良好愿望！

来点心理学，家访更高效

——家访过程中的心理学智慧及应用

琚艳丽
卢　曼

家访是与整个家庭打交道的教育方式。如何把工作做到学生及家长心坎上，成为学生发展的及时雨、雪中炭，满足学生及家长的心理需求，不仅需要教师有教育学的理论积累与实践经验，也需要有心理学的智慧及应用能力。积极心理学的自我决定理论认为，个体的人格完整、幸福健康成长有三种心理需要：一是自主的需要——个体希望在从事各种活动时可以根据自己的意愿进行自主选择，同时希望在活动中感到不受限制、对自我的行为和决策拥有选择的权力；二是关系的需要或者说是情感的需要——个体希望自己能感受得到来自他人的关怀和爱，感受到自己属于组织中的一员；三是胜任的需要或者说成就感的需要——指个体需要在活动中体验到有能力完成该项任务，或者说个人感觉自己能胜任或掌控工作。如何在家访中运用心理学原理，满足人的这三种需要，笔者聊一些粗浅的思考。

一、尊重自主性，调整家访目标

家访作为教育整体的一部分，是正常也是非常自然的工作，但很多家庭并不欢迎老师家访。老师要在家访前了解家庭对家访的真实态度，在家访中提升家长和学生的配合度，这就需要老师运用心理学智慧。

1. 挖掘家庭或学生的生存智慧，提升价值感

有的学生家庭条件一般，父母的工作在学生看来不是很好，学生、家长可能怕老师或同学们知道他们家庭的情况，怕被瞧不起——这种心理无形中成为阻碍老师和家长进行联系的一堵墙。对于这样的家庭，增加家庭成员的自信心和价值感本身就可以作为一个重要的家访目标。这个世界存在的任何家庭，都有其生存智慧，有

可能他们日用而不自知，老师要提供一个工具，帮助他们发现自己了不起的地方，并放大这个优势。

湖北宜昌五峰土家族自治县高级中学杨秀丽老师在《家访密码》中写道：“家中有爱，花儿自开。”学生易某某不到2岁时母亲便离家出走，后杳无音讯。矮小瘦弱的父亲，靠翻新旧棉絮来养活女儿，家里连放一张书桌的地方都没有，孩子要回爷爷奶奶家才能好好生活。父亲去年双腿骨折，至今还靠双拐支撑行走，但孩子丝毫不自卑，很阳光。

在家访中，老师可以把孩子在学校里表现得阳光、活泼的典型事例给父亲讲一讲，还可以赞扬式地问：“你一个人当爹又当妈，遇到过怎样的困难？你是怎么挺过来的？你怎么培养出这么自信可爱的女儿的？”老师可以听到更多的生命故事。这里运用的是心理咨询中叙事治疗的方法——每个生命都希望自己的声音被听到，自己的行动被看到，这些困难家庭往往生活不易，他们没有太多讲述的机会，在这种讲述、倾听的过程中，老师的“看见”和鼓励就是在给学生加油，给这个家庭赋能！

2. 发现家庭或学生自我完善的力量，促进自性化

有的家长迫于生计或因为工作的压力，时间、精力有限，自顾不暇，对家庭教育不太重视，养育不当，孩子发展迟滞，甚至出现身心疾病。美国精神分析师霍金斯的著作《意念力》写道：“在他们残缺的外表下，我清楚地看到爱与美的本质熠熠生辉！”从多年的心理实践工作中我们发现，家庭的功能失调会在孩子身上以问题的形式反映出来，主要有三种表现：一是孩子可能身心健康出问题；二是孩子成了“小大人”，成了父母的“父母”；三是孩子成为让家人操心不断的小捣蛋。美国家庭治疗大师萨提亚曾说：问题本身不是问题，如何解决问题才是一个问题。家庭系统中的每一个人都有自愈的潜能，心理学家荣格把它称为“自性”，它是一种指向秩序、圆满、美好的内心力量。家访中与学生或家庭进行深度沟通，可以发现这些力量，利用这些力量。

湖北宜昌葛洲坝中学向春玲老师去王同学家中家访，王同学患有重度抑郁症，在家访中她了解到王同学闲暇在家时用平板电脑作画，休闲的时候喂养小鸟，家访就围绕小鸟的话题，以一种轻松愉快的方式展开了。

无论是绘画还是喂养小动物，都是孩子自我疗愈的非常好的方式，父母也许并不了解这些行为的巨大价值。父母对孩子的支持得到老师的鼓励和肯定，对孩子的健康恢复相当有益。老师还可以在学校给学生一些分享、展示自己爱好的机会，促进自性化。

3. 重构学生或家庭不当行为的意义，找到方向感

家校共育中有个误区，就是以为指出了孩子的问题，问题就解决了。部分老师

把家访当作“告状”，在向家长反映情况时，大谈学生的缺点及在学校不好的表现，学生很抵触，家长也很尴尬。如果家长再对孩子加以抱怨和责骂，家访便会造成师生之间、亲子之间的对立。

家庭就像一个有黑点的白纸，家庭成员看到这个黑点，把它擦除就好了，总盯着这个黑点，会越来越难受，为什么不能把目光放到广阔的干净的地方？或者，给他们一盒彩笔让他们来涂画，这个黑点说不定会成为一幅图画中的点睛之笔！

笔者有一个学生，他原本非常崇拜自己的父亲。高三的一天，他无意中发现了自己父亲出轨，现在父亲让他向东，他偏向西，让他向南，他一定向北，父亲被弄得焦头烂额。在这个事件中，学生对父亲的叛逆和对抗，是在维护母亲的利益，是通过牺牲自己的前途维护家庭的完整。

二、提升情感能力，构建沟通渠道

心理问题大都是情绪情感障碍，提升家庭情感能力是最具效果的措施。哈佛大学著名的“格兰特研究”的课题之一是：什么样的人，最可能成为人生赢家？得出的结论是：人生赢家无关财富、名声，而是良好的关系，良好的关系能够让我们更健康、更快乐！与他人建立亲密关系是非常重要的情感能力，这种能力主要靠父母的言传身教。家访中，老师围绕情绪管理、情感表达、亲子沟通等方面给予家长指导，提升家庭的情感能力，这是非常重要的家庭教育内容。

学生郑某有早恋迹象，班主任李老师几次班会教育和单独交流后，发现他不但没有收敛，反而有愈演愈烈的趋势。李老师只好寻求家长的帮助，但是家长的教育没有在孩子身上起效，班里开始对郑某和外班女学生的交往窃窃私语，班主任李老师认为家访很有必要，希望通过和家长真诚交流，让家长认识到孩子这种行为的不良影响。

李老师：孩子还小，才 16 岁，和女学生的来往过于密切，已经引起了学校的重视和同学们的注意，影响不好啊！这对孩子的身心健康也没有好处，我们商量下如何帮助孩子……

家长：这个孩子确实让人头痛。我每天在工地干活，累得死去活来，回来就不早了，也认真地教育过几次，但教育他几句我自己就累得扛不住了。还是你们老师在学校多教育他吧！孩子也不小了，其实谈个女朋友也没有什么大不了的啊。（本案例摘自网络）

1. 晓之以理，要求老师比家长、学生有更深刻的认知

案例中，李老师提出“早恋”这个词，并希望“让家长认识到孩子这种行为的不

良影响”——反映了李老师对青春期恋爱的认知深度是不够的。

青春期恋爱是“爱”还是“害”，取决于孩子的情感能力。孩子进入青春期，受荷尔蒙的影响，有两大觉醒，一是独立意识的觉醒，二是性意识的觉醒，对特定异性产生特别的情愫，这是生命本能驱动。而且，情绪情感是不受大脑意志控制的，但青少年可以控制自己的言行。其实爱与被爱的情感都是非常美好的，但如何处理这份情感，却有好坏对错之分。真爱一定会带给人成熟和成长，但由于青少年心理不够成熟，与爱有关的想法可能有错，表达“爱”的方式不对，拒绝或接受爱的能力不够，亲密关系处理不当，就有可能会影响到学业。在这个过程中，孩子们是需要成年人的引导和指引的，这也对老师和家长爱的能力和智慧提出了更高要求。

案例中的李老师因为认知深度不够，却又急于改变、纠正孩子的“早恋”行为，当家长说出“还是你们老师在学校多教育他吧”，“孩子也不小了，其实谈个女朋友也没有什么大不了的啊”时，老师便讨了个没趣。

2. 动之以情，要求老师做好家访情感准备

青春期心理学之父 G. S. 霍尔在其重要著作《青少年：它的心理学及其与生理学、人类学、社会学、性、犯罪、宗教和教育的关系》中对青少年心理有过深刻的描述。青春期孩子内心有许多矛盾和冲突，情绪经常处于两极：独立性和依赖性的矛盾、自制性和冲动性的矛盾、成人感与幼稚感的矛盾、开放性与封闭性的矛盾、渴求感与压抑感的矛盾……

青春期，伴随着性激素的大量分泌，青少年开始在乎自己在异性中的形象，渴望得到异性的青睐，但实际上还没有学会如何与异性相处，他们需要成人理解他们的欲望，解决他们的困惑；但当前很少有学校支持青春期恋情，不少父母也是谈“爱”色变，在校纪班规或家庭中明确禁止。

老师在家访中帮助家长了解自己孩子的情感需要，是需要情感准备的，要提前了解孩子的情感需要到底在哪里。“我怎么处理自己的欲望？如何对待同学的议论？如何应对校纪班规……”在孩子内心最动荡的时期，家长配合学校及时给予孩子正确引领，有助于孩子心理走向成熟和稳定，也可使亲子关系更加和谐。

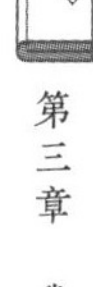

3. 导之以行，要具备可操作性

青春期孩子自主意识增强，不宜用威压的方式去压抑孩子的情感。在上一案例中，“几次班会教育和单独交流后，发现他不但没有收敛，反而有愈演愈烈的趋势”，家长也觉得教育孩子“累”“扛不住”，可见孩子不仅没接受“教育”，更似乎有公然挑衅的味道，可见老师和家长对青春期恋情的教育非常空洞，没有收到任何效果。

孩子的情感需要被认可，恋爱中的人渴望天天待在一起，渴望有肌肤之亲，这是正常的恋爱心理需要。老师或家长和孩子谈话的时候，可以和他讨论：如何在禁止恋爱的学校，让爱成为助力而不是阻力？最起码，在公共场合不能与对方有亲密的举动。因为这是两人的隐私，会给他人带来困扰，也会破坏大家共同营造的心无旁骛一心备考的校园环境。"在公共场合不能有亲密举动"，这一要求具体、有很强的可操作性，并且能让孩子感觉老师或家长是真的为他好，他更容易听进去。

孩子遇到人际关系烦恼，也是需要倾诉的。家长可以成为一个安全的倾诉对象，没有能力指导就不瞎指挥，只是认真倾听就好——这一点对家长来说，也具有可操作性。

三、挖掘学习潜能，增强自信心

学业是孩子稳步成长的第二根拐杖，也是青少年在学校最重要的事。在以学习成绩作为重要的评价学生的指标的环境中，学业跟不上，总是体验到挫败和沮丧，容易让孩子失去兴趣和信心。

1. 找准孩子学习困难的准确原因，才能对症下药

孩子学习状态不好、成绩跟不上，常见有三种原因：第一类是发育问题造成的"学习困难"，包括阅读障碍、书写障碍、数字障碍等在内的学习障碍，注意缺陷多动障碍，精神发育迟缓，孤独谱系障碍（自闭症）等。这类情况需及时就医，向专业人士求助。第二类是社会适应不良，自主选择被剥夺或孩子语言能力不足，社交能力低下，在与他人的交往中经常受挫，导致精力减退，注意力不能集中，遇到困难容易放弃，缺乏自信，对学习状态造成很大的影响。笔者曾接访一个语言能力不足的一年级孩子，妈妈平时跟孩子没有什么话，孩子没有得到足够的语言刺激，听不懂别人的话。让他摆沙盘，他就把所有的沙具一股脑儿地扔到沙盘里。社会适应不良的孩子很容易在学校被边缘化，成长中会面临更多的风险。孩子在真实世界里没得到满足的需要，总要想办法补偿。当孩子面对情绪困扰和学习退步的双重打击时，可能会沉迷网络，这又会带来成人对他们更多的指责和抱怨，让他们更加退缩，恶性循环。第三种原因是情绪影响智力活动。一个人在过度焦虑、紧张、恐慌的状态下，大脑中负责推理、分析、判断的前额皮层被压抑，个体很难进行智力活动。某重点高中女生，考试一般都能考 600 分以上。高三月考她总是把答题卡填错，开始只错 5 分，后来错 10 分。老师家长都批评她总犯这种低级错误，她的情况却越来越严重，有一次甚至错了 20 个。结果她不上学了，睡不着，吃不下，烦了就拿头撞墙。心理老师去家访，发现她的"粗心"其实是焦虑惹的祸！心情平静时，那些填涂答案的格

子是静态的，当心有不安、焦虑过度时，答题卡上的格子对她来说是在动的。成人批评得越多，孩子越着急，犯错越多。在心理老师的帮助下，大家制订了一个很简单的解决方案：1. 每次填涂时，用白纸把已填的答案盖起来；2. 平时做练习题时，注意自己涂了几个答案后开始眼花心慌，考试时就在到了那个数目时，放松休息一会儿。高考时，该女生最终考了660多分。

2. 家访时老师需要提供操作性强的方法

经常听到家长因为孩子学习不好而对其大吼大叫的事情，当孩子把学习关联上了负面感受，对学习也会产生抵触。家长要让孩子保持学习的热情，一定要想办法让孩子对学习产生积极情感。

家长不能把自己没有的东西给孩子，如果老师只是空洞地要求家长管控自己的情绪、配合学校，就缺乏指导性。家长也想情绪平和，积极配合，但到底怎么做，他们往往是一头雾水。

任何能力的提升都需要做针对性的训练，家访时老师要告知家长帮助孩子的方法：训练什么？在哪里训练？找谁训练？语言能力是非常重要的一项基础能力，以语言能力的提升为例，口头语言是线性向前，属于发散性思维，书面语言文字是块状、结构化的，需要聚合性思维，大多孩子会说不会写。家访时老师可以给家长分享写作“三步法”来教孩子：第一步，让孩子讲故事，录下来，父母简要复述这个故事：“你说了这么几点，第一……第二……第三……”心理学称这个过程为“结构化”。这不仅能训练孩子的口头表达能力，还可以训练其逻辑思维能力。第二步，家长可以让孩子用三句话再讲一遍自己要表达的主要意思，并写下来。这就是作文的大纲。第三步，放录音，边听边写。这样，一篇作文就大功告成了。

老师家访的任务就是帮助学生、家庭改变。邀请家长参与，不单单是为了改变他们的孩子，也帮助家长反省自己，为孩子和家庭的共同成长而努力。家访中，教师带着好奇、鼓励和创造的心态，把“问题”当作学习的机会，家长和学生就不用担心制造了“问题”被批评，也才能有更多的思考，能相互理解，也就能开始对自己可能的错误产生好奇并尝试修复。当理解扩展时，改变也将随之发生。